das neue buch
Herausgegeben von Jürgen Manthey

Der übersinnliche, das ist zuerst der über alle Maßen sinnliche Leib, der in eine Lust wie in einen Starrkrampf fällt; vor allem, wenn der Verstand nicht in Opposition geht, sondern Hilfsdienste leistet. Wann immer die Parole einer neuen Sinnlichkeit ausgegeben wurde, waren Technik und Industrie zur Stelle, um den Rausch perfekt zu machen. Wer vorgestern noch Stielaugen machte, hat gestern schon durchs Teleskop gesehen, ist heute durch Mikrosensoren ersetzt. Der leibhaftige Sinnenrausch ist altmodisch. Die Geschichten des Reisens, Lesens, Schreibens sind dafür Beispiele.

Der quantifizierenden Übersinnlichkeit wird in diesem Buch – unter Berufung auf eine Tradition, die von den Mystikern über Goethe und Franz von Baader bis zu Nietzsche, Simmel und Kassner reicht – eine metaphysische gegenübergestellt. Vom technisch inszenierten Rausch ist diese durch eine innere Intelligenz – anstelle einer Rationalität von außen – unterschieden: die Einsicht von der Unersättlichkeit der Sinne. Der eingeborene Hunger stellt sich an den Mahlzeiten der Sinnesorgane nur gleichnishaft dar. Der technische Aufwand mit seinen barbarischen Folgen ist ein Mißverständnis. – Nicht auf Befriedigung seiner Bedürfnisse darf demnach der übersinnliche Leib hoffen, sondern auf deren Darstellung. Deshalb braucht er die Künste.

Gert Mattenklott, geb. 1942, ist Literaturwissenschaftler und Essaiist. Neben literaturhistorischen Büchern und Aufsätzen hat er Radio- und Zeitschriftenbeiträge über kulturphilosophische und -geschichtliche Themen veröffentlicht.

Er lehrt Literaturwissenschaft auf einem germanistischen Lehrstuhl in Marburg und lebt in Berlin und Frankfurt.

Gert Mattenklott

Der übersinnliche Leib

Beiträge zur Metaphysik des Körpers

das neue buch
rowohlt

4.–5. Tausend März 1983

Lektorat: Jürgen Manthey, Delf Schmidt
Erstausgabe
Veröffentlicht im Rowohlt Taschenbuch Verlag GmbH,
Reinbek bei Hamburg, Dezember 1982

Umschlagentwurf Christian Chruxin
Gesetzt aus der Garamond (Linotron 404)
Gesamtherstellung Clausen & Bosse, Leck
Printed in Germany
1800-ISBN 3 499 25170 1

Danksagung

Einzelne Gedanken dieses Buches und Teile von Kapiteln habe ich bereits in den letzten drei Jahren in Zeitschriften- und Rundfunk-Essais sowie während Symposien in Berlin und Paris zur Diskussion gestellt: im *Merkur* und der *Neuen Sammlung*, *tumult* und *Konkursbuch*, SFB und Deutschlandfunk; Veranstalter und Teilnehmer der Symposien waren Jean Baudrillard, Paul Virilio und deren Diskussionspartner in Paris, Dietmar Kamper, Christoph Wulf und ein entsprechender Diskussionskreis in Berlin. Wie wichtig für mich die Resonanz auf diese erste Veröffentlichung war, ist daraus ersichtlich, daß ich alles dort Vorgelegte jetzt erheblich überarbeitet und erweitert eingefügt habe. (Ich verzichte darum auch auf Nachweise früherer Druckorte im einzelnen.) Allen, die mich bei diesen Gelegenheiten mit Kritik und Bestätigung, mit Hinweisen und Anregungen unterstützt haben, sage ich ebenso wie den gesprächsfreudigen treuen Studenten meiner Marburger Forschungsseminare herzlichen Dank; besonders hervorheben möchte ich die Anregung durch Ulli Giersch und Ulli Raulff.

Großen Dank schulde ich Martina Zanken, die selbständig und aufmerksam wie stets auch dieses Manuskript druckfertig gemacht hat. Jürgen Klein hat mir bibliographisch und beim Korrekturlesen geholfen.

G. M.

Inhalt

Vorwort

Mit diesem Buch begehe ich zufällig meinen fünfundzwanzigjährigen Geburtstag als raisonnierender Mensch. (Die fünfzehn Jahre davor übergehe ich schonend.) Ich glaube nicht, daß es eine düstere Stimmung dieses Augenblicks ist, sondern eine ganz zutreffende Erinnerung, die mir rückblickend diese zweieinhalb Jahrzehnte als eine kaum unterbrochene Folge von Krisen-Meldungen und – oft mit bemerkenswerter Lust ausgemalten – Katastrophen-Prophezeiungen vor Augen stellt. Die für mich eindrucksvollsten waren die durch Heidegger und seine Schüler konstatierte Seinsvergessenheit und die Verfallenheit des Daseins an das uneigentliche «Man»; die düstere Beschreibung der Gegenwart im Sinne eines Zeitalters der vollendeten Sündhaftigkeit und Negativität bei Adorno, Celan und Beckett; die Diagnosen sich angeblich alle paar Wochen verschärfender oder zuspitzender gesellschaftlicher Antagonismen seitens der Marxisten, die den «realen Sozialismus» ausüben; schließlich die Verkündung des Endes der Obszönität, weil diese Unheilswelt keinen Gegenbegriff mehr zu bilden erlaube – die apokalyptische Vision totaler Unzüchtigkeit von Baudrillard und einigen seiner deutschen Gesprächspartner; schließlich die grausigen Visionen der Ökologen und Pazifisten.

Was dagegen positiv und optimistisch zu Wort kam und kommt, ist meist unbelehrbar dumm oder anspruchslos, naiv oder zynisch, wenn nicht alles ineins.

Ich erinnere mich allerdings auch – und beobachte es an mir selbst und anderen –, daß die Theorie des Elends und der Misere

sich immer wieder, wenn auch selten eingestanden, mit sehr intensiver und reicher, individuell als sinnvoll erfahrener Lebenspraxis verbindet, was doch inkonsequent und nicht zu erwarten ist. Ich stelle das ohne hämischen Unterton in der Absicht fest, Verständnis für meine Fragerichtung, Themen und Gegenstände zu wecken.
Was erfrischt eigentlich unser erschöpftes Leben immer wieder, selbst wenn wir als theoretische Pessimisten längst kapitulieren müßten? Was verschafft uns abseits des theoretisch konstatierten Sinnverlusts dennoch das Minimum eines Gefühls von Angemessenheit und Selbstgewißheit dem Leben gegenüber, ohne welches wir nicht mehr lebten? Fragen, auf die ich Antwort suche, indem ich einen Mythos zu meinem Thema mache, der jenseits aller Logik seine menschenfreundliche, wenn auch nicht immer unbedenkliche Macht auszuüben und uns lebenstüchtig zu halten scheint. Ich nenne ihn den «übersinnlichen Leib», die Hypothese eines metaphysischen Phantasmas, auf das wir uns unbeirrbar beziehen, selbst nachdem die Religionen uns unwiderruflich fremd geworden und die Philosophien des Absoluten dahin sind.
Evidenz über diesen Leib möchte ich herstellen, indem ich sein Phantombild anhand von Indizien zeichne, die ich in Alltagserfahrungen sowie in Literatur und Kunst finde: überall dort, wo sich vermöge einer Steigerung sinnlicher Kräfte eine Art profaner Wandlung vollzieht. Vielleicht sind es diese Ekstasen, aus denen ins Alltägliche zurückkehrend wir Spuren einer Vernünftigkeit des Lebens entdecken, die uns – außerlogisch – die nötigen Lebensimpulse geben.
Das erste Kapitel entwirft den Umriß des Phantasmas am historischen Beispiel der Physiognomik, die folgenden drei interpretieren vornehme Rasereien der bürgerlichen Moderne in metaphysischer Richtung: die Hypertrophie des Augensinns; das Lesen und Schreiben; die Reiselust. Neben der mystisch-romantischen Tradition kommt häufig die Geschichte des Romans zu Wort. – Die Richtung der beiden in den Kapiteln jeweils zusammengespannten Vermögen oder Tätigkeiten (Lesen und Schreiben; wirkliches und vorgestelltes Reisen; kalte und gefräßige

Augen) ist scheinbar gegenläufig, aber wie sich zeigen wird stets komplementär. Das gilt auch für «Rausch und Nüchternheit», das Schlußkapitel, in dem Temperament und Moral des «übersinnlichen Leibs» erörtert werden. – Den methodischen Exkurs am Schluß kann man gut auch im Anschluß hieran lesen.

Berlin und Frankfurt a. M. 1982 Gert Mattenklott

I

Der physiognomische Leib

1

Es gibt Situationen des Alltags, in denen wir mit dem Mythos einen problemlosen und produktiven Umgang haben; in denen es uns nicht kümmert, was die strengen Lehrer sagen, weil wir ohne sie sogar spürbar weiterkommen. Zum Beispiel auf Reisen. Allein unterwegs und in einer fremden Stadt – wie wenig nutzt da plötzlich unser Wissen. Geben wir es nur zu, es ist uns sogar lästig. Womöglich hat sich alles heute gegen uns verschworen: aufgehobene Einbahnstraßen, geänderte Öffnungszeiten. Unser Wissen ist veraltet. Und dann: Es ist nicht *unser* Wissen, was wir da mitbringen. Wir haben es aus Reiseführern und Stadtplänen, aus Büchern, von Bekannten. So müssen wir es erst für unsere Zwecke übersetzen. Und schließlich: wissen wir denn überhaupt so zuverlässig, was wir wollen? Meist ist es vielerlei auf einmal, und es kommt nicht viel heraus, wenn wir uns selbst zur Rede stellen. Etwas meist freilich durchaus, aber eben nur *eines* und dann noch etwas. So registrieren wir mit Unruhe, was sonst Gewohnheit uns verbirgt, wie vielerlei wir sind.

Vielleicht – und klüger – haben wir indessen gleich darauf verzichtet, in Gesellschaft der Wissenschaft zu reisen, und entwerfen nun ohne ihre Anweisungen das Bild der Stadt, die wir besuchen, topographisch anfechtbar, aber dafür weniger anstrengend. Dem Diktat des *einen* wissenden Ich entkommen, überlasse ich mich dann der Wahrnehmung des ganzen Leibes und dem Wettstreit seiner Organe und spüre, daß ich als Leib jetzt erst zu Wort komme, wo das angeberische Ich schweigt. Anstelle einer Topographie erhält die Stadt nun ein Gesicht. Je weiter das wis-

sende Ich zurückbleibt, desto ausgeprägter, bedeutender wird der Ausdruck der Stadt.
Das ist der Anlaß, von der Produktivität des Mythos zu sprechen. Denn wahrhaft mythisch und wider ein freilich gar nicht besseres Wissen ist diese Ansicht der Stadt, für die der eigene Leib Modell steht, ein Aufriß nach meinem Bilde. Würde es mir gelingen, ihn festzuhalten, so hätte ich in der Momentaufnahme dieser Stadt zugleich die eigene Physiognomie vor Augen: das Abbild meines Leibes in einer jähen Konstellation der vielerlei Kräfte, die von ihm ausgehen; derer, die unentschieden mächtig wirken, und der in diesem Augenblick beherrschenden. Die Straßen des logischen Ich sind darin durch ein schwer durchschaubares Geflecht von Lebenslinien ersetzt.
Mit *der* Stadt hat diese nun allerdings nichts mehr zu tun. In keinem Sinne typisch, auch durchaus kein durchschnittlich Allgemeines, lebt ihr Bild vielmehr nur aufgrund einer mythischen Belehnung, wird wahrgenommen als Projektion eines Leibes und nur insofern. Das Gebilde, das sie für das Wissen war, ist aufgelöst, und aus den nun frei verfügbaren Elementen ist sie nach der Vernunft des Leibes neu zusammengesetzt. Nichts ist hier ergänzt, und doch ist das Ergebnis ein Naturalismus eigener Art, denn diese physiognomischen Veduten sind – alles andere als naturwüchsig – durch Konstruktion gewonnen. Die Wahrnehmung der Stadt am Leitfaden des Wissens ist – unter dem Gesichtspunkt des Physiognomischen – eine falsche Direktheit, die ihren Zugriff teuer bezahlen muß. Physiognomik sucht nach einer Korrektur durch Mittelbarkeit.
An ihrem Anfang steht ein Widerspruch in der Wahrnehmungsweise von Verhüllungen. Das Wahre ist das Unverhüllte, so empfinden wir, und Etymologie und Metaphorik einer alten philosophiegeschichtlichen Tradition bestärken uns bekanntlich darin. Aufdecken, offenlegen, enthüllen, von Vorurteilen entkleiden, etwas *so* darstellen, daß es nichts anderes ist als ... – immer ist in diesen Vorstellungen die Wahrheit nackt und bloß, und wir möchten hier wie in der Liebe nicht Ruhe geben, bis wir den Gegenstand, auf den wir es abgesehen haben, hüllenlos an uns pressen. Von außen dringen wir nach innen vor wie Erobe-

rer. Aber je näher wir dem Kern kommen, desto deutlicher verschlägt es uns die Sprache. Das Nackte macht stumm. Sei es, daß wir erschauern in einer begriffslosen Betroffenheit – so wird es zum Gegenstand der Theorien des Erhabenen –, sei es, daß wir es als etwas Kahles empfinden, zu dem uns nichts mehr oder noch nichts einfällt. Nacktheit wird deshalb auch häufiger gezeigt als beschrieben, bleibt für die Bilder als Thema unerschöpflich, wo es literarisch rasch reizlos ist, wie wir gerade eben erst nach keinen zwei Jahrzehnten pornographischer Belletristik wieder wissen. – Das ist die *eine* Seite; und die andere?

Wir schließen Bekanntschaft im Bad und sind begeistert. Hingerissen durch Körperschönheit und selbst verjüngt in erotischer Begeisterung, mögen wir uns entschließen mitzugehen. Schon nach dem Anziehen ist die schnell geschlossene Freundschaft um Monate gealtert – wenn nicht gleich schon nach den ersten Worten; ist erst die Wohnung erreicht, mögen Jahre vergangen sein; liegt diese Wohnung dann auch noch in einer fremden Gegend oder Stadt, so wissen wir vielleicht schon so viel, als wäre der Begleitete uns ewig schon vertraut: je nachdem allzu lange oder nun erst recht verheißungsvoll. – So geht der Weg hier umgekehrt. Eine Hülle nach der anderen legt sich um den nackten Körper, und doch haben wir den Eindruck, daß wir der Wahrheit über diesen hier immer näher kommen. Je weiter diese Hüllen werden: die Kleidung, die Wohnung, die Familie, die Stadt, desto tiefer blicken wir ins Leben. Wir ahnen die verflossene Zeit, indem wir die Spuren auf den verschiedenen Lebensschalen lesen: einer modischen der Kleidung, der alltäglichen umhüllenden einer Wohnung oder des sozialen Milieus einer Familie und womöglich gar des kulturellen und geschichtlichen noch weiterer Räume oder Zeiten. Einerseits wollen wir die Wahrheit aus ihren Verkleidungen schälen, und andererseits stellen wir fest, daß wir sie reicher entfaltet auf der obersten Oberfläche und der äußersten Außenhaut buchstabieren können. Wir suchen sie innen und finden sie außen.

Derselbe Widerspruch an einem anderen Beispiel: Wenn wir bewegt sind oder gar ergriffen, empfinden wir das allzu Künstliche als fehl am Platze. Wir möchten uns unverstellt zeigen und uns zu erkennen geben: als Freund und Liebender, als einer, der mitleidet oder trauert oder durch etwas Überwältigendes begeistert ist. So wählen wir – im Gefolge jeder historischen und immer erneuerten Jugend- und Verjüngungsbewegung – das einfache schlichte Wort und müssen freilich gerade dann erfahren, daß dieses nächstliegende, das Herz-Wort der Natur, auch das abgegriffenste ist, ohne Mitteilungs- und Ausdruckswert. Auf Herz reimt allemal nur Schmerz, und so bedeutet es uns nichts. – Naturalistisch argumentieren seit je die ästhetischen Avantgarden; doch soll diese Natur beredter zur Sprache kommen, so tritt auch hier wieder die andere Seite in ihr Recht. Das Natürliche muß rhetorisch oder allegorisch, collagierend oder montierend erst gewonnen werden; in jedem Fall also durch Konstruktionen, zu denen noch jeder Naturalismus früher oder später seine Zuflucht genommen hat.

Auch hier also, in der Sprache, teilt sich spontan kaum etwas mit und bedarf es der komplizierteren Formen, die den Hüllen unseres ersten Beispiels entsprechen.

Der gemeinsame Nenner dieser Beispiele könnte «die Bedeutsamkeit des Mittelbaren» heißen. So will ich jedenfalls hypothetisch das Thema nennen, das mich in diesem Kapitel beschäftigt. Denn gleich ob es das physiognomische Antlitz einer Stadt betrifft oder die Hüllen von Wohnungen oder Kleidung, in denen wir uns bergen oder verschanzen, ob die Schlauben der Worte und Sätze wie auch der komplizierteren ästhetischen Formen, zu denen wir sie zusammenstellen, stets geht es um dieses Paradoxon, daß die Intention auf Unmittelbarkeit nur dann ins Ziel kommt, wenn sie beherzt die Gegenrichtung einschlägt und den Weg nach außen geht. –

Gleich muß ich aber noch ein Mißverständnis ausschließen. Es läge darin, diese Intention auf das unverstellte Nackte als eine sentimentale Regression zu streichen und aus der Umwendung in die Gegenrichtung die Erinnerung an das «Gegen...» zu tilgen. So bliebe dann nur die Richtung ins Differenzierte und Verzweigte, die schlechte Unendlichkeit vermittelnder Prädikationen, jenes Netzwerk von Bedeutungen, das – wenn es zu dicht wird – den Gegenstand, den es bezeichnen soll, zudeckt. – Ich möchte statt dessen behaupten, daß nur der offengehaltene Widerspruch und das bejahte Paradoxon, wonach die ins Innere zielende Energie sich nach außen entfernen muß, um ihr Glück zu machen, dieser Gefahr entgeht; dieser der abstraktiven Unendlichkeit wie jener anderen, schon angedeuteten, bei der die unmittelbare Direktheit mit einer Sprachlosigkeit erkauft wird, die von sich selbst nicht weiß – geschweige denn es jemandem zu wissen gibt –, ob sie Ergriffenheit, ob Blödigkeit bezeugt.

Für die Entfaltung meines Themas habe ich mir einige Gesprächspartner aus der Tradition des physiognomischen Denkens gewählt, die mir helfen sollen, mit vielerlei Zungen zu reden, weil doch, wie stets, auch hier der Sinn sich nur als eine Vielfalt begreifen läßt. – Goethe soll der erste sein aus Gründen, die sich im folgenden noch zeigen müssen.

2

Die Bedeutsamkeit und Bedeutendheit des Mittelbaren und also der Hülle ist Goethe in der Auseinandersetzung mit der Physiognomik Lavaters aufgegangen. Diese ist dabei durchaus nicht nur ein zufälliger Anlaß aufgrund einer geistesgeschichtlichen Konstellation gewesen, die uns im übrigen nicht mehr zu interessieren brauchte. Denn in die ‹*Physiognomischen Fragmente*› des Schweizers (1775–78) sind durchaus bereits einige der Prinzipien eingegangen, an denen Goethe festhält, auch wenn er später den Begriff des Physiognomischen aufgibt, nicht zuletzt, weil er durch Lavaters «Schwärmertum» und die Ridikülisierung von seiten Lichtenbergs unbrauchbar geworden war. Die entwickelte Gestalt-Lehre Goethes hat ihre früheste Ausprägung schon in den siebziger Jahren erhalten, eben in den Jahren der Zusammenarbeit und Freundschaft Goethes mit Lavater.

In zweierlei Hinsicht hat sich dessen Gesichtslesekunst und Prognostik für Goethe als Anknüpfungsgelegenheit eigener Absichten empfohlen. – Die ‹*Physiognomischen Fragmente*› sind eine Buchstabierhilfe des Sichtbaren. Sie wollen die Weltläufigkeit durch praktische Menschenkunde unter den erschwerten Bedingungen zunehmend komplizierter Lebensverhältnisse erhalten. Denn die Orientierung ist im Laufe des Jahrhunderts der Aufklärung viel schwieriger geworden als vordem. Eine bis dahin nicht gekannte Mobilität des Reisens sowohl innerhalb der schon bekannten Welt wie auch in terrae incognitae konfrontiert auf Schritt und Tritt mit Unvertrautem. Wie soll ich fremde Menschen einschätzen, mit denen mich keinerlei gemeinsam gelebtes Leben verbindet und von deren richtiger Beurteilung das eigene Wohlergehen auf einer Reise oder der erfolgreiche Abschluß von Geschäften, vielleicht auch nur angemessenes Verhalten in einer großen Stadt abhängen können. Denn auch dies wird nun schon zum Problem: die starke Zuwanderung in die Städte aufgrund des Ausbaus der Manufakturen und Verwaltungen. Das Vermögen, Menschen bereits nach ihrem Äußeren zutreffend zu beurteilen, senkt das Risiko und schafft Lebenssicherheiten, die auf vielfache Weise als bedroht erfahren werden und es auch tatsächlich sind.

So gibt es einige Lebensbereiche, in denen die Nützlichkeit der Kunst, Gesichter zu lesen, den Zeitgenossen unmittelbar evident sein mußte; wie auf Reisen und in Geschäftsbeziehungen, so – auf hoch problematische Weise – in der Pädagogik, beim Militär und in der Kriminalitätsbekämpfung. Die Projektion des individuellen Gesichts in den physiologischen und moralischen Typus bietet sich als Grundlage an für sicheres Klassifizieren und richtiges Urteilen. Hier findet die Anthropometrie mit ihren vermessenen Menschen ihren Ort. Zu ihr wird Goethe Gegenposition beziehen. – Ein wenig über sich selbst irritiert, berichtet er – bereits in den siebziger Jahren – dem Herzog aus der thüringischen Provinz, wo er eine Rekrutenaushebung überwacht, vom Besichtigen und Ausmessen der «Bursche»: «Es kommt mir närrisch vor, da ich sonst in der Welt alles einzeln zu nehmen und zu besehen pflege, ich nun nach der Physiognomik des rheinischen Strichmaßes alle junge Bursche des Lands klassifiziere.»[1] Bei einer ähnlichen Gelegenheit schreibt er an Charlotte von Stein: «Heut früh haben wir alle Mörder, Diebe und Hehler vorführen lassen und sie alle gefragt und konfrontiert. Ich wollte anfangs

nicht mit, denn ich fliehe das Unreine – es ist ein groß Studium der Menschheit und der Physiognomik, wo man gern die Hand auf den Mund legt und Gott die Ehre gibt ...»[2] –
Ein harmloseres, obwohl nicht minder faszinierendes Anwendungsgebiet ist schließlich auch noch die physiognomische Selbstbeobachtung und -deutung. Ein guter Physiognomist, so stellt Goethe in einer der «Zugaben» fest, die er zu Lavaters Werk beigesteuert hat, gilt so viel wie ein «moralischer Zigeuner»; man kann sich durch ihn aus dem Gesicht – wie sonst aus Karten – die Wahrheit sagen lassen.[3]
Physiognomik – eine Zigeunerkunst? Zu systematischer Ordentlichkeit und szientifischer Seßhaftigkeit hat sie es bei Lavater nicht gebracht, wird sie es bei Goethe nicht bringen. Es ist eher eine auf praktische Bewährung gerichtete Heuristik, deren Ausformung zu einer allgemeinen «Kenntnis» darauf zielt, unmittelbare Gewißheiten der Erfahrung physiologisch und im Hinblick auf einen moralischen Habitus zu objektivieren.
Die Richtung aufs praktische Leben ist eine Empfehlung, mit der die Physiognomik Goethe einnimmt; die andere ist ihr unausgesprochener Gegensatz zur Wissenschaft des kalten Blicks. Gleich nach der ersten persönlichen Begegnung mit Lavater im Juni 1774 rühmt er den neugewonnenen Freund in einem Brief an Schönborn als einen «unermüdet tätigen» Menschen, durchaus kein Schwärmer, ja mit «noch weniger Einbildungskraft» als vermutet; die «Empfindungen» seien es vielmehr, die ihm «die wahrsten, so sehr verkannten Verhältnisse der Natur in seine Seele prägen», so daß «er nun also jede Terminologie wegschmeißt» und «aus vollem Herzen spricht und handelt ...».[4]
Terminologie, die hier stellvertretend für Buchgelehrsamkeit überhaupt steht, ersetzt der Physiognomiker (wenn er sie «wegschmeißt») durch das plastische Wort, so radikal übrigens, daß Goethe – als er Lavater seinen Plan mitteilt, in der Weimarer Zeichenakademie einen Kurs über den menschlichen Knochenbau zu halten – sich vornimmt, «das Wort Physiognomik und Physiognomie gar nicht zu brauchen»[5].
Aufschlußreich ist dieser Brief noch mit einer anderen Formulierung, an der die Differenz erkennbar ist, die Goethe – neben

vielfacher Übereinstimmung – zu Lavater festgestellt hat. Neben der Ausdeutung des Sichtbaren auf verborgene Bedeutungen hin – das Verfahren Lavaters – steht die verlebendigende Lektüre des Skeletts: «Zugleich behandle ich die Knochen als einen Text, woran sich alles Leben und alles Menschliche anhängen läßt.»[6] Die merkwürdige (modern-linguistisch klingende) Formulierung bringt in das physiognomische Verfahren eine Pendelbewegung. Es genügt Goethe nicht, mit Lavater vom Weichen, Beweglichen, Vieldeutigen auf ein Festes, Unveränderliches und Eindeutiges hinzudeuten – und dieses womöglich in einer Theodizee zu verankern wie Lavater –: den Typus eines Knochenbaus, eines Temperaments, eines ethnischen oder moralischen Charakters. Vielmehr überlagert er diese Interpretationsbewegung durch eine zweite, in der er das harte, ruhende Skelett als den Inbegriff, den «Text» möglicher Lebenstätigkeiten begreift. Das Skelett ist eine semiotische Struktur mit einem Potential von Funktionen, die im Leben hervortreten und zur Anschauung kommen. – Noch 1817, nach über 35 Jahren, wird sich Goethe der frühen Entdeckung dieser Pendelbewegung der Erkenntnis, die wir mit Schleiermacher mittlerweile Hermeneutik nennen, erinnern, wenn er die Hefte zur Morphologie einleitet: «Im Laufe der Physiognomik mußte Bedeutsamkeit und Beweglichkeit der Gestalten unsere Aufmerksamkeit wechselweise beschäftigen, auch war mit Lavatern gar manches hierüber gesprochen und gearbeitet worden.»[7] Mit Lavatern, auf den der Schatten Cagliostros und einer zudringlichen Neigung der Zeitgenossen zur Phantastik fällt, allerdings seit etwa 1780 immer weniger.[8] Auch die linguistische Metaphorik kehrt übrigens in den späten Überlegungen zur Morphologie wieder. So, wenn er in einer Aufzählung der wissenschaftlichen Dimensionen der Physiologie neben Naturgeschichte, Anatomie, Chemie, Allgemeiner Naturlehre, Zoonomie und Morphologie wiederum auch die Physiognomik aufführt und dazu notiert: «Betrachtet die Gestalt, insofern sie gewisse Eigenschaften andeutet; man könnte sie in die Semiotik, welche den physischen Teil behandelte, und in eigentliche Physiognomik, welche sich des geistigen und sittlichen Teils annähme, einteilen.»[9] – «Der Semiotiker und Physio-

gnom steht dem Morphologen zunächst», heißt es wenig später.[10]
Zu dieser Zeit ist Goethes Naturwissenschaft schon weit entwikkelt, und die Jahre der Zusammenarbeit mit Lavater liegen entfernt zurück. Die entscheidenden Variationen der älteren Physiognomik nimmt er aber bereits in den siebziger Jahren vor. Neben der Dynamisierung der Körper-Interpretation durch die Vorstellung möglicher Bewegungsfunktionen – also eine Verlebendigung und Verzeitlichung der bei Lavater statuarisch stillgestellten Körper – tritt die Erweiterung und Übertragung des Begriffs des Physiognomischen von der Körperoberfläche auf soziale und kulturelle Verhältnisse. Provozierend genug formuliert er diese Herausforderung Lavaters ebenfalls als eine «Zugabe» zu dessen ‹*Physiognomischen Fragmenten*›: «Man wird sich öfters nicht enthalten können, die Worte ‹Physiognomie›, ‹Physiognomik› in einem ganz weiten Sinn zu gebrauchen. Diese Wissenschaft schließt vom Äußern aufs Innere. Aber was ist das Äußere am Menschen? Wahrlich nicht seine nackte Gestalt, unbedachte Gebärden, die seine inneren Kräfte und deren Spiel bezeichnen! Stand, Gewohnheit, Besitztümer, Kleider, alles modifiziert, alles verhüllt ihn. Durch alle diese Hüllen bis auf sein Innerstes zu dringen, selbst in diesen fremden Bestimmungen feste Punkte zu finden, von denen sich auf sein Wesen sicher schließen läßt, scheint äußerst schwer, ja unmöglich zu sein. Nur getrost! Was den Menschen umgibt, wirkt nicht allein auf ihn, er wirkt auch wieder zurück auf selbiges, und indem er sich modifizieren läßt, modifiziert er wieder rings um sich her. So lassen Kleider und Hausrat eines Mannes sicher auf dessen Charakter schließen. Die Natur bildet den Menschen, er bildet sich um, und diese Umbildung ist doch wieder natürlich; er, der sich in die große, weite Welt gesetzt sieht, umzäunt, ummauert sich eine kleine drein und staffiert sie aus nach seinem Bilde.»[11]
Eine Provokation Lavaters ist diese Passage, weil sie nicht zwar den pragmatischen Sinn von dessen Deutungskunst überhaupt, wohl aber den moralisch-pädagogischen sabotiert. Denn dem Schweizer war es nicht zuletzt darum gegangen, intuitiv gefaßte Vorurteile über die moralische Bedeutung gewisser Gesichter

durch Regeln normativ zu festigen und zu rechtfertigen: die wulstigen Lippen der Neger als Zeichen grober Sinnlichkeit. Dergestalt hatte sich seine Absicht einer lebenserfahrenen Deutungskunst in ihr Gegenteil verkehrt: einen Dogmatismus des Vorurteils, mit dem er über die Schattenrisse und Zeichnungen, die ihm von überall zur Beurteilung geschickt wurden, Tribunal hielt. Vor allem gegen diese Tribunalisierung wendet sich Goethe. Zum einen stellt er eine Wechselwirkung von innen und außen, damit aber auch Veränderlichkeit und Veränderbarkeit eines Verhältnisses fest, das bei Lavater schicksalhaft durch die «festen Teile» determiniert war. Um aber diese Veränderbarkeit des scheinbar Festen plausibel machen zu können, muß er zum anderen das Äußere in einer weiteren und gewichtigeren Bedeutung fassen als Lavater, der bei den Weichteilen des Körpers haltgemacht hatte. Als das Äußere ist in unserem Zitat das Ensemble der Hüllen bezeichnet, mit denen die Menschen sich umgeben können: animalische Zwiebeln.

Eine Enttribunalisierung bedeutet diese modifizierte Vorstellung von Körperoberfläche, indem die weiteren sozialen und kulturellen Umhüllungen einen Grad von geschichtlicher und sozialer Objektivität haben, in dem sie nicht allein vom individuellen Subjekt produziert sind, so wie dieses nicht mehr lediglich das Produkt seiner selbst bzw. aufgrund einer metaphysischen Vorbestimmung mit gewissen Eigenschaften geschlagen ist. Lavaters Religiosität gegenüber[12] bekennt er – nachdem er dessen *‹Offenbarung Johannis›* erhalten hat: «Ich denke, auch aus der Wahrheit zu sein, aber aus der Wahrheit der fünf Sinne, und Gott habe Geduld mit mir wie bisher.»[13]

Mit der Addition von Sinnesdaten hat Goethe es freilich nicht bewenden lassen wollen. Über gewisse Auffassungen des zeitgenössischen Sensualismus hat er sich verdrießlich geäußert: etwa über Herders emphatische Verteidigung des Tastsinns, gegen den er den spirituellen Augensinn stellte; oder in einer einschränkenden Anmerkung zu den mikroskopischen Untersuchungen des Botanikers K. F. Wolff, der nicht begriffen habe, «daß es ein Unterschied sei zwischen Sehen und Sehen, daß die Geistesaugen mit den Augen des Leibes in stetem lebendigen

Bunde zu wirken haben, weil man sonst in Gefahr gerät, zu sehen und doch vorbeizusehen».[14] – Hier wie bei manch anderer Gelegenheit unterscheidet er den gebildeten, den «geistigen Blick» von einem bloßen visuellen Befingern der Gegenstände: «Dem Auge des, der Kenntnis besitzt, offenbaren sie das Innere», schreibt er über die Interpretation geologischer Formationen[15] und empfiehlt zum Verständnis ihrer Gestalten eine «Osteologie der Erde».[16] Scharfsichtig durchdringt der «geistige Blick» nicht nur die Phänomene der natürlichen Welt, vielmehr auch des gesellschaftlichen Lebens: «Glaube mir», schreibt er an Lavater (22. 6. 1781), «unsere moralische und politische Welt ist mit unterirdischen Gängen, Kellern und Kloaken minieret, wie eine große Stadt zu sein pflegt, an deren Zusammenhang und ihrer Bewohnenden Verhältnisse wohl niemand denkt und sinnt; nur wird es dem, der davon einige Kundschaft hat, viel begreiflicher, wenn da einmal der Erdboden einstürzt, dort einmal ein Rauch aus einer Schlucht aufsteigt, und hier wunderbare Stimmen gehört werden. Glaube mir, das Unterirdische geht so natürlich zu als das Überirdische, und wer bei Tage und unter freiem Himmel nicht Geister bannt, ruft sie um Mitternacht in keinem Gewölbe.»[17] Kaum zufällig bietet sich dem Autor als Bild für die Absichten seiner verweltlichten physiognomischen Lesekunst die Großstadt an. Wie es ihm in der Biologie und Geologie darum geht, den Gang der Geschichte durch die Natur zu markieren, so sucht er den bestimmenden Grund für Politik und Moral nach dem Muster urbaner Substruktur. Was Zeit und Geschichte in der Natur, bedeutet ihm für Moral und Politik die latente soziale Struktur. – Die Prinzipien der Physiognomik einerseits natürlicher, andererseits gesellschaftlicher Phänomene sind für Goethe prinzipiell identisch.

Seine erkenntnistheoretische Devise, «das Ganze in der Anschauung» auffassen zu wollen,[18] faßt das Leben aber nicht als undifferenzierte Summe seiner Erscheinungen, sondern als eine jedem Einzelnen innewohnende regulative Idee: das Lebendige. Die Summe der Erscheinungen ergibt nach diesem Verständnis nicht das Ganze, «man kann es aus diesen nicht wieder zusammenstellen und beleben».[19] Vielmehr muß die Wissenschaft in jedem Einzelnen den Index auf das Ganze als das Lebendige finden. Metapher dieses Lebendigen – nicht nur in der Naturwissenschaft – ist die *Gestalt*. In der Gestalt eines empirischen Phänomens versammelt Goethe dessen Hinweise auf das Ganze. Versammeln heißt aber hier nicht Aufzählen, sondern Konstruieren nach der Frage: Mit welchen Elementen und Eigenschaften hat das empirische Einzelphänomen am Lebendigen teil? Konstruktion also gemäß der Teilhabe am Wesen des Phänomens. Dieses Wesen ist aber hier nicht bloß ein Ideelles, sondern zugleich eine körperliche Eigenschaft der Phänomene, ihr Lebendigsein. Allen geläufigen Assoziationen des Gestaltbegriffs entgegen, die auf Statuarik hinauslaufen, denkt Goethe die Gestalt stationär: als einen Durchgangspunkt, den die Erfahrung zwar als ein isoliertes Einzelnes wahrnehmen mag, den das Leben aber im nächsten Augenblick schon wieder verlassen hat. Indem hier Temporalität (statt Statuarik) zur wesentlichen Bestimmung des Gestalt-Begriffs wird, verkehrt sich – dem Klassizismus gegenüber – das Verhältnis von Schein und Wesen. Für die Auffassung von Winckelmann und Mengs war die ruhende Gestalt Ausdruck des sich selbst gleichbleibenden Seins im irritierend scheinhaften Wandel der Phänomene. Wenn nun dieser Wandel selbst als das Wesentliche und als der eigentliche Gegenstand von Kunst und Wissenschaft, das Beharrende aber als das Trügerische gilt, so müssen die ästhetischen und wissenschaftlichen Darstellungsformen (Gestalten) die Dynamik des Lebendigen gegenüber dem trügerischen Anschein von Statuarik vor Augen stellen. Erkenntnis des Wesens bedeutet hier nicht Erkenntnis dessen, was *immer* so ist, sondern das Benennen des Anteils, den ein Phänomen am werdenden Leben hat.

Daß die Gestalt nicht bloß eine Idee ist, mit der das Lebendige interpretiert werden kann, sondern eine charakteristische Form des Lebens selbst, hat Goethe in seinen Definitionen der Hülle zu erweisen gesucht, mit der alles organische Leben sich umgibt. Haut und Hülle sind hier keine beliebigen zoologischen oder botanischen Details, deren Wesen mit der Aufzählung ihrer pragmatischen Funktionen erschöpft wäre, sondern es kommt an ihnen ein Grundsatz der Lebensorganisation zur Erscheinung. Die Hülle ist epidermis und als solche die stationäre Form, in der die Lebenstätigkeit an die Oberfläche tritt. Dauer ist ihr nicht beschieden. Das Leben geht durch sie hindurch wie die Natur durch die Kunstformen. Aber zum Erscheinen kommt das Leben auch nicht anders als in der Form dieser Verhülltheit. Unmittelbar kann es seine produzierende Energie nicht äußern, sondern es bedarf der Hülle als eines Schutzes seiner Zartheit gegen die rohen Elementargewalten. Wirksam ist das Lebendige nicht lebensunmittelbar. Das bloße Leben müßte zugrunde gehen. Nur eingehüllt ist es den Elementargewalten gewachsen. «Diese Hülle mag nun als Rinde, Haut oder Schale erscheinen: alles, was zum Leben hervortreten, alles, was lebendig wirken soll, muß eingehüllt sein. Und so gehört auch alles, was nach außen gekehrt ist, nach und nach frühzeitig dem Tode, der Verwesung an. Die Rinden der Bäume, die Häute der Insekten, die Haare und Federn der Tiere, selbst die Oberhaut des Menschen sind ewig sich absondernde, abgestoßene, dem Unleben hingegebene Hüllen, hinter denen immer neue Hüllen sich bilden, unter welchen sodann, oberflächlicher oder tiefer, das Leben sein schaffendes Gewebe hervorbringt.»[20] Mittelbarkeit und Verschleierung der Lebensimpulse sind dergestalt Bedingungen von Lebenssicherung.

In unserer Epoche, in der die Psychoanalyse mit den Entschleierungsattacken der Ideologiekritik und diese beiden mit den zahllosen Archäologen heimlicher Diskurse konkurrieren, muß dieser Hinweis auf die Lebensnotwendigkeit des Verbergens unzeitgemäß klingen. Keineswegs hat Goethe ja diese Philosophie der Hülle auf Naturphänomene eingeschränkt, sondern deren philosophische Theorie leiht – wie bei ihm fast stets – ein Muster für viele weitere Bereiche von Weltanschauung. Indem sie die Hülle als Lebensprinzip bezeichnet und die Gestalten ästhetischer und wissenschaftlicher Konstruktionen als deren transitäre Entsprechungen thematisiert, kann sie den Begriff von Wissenschaft selbst nicht unverändert lassen. «Die Geschichte der Wissenschaft ist die Wissenschaft selbst, die Geschichte des Individuums das Individuum, deshalb soll auch hier das Geschichtliche vorwalten», heißt es in einer Erinnerung an die Wissenschaftsgeschichte der Geologie.[21] Die Physiognomik wird dergestalt zum Modell einer verzeitlichten Wissenschaft. Als Gestaltenlehre muß sie sich hüten, die empirische Realität szientifisch verendlichen zu wollen. Indem sie ihre Objekte als Hüllen, als Gesichter eines Lebenspotentials auffaßt, über das sie als Wissenschaft prinzipiell nicht verfügen kann, erlischt das Ideal enzyklopädischer Vollständigkeit, dem die Ideologen der europäischen Aufklärung verpflichtet waren. «Unsere Meinung ist, daß es dem Menschen gar wohl gezieme, ein Unerforschliches anzunehmen, daß er dagegen aber seinem Forschen keine Grenze zu setzen habe», so definiert Goethe sein Wissenschaftsverständnis, für welches die «Urphänomene» Metapher dieses «Unerforschlichen» waren, von dem aus er sich «wieder rückwärts in die Welt der Erscheinungen» wandte.[22] «Wahre Symbolik» war für ihn, wo das Besondere das Allgemeine repräsentiert, nicht als Traum und Schatten, sondern als lebendig-augenblickliche Offenbarung des Unerforschlichen.[23]

Werden damit nicht die Physiognomik und Gestaltenlehre Goethes als Versteck einer populären Unlust an der Aufklärung mißbraucht – die Hinweise auf die lebenerhaltende Bedeutung der Hülle und des Mittelbaren womöglich als Unterstützung eines obskurantischen Plädoyers für die Reservierung von Arcana gegen die zudringliche Neugier der Wissenschaften. Nicht darum geht es. Worum aber sonst?

Ich möchte hier die Anlässe in Erinnerung rufen, von denen ich ausgegangen war, um mein Interesse an Goethes physiognomischem Denken zu begründen. Das eine war ein Widerspruch in der Wahrnehmungsweise von Verhüllungen: daß wir sie durchdringen wollen, um die Wahrheit innen zu finden, während uns andererseits die Erfahrung immer wieder nach draußen und an das Studium der Oberfläche verweist. Einige Dimensionen dieses Widerspruchs sind uns jetzt deutlicher: erstens die hermeneutisch-semiotische, wonach die gegenläufigen Bewegungen von innen nach außen und zurück komplementär sind und auch sein müssen, wenn das Erkenntnisobjekt nicht verfehlt werden soll; zweitens die historische, denn das Verhältnis zwischen Skelett und Oberfläche der Haut, Kern und Schlaube, Zentrum und Peripherie ist eines der wechselseitigen Modifikation; drittens

die ontologische, derzufolge das Leben nur im Modus der Verborgenheit erscheint, also in einer medialen Brechung, so daß auch die Wissenschaften von den Erscheinungsformen metaphorischen Charakter haben müssen. Eine Aufwertung des Besonderen dem Allgemeinen gegenüber, der Oberfläche im Verhältnis zur Tiefe und des verhüllenden Scheins auf Kosten von Unmittelbarkeit, so könnten wir resümieren.
Der andere Anlaß, an dem ich mein Thema zu erläutern versucht hatte, war eine Erfahrung im Umgang mit sprachlicher Spontaneität: daß es der Allegorien, der Collagen und Konstruktionen bedarf, um die Intention auf unverstellte Selbstoffenbarung ins Ziel gelangen zu lassen. – Dazu möchte ich noch einige Gedanken Goethes mitteilen und auslegen, in denen er die Grundsätze seiner Physiognomik auf den Umgang mit der Sprache übertragen hat, am ausführlichsten in der Schlußbetrachtung des didaktischen Teils seiner Farbenlehre unter dem Titel «Über Sprache und Terminologie». Daß die Wahrheit nicht substantialistisch hervortritt, daß man also nicht ein «Was» des Erscheinens zu erfragen hat, sondern ein «Wie», ist dort in den folgenden Sätzen ausgesprochen und begründet: «Man bedenkt niemals genug, daß eine Sprache eigentlich nur bildlich sei und die Gegenstände niemals unmittelbar, sondern nur im Widerschein ausdrücke. Dieses ist besonders der Fall, wenn von Wesen die Rede ist, welche an die Erfahrung nur herantreten und die man mehr Tätigkeiten als Gegenstände nennen kann, dergleichen im Reiche der Naturlehre immerfort in Bewegung sind. Sie lassen sich nicht festhalten, und doch soll man von ihnen reden; man sucht daher alle Sorten von Formeln auf, um ihnen wenigstens gleichnisweise beizukommen.» [24]
Das Formelwesen terminologischer Fachsprachen will Goethe als uneigentliche Redeweise im Bewußtsein halten. Insofern geht es ihm in dieser späten Zeit seiner wissenschaftlichen Entwicklung nicht darum, die Terminologie nur «wegzuschmeißen», wie er es einst an Lavater verständnisvoll beobachtet hatte, sondern sie als Komplement von Anschauung zu benutzen. Sollen die Begriffs-Zeichen sich nicht mit der Anmaßung von Unmittelbarkeit und Direktheit anstelle der Sachen setzen und diese also

durch Worte getötet werden, so bedürfe es einer Sprache, die zwischen Begriff und Anschauung vibriert. Die berühmte Formulierung von der «zarten Empirie», «die sich dem Gegenstand innigst identisch macht und dadurch zur eigentlichen Theorie wird»[25], gehört in diesen Zusammenhang. Wie einst Tauler der theologischen Orthodoxie gegenüber, moniert Goethe an der Wissenschaftssprache seiner Zeit, daß sie ‹den Sinnbildern zu früh Urlaub› gibt. Wort und Bild hat er als Korrelat bezeichnet, die sich immerfort suchen müssen, so wie in der Kindheit der Menschheitsgeschichte Gesetzbuch und Heilsordnung, Bibel und Fibel sich ergänzten. Im Bildersturm der Begriffe sieht Goethe die Ursache des Sündenfalls der Sprache; wenn gesprochen wurde, wo gebildet werden mußte, «entstanden die doppelt bösen symbolisch-mystischen Ungeheuer»[26]. – Wissenschaftliches Schwärmertum, so wird uns durch diese Beobachtung nahegelegt, ist nicht eine Folge der Sprache in Bildern, sondern eines falschen Umgangs mit Bild *und* Begriff. «Hielte man sich von Einseitigkeit frei und faßte einen lebendigen Sinn in einen lebendigen Ausdruck, so ließe sich manches Erfreuliche mitteilen», heißt es dazu in der dem späten Goethe eigenen würdigen Verschränkung von Geheim- und Hofrätlichkeit.[27]

Witz und Einbildungskraft, wenn sie sich nicht verselbständigen, sind einer inspirierten Wissenschaft unentbehrlich[28], während sie sich als unterdrückte mit der Produktion einer monströsen Begriffssprache rächen. Immer wieder – ob in der Einleitung zur Farbenlehre, in der Metamorphosentheorie, der Vorrede der Hefte zur Morphologie oder im ‹*Versuch einer allgemeinen Vergleichungslehre*› – kommt Goethe auf die Gefahr zu sprechen, die in der sprachlichen Erstarrung liegt. Sie resultiert aus der Hemmungslosigkeit eines Verstandes, der von den Gegenständen der Erkenntnis nicht ablassen will, ehe er sie dem eigenen Logos einverleibt hat. Diese Ruhelosigkeit ist der Wahrheit nicht dienlich, wenn sie unverhalten bleibt. Regelmäßig wird dann der Verstand nur auf Produkte seiner eigenen Logik stoßen, wo er – in der Redeweise Goethes – vor dem «Unerforschlichen» und dem «Inkommensurablen», dem «dunklen Fleck» im Gehirn oder dem «Ungeheuren» «resignieren» müßte. – Nie ist der le-

bendige Sinn *Produkt* von methodischen Operationen, stets vielmehr deren *Voraussetzung*; er ist der hypothetische Grund der Wissenschaften, den diese nicht selbst erzeugen wollen dürfen. Grund der Wissenschaft kann nicht wiederum sie selbst sein. Begründung ist nur denkbar aus etwas, das als jenseits ihrer selbst gedacht werden muß. So stoßen wir noch einmal auf jene Figur, mit der Goethe sich von Lavaters Physiognomik verabschiedet hatte: die der Umkehr aus dem semiotischen Inbegriff aller möglichen Bedeutungen, der selbst bedeutungslos ist. Dergestalt ist die Konzession eines Wissenschaftsfremden, das Gewähren eines dem Logos Jenseitigen aller Anfang, der um so schwerer ist, als er eine Bescheidenheit zur Bedingung hat, die sich für gewöhnlich allenfalls als eine späte Einsicht herstellt.
Philosophisch ist der Ort solcher Überlegungen die Nachmoderne. Tatsächlich bleibt Goethes Anschauung in diesem Punkt während des gesamten 19. Jahrhunderts fast ohne Echo – durchaus nicht übrigens die Physiognomik überhaupt, die durch Charles Bell, Theodor Piderit und Darwin wichtige Fortsetzer findet. Die bei Goethe skizzierten Gedanken werden aber erst um die Wende zum 20. Jahrhundert im Zeichen der Verabschiedung der Geschichtsphilosophie aktuell; zunächst bei Nietzsche.

3

Im Denken Nietzsches ist der Leib keine Metapher im schlichtesten Sinn eines uneigentlichen Als-ob, in dem sie ein bloßes Spiel der Kunst sein kann, bei dem die Souveränität des vergleichenden Ich nicht infrage steht. Anders bei ihm, wo das physiognomische Bild – statt das Wissen zu illustrieren – es als eine angemessenere Wahrnehmungsform ersetzen zu können beansprucht. Statt des komparativen Als-ob deshalb die Darstellung der Sache, *insofern* sie ein Antlitz zeigt. Die Lizenz für die mythologische Rede, für «das zusammengezogene Weltbild», für die «Abbreviatur der Erscheinung», wie Friedrich Nietzsche den Mythos im 23. Abschnitt seiner ‹*Geburt der Tragödie*› nennt, wird dann auch für die Philosophie und die Einzelwissenschaften in Anspruch genommen: in Anwendung auf die Natur, die Geschichte, die Gesellschaft. «Ohne Mythos aber», so Nietzsche an dieser Stelle, «geht jede Cultur ihrer gesunden schöpferischen Naturkraft verlustig: erst ein mit Mythen umstellter Horizont schliesst eine ganze Culturbewegung zur Einheit ab.» [29]

Noch etwas unterscheidet diese neue Belehnung von der seit alters vertrauten. Wie das Ich als metaphorisch vergleichendes nicht mehr in Erscheinung tritt, so sind konsequenterweise die Spuren seiner Ordnung des Logos auch aus dem Leib getilgt, der das Vorbild dieser vermenschlichenden Anschauung ist. Insofern ist diese Abbildung der Welt auf der Oberfläche des Leibes etwas anderes als der Anthropomorphismus älterer Art. Nicht der logische Leib des Ich, aber auch nicht der bloß natürliche liegt ihr zugrunde, sondern der mythische Leib als ein Phantasma. Seine Vernunft ist die eines sympathetisch reagierenden Ensembles, einer Konstellation unterschiedlichster physischer, psychischer und geistiger Energien. In einem Fragment aus dem Nachlaß der achtziger Jahre hat Nietzsche sie als eine Oligarchie beschrieben: «Die Annahme des Einen Subjekts ist vielleicht nicht notwendig; vielleicht ist es ebensogut erlaubt, eine Vielheit von Subjekten anzunehmen, deren Zusammenspiel und Kampf unserem Denken und überhaupt unserem Bewußtsein zu Grund liegt. Eine Art Aristokratie von ‹Zellen›, in denen die Herrschaft ruht? Gewiß von pares, welche miteinander an's Regieren gewöhnt sind und zu befehlen verstehen?

Meine Hypothese: das Subjekt als Vielheit.» [30]

Das Ich hat sich unmöglich gemacht. Im Grunde kann es nicht den Mund auftun, ohne sich zu kompromittieren. Redet es dann doch, so – wie sollte es auch anders – mit immer nur einer, seiner Stimme. Der Leib dagegen ist mehrsprachig. Entsprechend komplex, womöglich gar in sich widersprüchlich ist sein Ausdruck. Und vor allem bleibt auch das Unterdrückte, Abgewiegelte, Unentwickelte stets als solches sichtbar. Der Leib kann nicht lügen. (Thomas Mann hat diesen Gedanken später der Novelle *‹Die vertauschten Köpfe›* zugrunde gelegt.) Anders die Sprache des Ich. Ist diese Egologie nicht stets schon Ideologie? «Ausgangspunkt vom Leibe und der Physiologie: warum?»

überschreibt Nietzsche einen Abschnitt des schon zitierten Fragments, und antwortet: «Das direkte Befragen des Subjekts über das Subjekt, und alle Selbst-Bespiegelung des Geistes hat darin seine Gefahren, daß es für seine Tätigkeit nützlich und wichtig sein könnte, sich falsch zu interpretiren. Deshalb fragen wir den Leib und lehnen das Zeugniß der verschärften Sinne ab: wenn man will, wir sehen zu, ob nicht die Untergebenen selber mit uns in Verkehr treten können.» [31]
Kein Zweifel, mit dem Phantasma des mythischen Leibs kommt eine ideologiekritische Strategie zum Zuge. Auf der Suche nach der Wahrheit wird nicht nur der siegende Logos, werden auch die Besiegten vernommen. Der direkte Kontakt zu den «Untergebenen» geht auf Kosten der Direktheit, mit der gewöhnlich das Ich seinen Alleinvertretungsanspruch geltend macht. Die Eindeutigkeit seines Logos gilt hier nur transitär und relativ, ebenso «wie fortwährend die lebendigen Einheiten entstehen und sterben und wie zum ‹Subjekt› nicht Ewigkeit gehört; eben daß der Kampf auch in Gehorchen und Befehlen sich ausdrückt und ein fließendes Machtgrenzen -bestimmen zum Leben gehört.» [32] Als «das Wichtigste» bezeichnet Nietzsche, daß Herrscher und Beherrschte – wie sie sich in der physiognomischen Momentaufnahme des Lebens darstellen – als «gleicher Art» verstanden werden. Mit anderen Worten, ihre augenblickliche Stellung in der Ordnung; der Herrschaft, ob sie Regenten sind oder Untergebene, tritt als ein «unmittelbares» Verhältnis zurück; ideologische Aufdringlichkeiten, hinter und unter denen der kollektive Leib sichtbar wird.
Vom Ich läßt sich der Physiognomiker nichts vormachen. So werden wir ermahnt, «daß wir überall, wo wir Bewegung im Leibe sehen oder errathen, wie auf ein zugehöriges subjektives, unsichtbares Leben hinzuschließen lernen. Bewegung ist eine Symbolik für das Auge; sie deutet hin, daß etwas gefühlt, gewollt, gedacht worden ist.» Sie zeigt es unabhängig davon an, ob diese Gefühle, Willen oder Gedanken sich durchsetzen können bis zur Repräsentanz in der Sprache des Ich.
Die Achtsamkeit auf das «unsichtbare Leben» – noch einmal zeichnet sich hier die Grenze zur Kunst ab. Der Leib der Kunst

ist der sinnlich wahrnehmbare Leib, nicht so der des Physiognomikers. In *‹Menschliches, Allzumenschliches›* (Nr. 160) spricht Nietzsche von letzterem als dem «Physiker und Philosophen». Für gewöhnlich sei die Kunst nicht dessen Gegenstand, könne es nicht sein, weil sie von der «natürlichen Unwissenheit des Menschen über sein Inneres (in Leib und Charakter)» ausgehe. Die bildende Kunst wolle «Charaktere auf der Haut sichtbar», die Poesie im Laut hörbar werden lassen. Verfehlt werde der «innere Leib». Für die Kunst ist Unwissenheit eine Tugend. Sie erlaubt ihr jenen «Flor des unreinen Denkens» (Nr. 151) über die Realität zu breiten, der die Abgründe und Aussichtslosigkeiten verbirgt. Auch für die Kunst des Regierens gehört eine gewisse Unwissenheit zu ihren Bedingungen, wie auch «das Vereinfachen und Fälschen, das Perspektivische».[33] Nietzsches «Physiker und Philosophen» haben im Unterschied von den Künstlern einen durchdringenden, wissenden Blick. In einem Punkt freilich sind sie sich gleich. Ihre Energie ist auf den Zusammenhang der Dinge gerichtet. Denn darin ist das Wissen des Mythologen Nietzsche vom «sokratischen» unterschieden, das er in der Aufklärung am Werk sah: Es kommt nicht analytisch zur Anwendung, sondern fungiert, auch wo es ideologiekritisch die Fiktionen auflöst, die das Ich über sich selbst mitteilt, synthetisch. Es ist eine Auflösung und Rückführung des Logos-Ichs in die Figur einer ursprünglichen Einheit.

Die Unterstellung dieses Traumwissens vom kollektiven Leib und die Physiognomik als Methode seiner Darstellung ergeben den wohl einzigen Versuch einer neuen Mythologie, der nicht aus Vergangenem gespeist ist, ja zur Vergangenheit nicht einmal mehr symbolische Beziehungen unterhält – jedenfalls nicht mehr nach der selbstkritischen Abwendung von der *‹Geburt der Tragödie›* mit ihrer Inszenierung der antiken Götterwelt aus dem Geiste Wagners und gegen die Schrecken der Commune.[34] Die poetischen Mythologen der Jahrhundertwende und später, wie eng sie sich sonst auch an Nietzsches undialektisch polarisierende Konstellation von Dionysischem und Apollinischem halten[35], sind sämtlich offener dem Vergangenen gegenüber: sei es der Antike wie George, sei es der Renaissance wie dieser und der frühe Heinrich Mann und mit ihm fast eine ganze Generation. Nicht immer ist dann der unwiderrufliche Tod des Gewesenen mitgedacht und vorausgesetzt, wie ihn Nietzsche unzweideutig feststellt: «Überdies können wir in's Alte nicht zurück, wir haben die Schiffe verbrannt ...» (Nr. 248)[36] Die moralkritische Psychologie von ‹*Menschliches, Allzumenschliches*› ist danach gänzlich physiognomisch, wie es der 82. Aphorismus mit dem Stichwort «Haut der Seele» ausspricht:

«Wie die Knochen, Fleischstücke, Eingeweide und Blutgefässe mit einer Haut umschlossen sind, die den Anblick des Menschen erträglich macht, so werden die Regungen und Leidenschaften der Seele durch die Eitelkeit umhüllt: sie ist die Haut der Seele.»[37]

Auf den Leib bezogen ist Nietzsches Philosophie vor allem ihrer Form nach. Der Sänger, der Tänzer, der Mime sind die Vorbilder ihrer Bewegungsform. Die Kunst des Stils, so hat er verallgemeinernd gesagt und dabei an den seinen gedacht, liege in der Übertragung der Sprache des Leibes in Gesten der schriftlichen Rede: «Alle Gesetze der Periode sind Kunst der Gebärde.» (‹*Ecce Homo*›: «Warum ich so gute Bücher schreibe», Nr. 4)[38] Zarathustras Philosophie ist nicht nur – und womöglich nicht in erster Linie – in dem niedergelegt, *was* er sagt, sondern darin, *wie* er es sagt. Tempo und Verhaltenheit, Ducken und Strecken, skandierte Rhythmik und melodisches Fließen haben ihr Maß im kollektiven Ensemble des mythischen Leibes, für den hier – in diesem poetischsten von Nietzsches Werken – der natürliche Körper steht: «Nur im Tanze weiss ich der höchsten Dinge Gleichniss zu reden», spricht Zarathustra im ‹*Grablied*›.[39] – Drei Jahrzehnte Tanzkultur noch unseres Jahrhunderts stehen unter diesem ekstatischen Motto, wie denn auch der höhnische Kalauer unzählige Male wiederholt worden ist, daß der Philosoph selbst einen täppischen Gang gehabt habe. – So war es nicht gemeint. – Das Denken bedient sich hier vielmehr der Körpergestik als einer *Symbolik für das Auge*. Die Stilgebärden sind verschiedene Auslegungen des vielfachen Subjekts, das sich in ihnen mittelbar ausspricht, wie denn die Bedeutung dieses Stils insgesamt sich nicht als Addition oder abstrahierende Folgerung aus den Einzelgesten ergibt, sondern aus dem Ausdruck ihrer Komplexion. (Es ist wohl noch kaum bemerkt worden, in welchem Maße diese Semantik des Sprachleibs in der Essaiistik der Kritischen Theorie in Anspruch genommen wird, übrigens durchaus in der Schule Nietzsches.) Die Stilgebärden sind den «Charakteren» analog, deren Kunst Nietzsche bei den französischen Moralisten, bei La Bruyère, Chamfort und La Rochefoucauld so sehr bewunderte.

Zarathustra ist ein Tänzer und – Wanderer. Auch dies und auf mehrfache Weise ein Hinweis auf den physiognomischen Charakter dieses Philosophierens. Anstelle der Bücher liest er die Welt: aufrechten Ganges im Gegensatz zum Gelehrten, dessen Rücken sich über der Lektüre krümmt, wie Nietzsche nicht versäumt zu betonen – mit der gleichen Bosheit und derselben Versuchung zu «realistischen» Ausfällen nachgebend wie seine Kritiker. Wie aus der Imitation der Gebärden bezieht das essaiistische Philosophieren seine Denk- und Darstellungsform aus der Anpassung an den Habitus des Reisenden. Daher die wenigen Zitate, meist aus dem Gedächtnis, die Sprunghaftigkeit, der Assoziationsreichtum, das jähe Abbrechen; freilich auch die Fülle der Beobachtungen und die Distanz des Fremdlings. (Darüber weiter an späterer Stelle.)

Übrigens ist Nietzsche selbst als Reisender bekanntlich kein Liebhaber der großen Städte gewesen – wenngleich des Fremden. In einem Aphorismus aus *‹Menschliches, Allzumenschliches›*, der den Titel trägt «Wohin man reisen muß» (Nr. 223), empfiehlt er der ‹feineren› «Kunst und Absicht des Reisens» [40], nicht gleich in die Ferne zu schweifen, selbst wenn man Menschen kennenlernen wolle, die das Kleid Europas nicht an- oder es ausgezogen haben. Die Reise in die Tiefe der Vergangenheit sei bereits durch Selbsterkundung – vorgestellte Reisen – möglich, vollends aber und ergänzend oftmals durch das Studium der nächsten Umgebung: «Gewiss hat sich in abgelegenen Gegenden, in weniger betretenen Gebirgsthälern, umschlossenen Gemeinwesen ein ehrwürdiges Musterstück sehr viel älterer Empfindung leichter erhalten können und muss hier aufgespürt werden: während es zum Beispiel unwahrscheinlich ist, in Berlin, wo der Mensch ausgelaugt und abgebrüht zur Welt kommt, solche Entdeckungen zu machen.» – Wo der Haß auf die Großstadt Oberhand gewinnt über die Faszination, rückt als Stoff der mythologischen Gesinnung sogleich auch das Vergangene näher.

4

Auch wer länger schon in einer Großstadt ist, gar dort geboren, wird keinen Umgang mit ihr haben. Er wird kaum *mit* ihr gehen, wie man mit Geliebten geht, eher schon und immer wieder *zu* ihr, selbst wenn er in ihr lebt. Auch die im Zentrum wohnen, sagen oft, wenn sie aus der Wohnung gehen, sie gingen in die Stadt. Im Grunde landen sie wohl niemals dort, denn die, zu der sie wollen, ist immer dort, wo Ich nicht ist. So ist die Stadt, seit Baudelaire bezeugt, die ewige Hure und Städter-Sein ein Laster ohne Sättigung. Es kann auch gar nicht anders sein, denn wehe dem, der ankommt. Der Preis ist Selbstverlust. Denn übermächtig ist seit dem 19. Jahrhundert in den großen Metropolen konzentriert, was dem Persönlichen entgegensteht: Staatsgewalt und Kapital, technische Automatisierung und institutionelle Organisation, Komfort der zirkulierenden Waren und Kulturbetrieb.

Georg Simmel, der Physiognomiker als Soziologe, in Berlin geboren und dort fast lebenslang zu Hause, hat am eigenen Leibe gespürt, wovon er spricht: Mehr und mehr setze das Leben des Städters sich aus persönlichen Inhalten zusammen, «so daß nun gerade, damit dieses Persönlichste sich rette, es ein Äußerstes an Eigenart und Besonderung aufbieten muß; es muß dieses übertreiben, um nur überhaupt noch hörbar, auch für sich selbst zu werden. Die Atrophie der individuellen durch die Hypertrophie der objektiven Kultur ist ein Grund des grimmigen Hasses, den die Prediger des äußersten Individualismus, Nietzsche voran, gegen die Großstädte hegen, aber auch ein Grund, weshalb sie gerade in den Großstädten so leidenschaftlich geliebt sind, grade dem Großstädter als die Verkünder und Erlöser seiner unbefriedigten Sehnsucht erscheinen.» [41]

Im Blick auf die Übermacht des Objektiven wappnet und steigert sich das Ich in den vertrauten Gestalten des Blasierten, des Nervösen oder Hysterikers. Das sind die romantischen, die exaltierten Bewältigungsversuche der Stadt, um ihrer Herr zu werden – ihrer und des eigenen Ichs, das sich zu verlieren droht in sinnloser Zerstreuung. Diese Formen der Selbstbehauptung sind psychisch aufwendig, und wenn sie das Ich nicht entleeren bis zur Blasiertheit, denn überanstrengen sie es durch ständige Erregung. Soll sich das Ich an die Stadt nicht verschwenden, so muß es besser haushalten mit den eigenen Kräften, muß Wahrnehmungsformen finden, die wirtschaftlicher sind und das Gemüt weniger belasten. Das romantische Ich hat auf die Dauer keine Überlebenschance. Seine Modernisierung betreibt Simmel durch Versachlichung; übrigens fast zwei Jahrzehnte schon bevor die Neue Sachlichkeit zur Modeströmung wurde. Auf der Suche nach einem Wahrnehmungsorgan, das vom Gemüt möglichst weit entfernt liegt, scheint Rückhalt der nüchterne Verstand zu bieten: urbane Intellektualität, das ökonomisch rationalisierte Komplement zur Stadt, die ihrerseits ja auch ein Produkt der Ökonomisierung des Lebens ist.
Selbst hat Simmel allerdings in diesem Logos sich nicht eingerichtet. Von einem Philosophen unerwartet, ist von ihm der Ausspruch überliefert, «daß er sich als Denker sündig fühle» [42], das Leben analytisch zerlöse, statt es als ein Ganzes zu bewahren, so können wir diese Formulierung des Goethe-Verehrers und sehnsüchtigen Freundes bedeutender zeitgenössischer Künstler – unter ihnen George, Rilke, Rodin – vielleicht verstehen. Er hat die Sachlichkeit zur Weißglut getrieben. Aus dieser besonderen Verbindung von Ergriffensein und Abwehr ist seine formale Soziologie hervorgegangen. Sie läßt sich als ein Versuch interpretieren, die Erscheinungen des Lebens in ihrer Einheit zu erfassen, ohne auf die Wahrnehmung und Darstellung seiner modern entfremdeten Wirklichkeit zu verzichten. Um mit der Großstadt zurechtzukommen, sieht er sie als einen Leib; aber dazu muß er den Leib urbanisieren, denn Sentimentalitäten gelten hier nicht: der *funktionelle* Leib ist der Mythos, in dem er den Widerspruch zwischen den individuellen Menschen und ih-

rer abstrakt gewordenen Lebenswelt versöhnen will: «Das bedeutsamste Wesen der Großstadt liegt in dieser funktionellen Größe jenseits ihrer physischen Grenzen: und diese Wirksamkeit wirkt wieder zurück und gibt ihrem Leben Gewicht, Erheblichkeit, Verantwortung. Wie ein Mensch nicht zu Ende ist mit den Grenzen seines Körpers oder des Bezirkes, den er mit seiner Tätigkeit unmittelbar erfüllt, sondern erst mit der Summe der Wirkungen, die sich von ihm aus zeitlich und räumlich erstrekken: so besteht auch eine Stadt erst aus der Gesamtheit der über ihre Unmittelbarkeit hinausreichenden Wirkungen. Dies erst ist ihr wirklicher Umfang, in dem sich ihr Sein ausspricht.» [43]
Eine Transfusion besonderer Art ist erforderlich. Aus dem Leib wird das Blut abgelassen und statt dessen ein Gestänge von Funktionen eingeführt. In einem Essai über *‹Die ästhetische Bedeutung des Gesichts›* aus dem Jahre 1901 wird diese urbanisierende Operation vor unseren Augen durchgeführt: am Gesicht pars pro toto, doch nicht zufällig am Antlitz. Denn unter dem Gesichtspunkt größtmöglicher ökonomischer Rationalität und zugleich des Ausdrucks eines Ganzen – der menschlichen Persönlichkeit – ist es besonders ausgezeichnet: «Tatsächlich löst das Gesicht am vollständigsten die Aufgabe, mit einem Minimum an Veränderung ein Maximum von Veränderung des Gesamtausdrucks zu erzeugen.» [44] Eine Aufgabe, so sollten wir uns klarmachen, die niemand vor und außer Simmel ihm gestellt hat. Sein methodischer Relationismus bleibt gegenüber der Funktionsweise nicht neutral. Daß alles mit allem in funktionaler Abhängigkeit steht, unterstellt er ohnehin. Darüber hinaus hat er aber noch ein Funktionsideal. Im Gesicht ist es beispielhaft verwirklicht: optimale Ausdrucksleistung bei geringstem Aufwand, ohne unvermeidbaren Verlust funktionsloser Energie. Wie kommt diese Präzision zustande? Durch eine Art mechanischer Loyalität im Materiellen oder – wie Simmel formuliert –, indem «die Bestimmtheit jedes Zuges mit der Bestimmtheit jedes anderen, d. h. des Ganzen solidarisch ist». Das Ergebnis dieser Solidarität ist eine «ungeheure Beweglichkeit» bei nur «geringfügigen Lageverschiebungen». [45] – Noch einmal gesteigert ist dieses Vermögen im Auge: fest an seinem Platze verankert, doch ausge-

stattet mit einem höchsten Potential von Funktionen: «es bohrt sich ein, es fleht zurück, es umkreist einen Raum, es irrt umher, es greift wie hinter den begehrten Gegenstand und zieht ihn an sich.»

Das hier beschriebene Auge könnte das eines Jägers sein: höchst beweglich und dabei unbewegt; rege, aber nicht gerührt; alles ergreifend, selbst nie ergriffen. Es ist das ideale Auge des Städters und des Soziologen. Als dieser fragt Simmel nicht nach dem Inhalt von Tätigkeiten oder Sachen, von Herrschaft oder Ausbeutung, sondern nach den funktionalen Zusammenhängen. So kehrt dort der Körper als eine soziale Maschine wieder. Die Leibvorstellung tröstet mit dem Phantasma eines einheitlichen Ganzen. Das maschinelle Funktionieren befriedigt das wissenschaftliche Bedürfnis nach Sachlichkeit. Damit der physiognomische Blick, der die Gesellschaft dementsprechend als einen organischen Körper wahrnehmen soll, nicht immer wieder von einzelnen Inhalten gefangengenommen wird, muß er sich immunisieren gegen Sympathie oder Abneigung: ein kaltes Auge.

Der Mythos des funktionellen Leibs ist im Maße seiner universalen Gültigkeit freilich auch eine Mystifikation: ein Hyper-Naturalismus, dessen Sachlichkeit – wie heute sich im Rückblick leichter erkennen läßt – den nachromantischen Strömungen durchweg verwandt bleibt. In der Nachbarschaft von George und Simmel tritt sie ebenso zutage wie zwei Jahrzehnte später in der Konstellation von Surrealismus und Neuer Sachlichkeit[46], so wie denn der strukturierend durchdringende Blick schon der romantischen Generation zugleich mit dem nüchternen Sinn für geometrische Funktionen auch den höheren für das Übernatürliche schärfen half.

Wie beides ineinander verschlungen ist, hat Simmel selbst zu denken versucht und darin zugleich eine Eigenart dieser neuen Mythologie beschrieben. Das ‹Übernatürliche› – das, was jenseits der Natur liegt – ist für ihn dem Leben inwendig. Es zeichnet sich fortwährend im Leben ab, wo dieses ein Ende nimmt, im Sterben. Dessen Zeichen sind grundsätzlich die Formen. In ihnen wird das Leben erst wahrnehmbar, durch den Umriß nämlich, den der Tod ihm gibt. Der physiognomische Blick, der das

Leben sucht, findet es nur immer da, wo es mit dem Tode ringt. Erst dann und insofern erhält es die Form und Festigkeit von Strukturen, in denen sein Fließen sich bricht und zur Ruhe kommt: «Dies erst macht die formgebende Bedeutung des Todes klar. Er begrenzt, d. h. er formt unser Leben nicht erst in der Todesstunde, sondern er ist ein formales Moment unseres Lebens, das alle seine Inhalte färbt: die Begrenztheit des Lebensganzen durch den Tod wirkt auf jeden seiner Inhalte und Augenblicke vor; die Qualität und Form eines jeden wäre eine andere, wenn er sich über diese immanente Grenze hinaus erstrecken könnte.» [47]

So ist das physiognomische Sehen der Versuch, den Tod für die Erkenntnis produktiv zu machen. Von Nietzsche bis Kassner sympathisieren die Physiognomiker mit dem kreisenden Vogel, dessen Scharfblick aus großer Höhe noch das Geringste wahrnimmt; freilich auch das Todesbereite. (Ironie will es, daß es für Nietzsche der Geier ist, weil Wagner das Tier im Wappen führte.) Wo immer die Anzeichen des Sterbens sichtbar werden, hat der Physiognomiker leichte Beute. Das Leben macht er aus an dem Widerstand, den seine Energien dem Sterben entgegensetzen, an den Bewegungen instinktiver oder bewußter Todesflucht: «Das Leben, das wir dazu verbrauchen, uns dem Tode zu nähern, verbrauchen wir dazu, ihn zu fliehen. Wir sind wie Menschen, die auf einem Schiff in der seinem Lauf entgegengesetzten Richtung schreiten: indem sie nach Süden gehen, wird der Boden, auf dem sie es tun, mit ihnen selbst nach Norden getragen. Und diese Doppelrichtung ihres Bewegtseins bestimmt ihren jeweiligen Standort im Raume.» [48]

Die Gegenstände, die auf diese Weise ausgespäht werden, die Ruine, die Landschaft oder die Mode, der Abenteurer oder das Gesicht erhalten ihre Konturen allemal durch einen Dualismus und eine Opposition von innen und außen, Lebensnotwendigkeit und Zufallswirklichkeit, Bewegung und Erstarrung, und stets hat auf einer Seite dieser Relationen der Tod einen Repräsentanten. Er ist zugleich der Statthalter des Metaphysischen – das keinen anderen Namen hat als den des Lebens selbst – und des Physiognomikers, dem er vorangeht.

Das Tote erst ist dieser Philosophie kein Gegenstand. Das Leben erstarrt in den Formen, als würde es von ihnen ereilt. Wo der Tod gesiegt hat, fällt sein Opfer ans Leben zurück als dessen Rohstoff. Geschichte ist für Simmel ein transitärer Zustand des Lebens selbst. Die Physiognomien seiner Essais zeigen den Augenblick, in dem der Tod – oder einer seiner formgewaltigen Handlanger – noch zugreift, und sie ahmen diesen Zugriff nach. Dergestalt ist ihre Denkform einer ästhetischen Bedingung unterstellt. Was die Philosophie als Aufscheinen der Wahrheit nimmt, ist zugleich doch nur ein Scheinen, dem so keine geschichtliche Wirklichkeit entspricht. Das Zitieren ist ihr erlassen. Die Balance des Augenblicks ist eine Figur des ‹Als-ob›. Genaugenommen sind diese physiognomischen Momentaufnahmen insofern auch nicht Philosophie der Ruine, der Mode und der Landschaft, sondern des Ruinösen, Modischen und der Optik des Landschafters, nicht von Kunstgegenständen, sondern des Naturschönen – und natürlich ist das Schöne sowieso suspendiert. – Der Gegenstand bildet sich erst, indem er verschwindet. Anders als für die Ästhetik des 19. Jahrhunderts ist Simmels Thema aber nun nicht die Psychologie seiner Wahrnehmung, sondern das metaphysische Sein des Gegenstands in der Balance des ästhetischen Augenblicks. Die entwickelte Kulturwelt ist ein Leichnam, und zu metaphysischem Leben gelangt sie allein – wie Simmel eine Sammlung solcher Essais 1911 genannt hat: – als «Philosophische Kultur».

5

Die Provinz ist in Ordnung; nicht *noch* oder *schon wieder*, sondern an sich und in jedem Augenblick. Das Zweideutige hat hier keine Chance. Ob alter oder neuer Brauch – immer gilt er radikal. In den wenigen Straßen begegnen sich die Widersprüche mehrmals in der Woche, unausweichlich. Das drängt auf Klärung und Entscheidung. So muß auch die Aufklärung auf dem Lande und in der Kleinstadt alles in jedem Moment und ganz genau wissen. Sie eifert wie seinerzeit die Inquisition. Kein

Wunder, daß die Monster in die Städte flüchten. Die sind weiß Gott nicht heil, aber doch ganz: Ober-, Unter- und Halbwelt. In die Großstadt pilgern dann die Touristen von außerhalb wie zu Besuch ins Tollhaus, rätselhaft angezogen und hypnotisiert von den Dämonen und unsauberen Geistern, die aus ihnen in die Städte gefahren sind als ihre letzte Zuflucht. In den großen Städten scheint – wie in der Mythologie – alles noch einmal zugleich versammelt zu sein, was in der Geschichte aufeinander folgt.
Vor Aragon und Benjamin hat Kassner, der selbst aus einem mährischen Dorf stammte, die Fruchtbarkeit dieser Perspektive für die kulturelle Physiognomik der Nachmoderne erkannt. «Sooft ich in Paris bin», verrät er in einem Aufsatz von 1911, «versäume ich es niemals zu den Chimären von Notre Dame hinaufzusteigen. Ich kenne sie alle, wie man seine eigenen Hunde kennt, und gehe oben der Brüstung entlang von einer zur anderen und rühre keine an. Da ist gleich die eigentliche, die berühmte Chimäre, der bittere Greif mit dem vom Wahnsinn wie ausgehöhltem Blick und seinen beiden weichen, weißen, ohnmächtigen Menschenhänden, wie aus dem Fleisch der Lilie geschnitten ...»[49]
So folgt an dieser Stelle die Revue der Monster von Notre Dame und im Gesamtwerk Kassners ein kaum enden wollender Reigen von zwielichtigen Gestalten und Zwitterwesen: Menschen, die zweigeteilt sind, längs und quer, und in beiden Hälften verschiedene Leben führen; ein räuberischer Mund, an den zwei schenkende Hände geheftet sind; haarlos blank aufragende, phallische Gesichter – wie denn an diesen Grusel- und Spukgestalten das Geschlecht unvermutet und überall sich öffnen oder ausbrechen kann; Faune, Satyrn, Zentauren. Das komplette Arsenal grotesker Zusammensetzungen des Satanismus und des Fin de siècle ist hier eröffnet. Und der Sinn dieses Aufzugs? Kassner spricht ihn mit der Behauptung aus, «das Chaos» sei «in Wahrheit nirgend außerhalb von Menschenhirnen, und die Chimäre lebt in jedem von uns Menschen als echte Geist- und Maßlosigkeit, als Ungestalt und Krampf, als Eigensinn, als Mangel an Wachsamkeit und Gesicht, als Vermessenheit und Verstellung, als Zwang, als Ärger, als Angst, als Neid und Aberwitz».[50]

Demnach ist dieser physiognomische Blick mit dem romantischen Sinn für das Skurrile und Absonderliche, für die Verschrobenheiten, in denen das Individuelle sich zeigen kann, nicht zu verwechseln. Nicht der Witz speist Kassners mythologisierende Einbildungskraft, und nicht eine artistische Laune hext den Menschen und Dingen die mythologischen Attribute an, und sowenig wie dieser Verwandlungskünstler selbst ist sein Werk romantisch in dem Sinn, daß es das Individuelle träfe. Nicht minder entschieden wie Nietzsche und Simmel verneint er das romantisch souveräne Subjekt als eine Fiktion. Seine Physiognomien wollen denn in Wahrheit auch nicht mythologisieren, sondern dem Mythos in der Gegenwart nachspüren. Nicht anders als so läßt ihre Diagnose sich stellen, lautet seine Unterstellung. Scharfblick ist nötig, weil sich das Mythische nicht mehr so schamlos präsentiert wie auf den Simsen der Kathedralen, vor allem aber auch nicht in derart klaren Anteilen von Menschlichem und Animalischem, Vegetabilem und Elementarem, wie es an den Monstern der Schaubuden oder mittelalterlichen Mythologien unterschieden werden kann. Denn seine Gegenwärtigkeit ist vor allem eine Tatsache der geistigen Welt. ‹Bis hierhin und von da ab ...›, so lassen sich nur Gliedmaßen beschreiben, keine spirituellen Sachverhalte; Zeus als Stier verwandelt: wie empfand er? als Stier oder Gott? So lauten Kassners Fragen, in denen er voraussetzt, daß sie so nicht zu beantworten sind. Physiognomisch gerichtet sind seine Methode der Erforschung und die Darstellung der Resultate, indem sie mit der Konfiguration rechnen. Die uns vertraute Sprache der Aufklärung will auf eindeutige Distinktionen hinaus, entweder oder; erst ... dann; oben ... unten; selbst das ‹Nicht nur, sondern auch› und das ‹Sowohl als auch› suggerieren die Möglichkeit, wirkliche und eingebildete Welt reinlich scheiden zu können. Das Lebenswerk Kassners zielt darauf, eine philosophische Sprache und Formen zu finden, die das Zusammenlaufen beider kenntlich machen. Ganz ähnlich wie Hofmannsthal im ‹*Lord Chandos-Brief*› stellt er in den ‹*Mythen der Seele*› die Frage: «Was also ist es, das an sich weder ganz ein Gefühl noch ein Schauer noch ein Gedanke noch ein Weh oder eine Neugier und doch von allem etwas ist?»[51]

Unbegriffenes wird zum Thema, die Welt ohne Abstraktion und Zahl, schwieriger noch, das Begriffslose. Wie läßt sich davon reden, ohne lediglich darauf zu zeigen und also zu verdoppeln? Und andererseits, wie soll es sich in der Sprache der alten Begriffe fassen lassen, denen es sich doch offenbar erfolgreich entwinden konnte, die sich als ohnmächtig erwiesen haben? – Eine von Kassners Lieblingsvorstellungen über Menschen und Dinge heißt, daß sie ‹noch nicht ganz durch› wären, so wie man von halbgarem Fleisch spricht. Das feststellen ist nicht dasselbe wie die Garung zum Abschluß bringen. Halb gar, das heißt zwar halb begriffslos. Doch hat der wissenschaftliche Logos nicht die Macht, die Wirklichkeit dieses Begriffslosen, indem er sie zur Sprache bringt, auch gleich auszulöschen. Es ist Wirklichkeit der Seele, die zwar mit der griechischen Tragödie aus ihrem mythischen Dämmerzustand erwacht, doch ist sie immer noch nicht ganz da. Ja es wird für Kassner sogar immer gewisser, daß dies Erwachen in historischer Zeit, Zahl und Individualität erst die Geschichte ausmacht, so daß das menschliche Schicksal nichts anderes ist als dieses dramatische Losringen der Abstraktion vom Bild: «Eine Chimäre ist in jedem Augenblick auf dem Punkte, aus ihrer eigenen Ungestalt herauszufahren.»[52]
In der metaphysischen Ordnung der Dinge zwar ist mit dem Eintritt Christi, dem menschgewordenen Wort, der Mythos überwunden, aber der geschichtliche Mensch lebt doch immer in zwei Welten. Die Wort-Werdung, das Reich Gottes und also der Abschluß der Aufklärung, ist ein Absolutes und liegt insofern nicht als die Unendlichkeit am Schluß und Ende der historischen Zeit. So kann es auch nicht als Ergebnis zunehmenden Verstandes erwartet werden. Für Kassner wird die Aufklärung wild und mit Wahn geschlagen, wenn sie das Absolute als unendliche Zahl mißverstehe und das Reich Gottes also in der Logik dieser Zahlenwelt; für ihn der Umschlag von Einbildungskraft in Phantastik. Er hat sie als einen Grund der großen Katastrophen dieses Jahrhunderts angesehen.
Vom ‹Gesicht› des Ganzen her – in seiner Sprache der Vision des «Gottmenschen» – ist die Physiognomie des Einzelnen zu erkennen. Aber diese Erkenntnis «hat» dann das Ganze sowenig

wie das Einzelne. Das Einzelne muß sie gewähren lassen. Die Geduld dazu erwächst aus dem Verzicht, das Ganze haben zu wollen. Dergestalt fällt ihr aber das Einzelne zu – auf die Weise nämlich, auf die es menschenwürdig nur zu haben ist: als gesehene und im anschauenden Gewährenlassen genossene Gestalt, als Schein des Ganzen. In Kassners ‹*Melancholia*› (1908) stehen die Sätze: «ein Mensch von Einbildungskraft will das Ganze, nicht weil er Hunger, sondern weil er Einbildungskraft hat, und darum weiß er zu verzichten – nicht auf einige Teile, sondern auf das Ganze. Und nur, indem er auf das Ganze verzichtet, hat er das Ganze. Nur ein Mensch von wahrer Einbildungskraft hat eine Sache, indem er auf sie verzichtet.» [53]

Die hier beschriebene Figur bedeutet eine «Umkehr» des Verstandes, der sich aus dem imaginierten Unendlichen zurück aufs Endliche beugt und seine eigene Ohnmacht wahrnimmt. Es ist eine Figur der Reflexion, nicht von Regression! – Machtlos ist der Logos, wenn er nach dem Absoluten greift, er ist es nicht als Logos von Mythen.[54] In dieser steten Beziehung auf seinen eigenen Ursprung – also als Mythologie im striktesten Wortsinn – bewährt er sich. ‹Vergißt› er ihn, so versteigt nicht nur er sich in Phantastik, auch die mythischen Gewalten geraten außer Kontrolle.[55] Der Mythos und der Logos für sich sind unheilvolle Realabstraktionen. Ihnen gegenüber hat die philosophische Physiognomik die Aufgabe, die Sinne zu schärfen für die konkreten Gestalten, die gerade in ihrem chimärischen Wesen – mithin in der Ostentation ihres Mangels – Symbole des Ganzen sind. Mythos und Logos bleiben wie Leib und Seele aufeinander bezogen, zweideutig, und ihre Einheit ist nicht anders zu haben denn als Gesicht: «Wenn die griechische Phantasie sich den großen mythischen Seher Tereisias doppelgeschlechtig dachte als ein Wesen, das an sich selber zeugend sich mit sich selber befruchtete, so ist das nichts anderes als eben der griechische Ausdruck für die Deutung des Körpers durch die Seele und der Seele durch den Körper im Seher, so bedeutet es letzten Endes das Sehen des Einen.» [56]

Aragon wird den Mythos später «die Bahn des Bewußtseins» nennen, «sein Förderband».[57] Automatisch ist er es nicht. Er

wird es vielmehr allein vermöge der ästhetischen Anschauungskraft, die dieses Band jäh anhält in dem Augenblick, in dem die Chimäre aus ihrer Ungestalt herausfährt.
An Kassners Physiognomik hat man das Gewalttätige, an der Sprachkraft seiner Essais das Zupackende bemerkt, das so gar nicht zu dem Vorurteil des Schwärmerischen paßt, das sich über ihn gebildet hat.[58] – Man könnte sicherlich das gleiche über die gesamte essaiistische Tradition sagen, die die Nachfolge der hier porträtierten Kulturphysiognomik antritt: von Borchardt, Kommerell und Winckler, von Jünger, Rang und Benjamin bis zur jüngeren Generation derer, die derzeit den Essai in diesem Sinne erneuern. – Die Beobachtung ist zutreffend, wenn sie die Plötzlichkeit meint, den kalkulierten Überraschungseffekt, den der Autor erzielt, wenn er in scheinhafter Willkür sein Opfer in den ungelegensten Augenblicken bannt.[59] Es ist doch immer nur ein Bann zum Schein, Strategie einer Wahrnehmung, die durch Gegenbann der Gewalt der Abstraktionen entgehen will, die uns zu lähmen drohen.

II

Kalte Augen

Vor einiger Zeit wurde in Hamburg zwei Gehörgeschädigten wegen Mordes der Prozeß gemacht. Die beiden hatten einen ebenfalls fast tauben Mann zu Tode gefoltert, weil er ihnen 200 Mark schuldete. Es war ein stundenlanger Tod, bei dem die Täter ihr Opfer zwangen, einen Topf mit Leim zu trinken, dann ein Gemisch aus Parfüm, Sprudel, Salz und Pfeffer; sie zertraten ihm einen Hörapparat und zerstörten einen zweiten mit einem Schraubenzieher; sie versuchten den Mann mit einer Gardinenkordel zu erdrosseln und ihn mittels eines Gerätekabels durch Strom zu töten; sie schlugen ihm mehrere Flaschen über den Kopf, und sie stachen spitze Werkzeuge in seinen Körper. Als der Gequälte sich nach Stunden noch immer bewegte, ertränkten sie ihn in einem Behälter. – Vor Gericht gab einer der Täter an, er sei «nervös und ärgerlich» gewesen.

Im Mittelpunkt des Verfahrens stand die Frage, ob es bei Gehörgeschädigten zu Beeinträchtigungen ihres Gefühlslebens kommen kann, weil sich ihnen – vom Geschmacks- und Tastsinn abgesehen – die Welt in erster Linie durch das Auge erschließt. Einer der psychiatrischen Gutachter, Albert Müller von der psychiatrischen Klinik in Hamburg-Ochsenzoll, vertrat dazu die Ansicht, das Auge sei ein «kaltes» Sinnesorgan. Es bestehe die Möglichkeit, «daß sich die Gefühlswelt bei Gehörgeschädigten nicht so entwickelt wie bei anderen Menschen, eben weil das Auge nur ‹kalte› Eindrücke von der Welt» vermittle. Das Auge könne keine «warmen» Gemütskräfte fördern – die Gefühlsnahrung des Gewissens. Der Verteidiger eines der Angeklagten formulierte das in seinem Plädoyer in den Worten: «Wer nicht hören kann von Geburt an, vernimmt nicht die beruhigenden Worte der Mutter, nicht das Gezwitscher der Vögel, nicht das Rauschen des Meeres, nicht das Liebesgeflüster der ersten Romanze: die Musik dringt nicht zu ihm – und er hört auch kein Schreien, wenn er jemandem Schmerz zufügt.» [1]

Nun wissen wir von genügend Verbrechern, denen alle Sinne verfügbar waren, und auch die These des Gerichtsgutachters von der Anfälligkeit Gehörgeschädigter für moralische Defekte dürfte zumindest höchst gewagt sein. Wichtiger ist hier, was er über die Kälte des Augensinns sagt. Denn sie ist zweifelsfrei eine Bedingung dieser Tat gewesen wie auch einer anderen, die – unter vergleichbaren Bedingungen verübt – mehr als 200 000 Menschen das Leben gekostet hat: des Abwurfs einer Atombombe auf Hiroshima. Durch den Bomberpiloten Claude Eatherly, der am Steuer des *B-29 Straight Flush* saß und das entscheidende «go-ahead»-Signal für das Ausklinken der Bombe gab, wissen wir, daß er – in seiner Pilotenkanzel isoliert – den Moment seiner Tat nur mit den Augen erlebte. Es war für ihn ein ästhetisches Ereignis in dem eingeschränkten Sinn, daß er zwischen der optischen Sensation und ihren Konsequenzen keinerlei Verbindung herstellte, weder zu einer Vorstellung des Leidens, das er mit dem Knopfdruck auslöste, noch zu einer Erwägung über die moralische Schuld. Man kann es auch so ausdrücken: Was er sah, drang nicht wirklich in ihn ein, ja es berührte ihn nicht einmal. Es wurde nicht zum Bild seiner inneren Vorstellung. Erst später war er in der Lage, sich die Bedeutung seiner Tat klarzumachen.

Zu dieser hat bestimmt auch beigetragen, daß die anderen Sinne dem Auge gegenüber gleichsam neutralisiert waren: das Tasten der todesverkrampften Leiber, der Geruch brennenden Fleisches, das Schmerz-Gebrüll der Opfer erreichten ihn nicht. «Nicht nur die menschliche Sinnlichkeit wird geboren durch den anderen Menschen, sondern auch die einzelnen Sinne gewinnen ihre spezifische Eigenschaft als menschliche Sinne durch die Arbeit der *anderen* Sinne. Die Isolierung voneinander macht die

Monstren.» – Oskar Negt und Alexander Kluge haben in diesen Worten die Mordtaten des Taubstummen kommentiert.[2]
Günther Anders, der mit Eatherly korrespondiert hatte, zog aus dessen Berichten den Schluß, daß nur das Eingehen der Bilder in den Innenraum der Vorstellung, daß nur diese wahrhafte Ein-Bildung das bloße kalte Hingucken korrigieren kann: «Nur wer die Vorstellung des Effekts durchhält, hat die Chance der Wahrheit; die Wahrnehmung leistet nichts. – Diese Spielart der Tarnung ist erstmalig: Während Tarnungen früher darauf abgezielt hatten, das prospektive Opfer der Tat, also den Feind, daran zu hindern, die ihm drohende Gefahr zu erkennen (oder darauf, den Täter vor dem Feind zu schützen), zielt Tarnung nun darauf ab, den Täter selbst daran zu hindern, daß er erkenne, was er tut. Insofern ist nun auch der Täter ein Opfer; insofern gehört Eatherly zu jenen, die er umgebracht hat.»[3]
Ob das *so* stimmt? Ist nicht unsere gesamte Alltagskultur mittlerweile auf derartigen Selbstdistanzierungen aufgebaut und auch aus eigenen Impulsen?
Auf den Augensinn bezogen gehören zu den Tarnungen der Selbsterkenntnis alle Maßnahmen, die den Sehenden möglichst deutlich vom Gegenstand distanzieren; sei es durch große Entfernung, sei es den zwischengeschalteten Apparat. Die Brille des Intellektuellen funktioniert nicht nur als Statussymbol, das den Büchermenschen signalisiert, sie bedeutet auch – durch das zwischengeschaltete Glas – die Objektivierung des Angeschauten, eine Wirkung wie auf den Angeschauten, so auch auf den Brillenträger selbst, dem sie, wie durch Autosuggestion, das Gefühl von Unvoreingenommenheit und Sachlichkeit vermittelt. Ähnlich geht es mit der Kamera. Moholy-Nagy, einer ihrer Propheten am Bauhaus der zwanziger Jahre und dort Lehrer der Klasse für Fotografie, hat sich vom Gebrauch der Fotolinse eine «Hygiene des Optischen» versprochen, und Friedrich Springorum, einer der Fotophilosophen der Neuen Sachlichkeit, versprach sich geistige Gesundung von «leibfreien Bildern».[4]
Das zweite, das unempfindliche Gesicht ist in historischer Dimension wohl doch nicht bloß Resultat einer Blendung bzw. Verblendung, die den Menschen durch ein anonymes Schicksal

widerfährt, wie im Fall der Taubstummen, oder durch irgendwelche Mächtigen, die darauf angewiesen sind, daß ihre Agenten nicht empfinden, was ihnen zu tun befohlen wird. Die Argumente von Günther Anders entlasten, wie auch angemessen, die individuellen Täter, aber auf Kosten einer moralisch-politischen Fiktion, die aus dem bewußtlosen Mörder ein selbst getäuschtes Opfer der Herrschenden macht. So verstellen sie die Erkenntnis, daß der Erwerb des kalten Auges auf einem schon lange und vielfältig geübten Abstraktionsvermögen beruht. Es besteht darin, den Körper zu teilen. Ich spreche jetzt nicht von der vielinterpretierten Trennung im Querschnitt, die oben und unten, den reflektierenden Kopf von Bauch und Geschlecht distanziert. Sie ist der Anfang der Dissoziation, die das Thema der Psychologie ist. Hier statt dessen ist eine Zweiteilung gemeint, die den sinnlichen Körper zum Phantomleib macht und neben ihn einen kalten, harten, schmerzfreien Körper stellt, auf den man rechnen kann. Schmerz und Betroffenheit registriert dieses sachlich orientierte Spaltprodukt als bloße Fiktionen, eine Einbildung, über die es zumindest theoretisch hinaus ist wie über den eingebildeten Schmerz amputierter Glieder. Über den Sinnen steht der sachliche Leib nicht dadurch, daß er nichts wahrnehmen würde; im Gegenteil: seine registrierende Sensibilität ist zu einer Höhe gesteigert, die sie kaum zuvor in der Geschichte der Wahrnehmung erreicht hat. Aber die Verbindung zur Empfindungsfähigkeit ist durchtrennt.

Schwierigkeiten machen höchstens gelegentlich noch die Körperorgane. So klagen die Optiker, daß die Technisierung und Miniaturisierung von Arbeitsgut und -abläufen die Augen zu stark beanspruchen. Arbeitsmittel wie etwa Bildschirmtext und Datensichtgeräte erschöpfen die Sehkraft, denn es handele sich hier «weniger um ein im täglichen Leben übliches dynamisches Sehen, als vielmehr um ein im weitesten Sinne statisches Sehen, das durch die permanente Muskelanspannung» die Augen schnell ermüden lasse (dpa-Meldung vom 23. Mai 1982). So werden sie – wo es eben geht – durch hochqualifizierte Prothesen ersetzt, die nahezu unbegrenzt belastbar sind, ohne daß ihre Meßleistung leidet: Fotozellen, wie überhaupt Mikro-Sensoren für alle erdenklichen Reize. Der Schmerz soll in dem amputierten Leib objektiviert werden als ein Datum, ein beliebig Gegebenes, technisch kalkulierbar. In den Bildreportagen von Kriegsschauplätzen, auf den Fotos gefolterter Körper führen wir ihn uns vor und werden mit ihm vertraut.

Ernst Jünger hat das, fasziniert, schon 1934 zu erklären versucht, die Erfahrung des Ersten Weltkriegs im Rücken: «Wenn man den Typus, wie er sich in unseren Tagen herausbildet, mit einem Wort kennzeichnen sollte, so könnte man sagen, daß eine seiner auffälligen Eigenschaften im Besitz eines ‹zweiten› Bewußtseins besteht. Dieses Zweite und kältere Bewußtsein deutet sich an in der sich immer schärfer entwickelnden Fähigkeit, sich selbst als Objekt zu sehen.»[5] Im Foto-Auge, das das todbringende Geschoß ebenso unbestechlich registriert wie die Leiber, die von seiner Explosion zerfetzt sind, findet Jünger das markanteste Beispiel für die Ausbildung des Körpers zum Kampfleib. In der Koppelung von Flugkörpern mit optischen Zellen kommt die Tendenz sinnfällig zum Ausdruck: Sehen als Angriffsakt.

Jünger lenkt die Aufmerksamkeit auf einen wichtigen Punkt, wenn er die Irrationalität, ja den magischen Charakter dieser neuen Optik bemerkt. Sie sei eine Form des Bösen Blicks, so behauptet er, an dem Grausamkeit und Machtgier hohen Anteil haben. Hinter dem Aufdecken und Beblicken, der ostentativen Preisgabe von Personen und Ereignissen durch die Wahrnehmungsapparaturen der neuen Medien, würden immer häufiger das Angeblickte und Gehörte zurücktreten. Die Entfesselung des Sehens ist demnach als Ereignis wichtiger als das Gesehene. – Und wie anders wäre auch sonst die Wahllosigkeit des Bilderkonsums, wie sie nach dem Essai Jüngers von diesem noch kaum zu ahnende Exzesse erreicht hat, erklärbar. Nein, wir würden in der Tat einer populären Selbsttäuschung erliegen, wenn wir bei den instrumentellen Funktionen stehenbleiben, die dem kalten Auge bei der Ausdehnung von Naturbeherrschung zukommen. Gewiß, das Radar-Auge durchdringt Nebel und Dunkelheit und verhindert verkehrstechnische Katastrophen; der Röntgenblick entdeckt den Herd der Krankheit, ehe sie den Körper verwüsten kann; die Foto-Linse des Satelliten warnt vor Unwetter. Doch erstreckt sich die Aktivität des kalten Blicks viel weiter, als daß wir uns mit solchen Erklärungen zufriedengeben könnten, und zu provozierend und unheilvoll ist sein aggressives Potential, als daß es uns als eine bloße Begleiterscheinung des aufklärerischen Fortschritts erscheinen könnte.

Für Jünger liegt der «tiefere Sinn» der zunehmenden Versteinerung des Lebens durch die Erkaltung der natürlichen Sinne im Willen und in der Vorbereitung des Lebens «zur Macht». Gehorsam, Übung und Disziplin wären wie die Herrschaft des kalten Blicks über den Schmerz Anzeichen einer Bereitschaft. Etwas soll höher gelten als physischer Schmerz, und alle gegenwärtigen Ideen, Institutionen und Personen wären nur provisorische Stellvertreter für jenes Ungewisse, das eintreten soll. Die «auf den Schmerz gerichtete Bewegung» – gerichtet nämlich auf seine Distanzierung durch das Zweite Bewußtsein – sei «der negative Abdruck einer metaphysischen Struktur».[6] An den Einzelnen ergeht die Parole, sich «an der Rüstung» gegen den Schmerz zu beteiligen: «sei es, daß er in ihr die Vorbereitung zum Untergang erblickt, sei es, daß er auf jenen Hügeln, auf denen die Kreuze verwittert und die Paläste verfallen sind, jene Unruhe zu erkennen glaubt, die der Errichtung neuer Feldherrnzeichen vorauszugehen pflegt».[7] – Zitaten wie diesem von 1934 pflegt der Hinweis auf den eben aufziehenden Faschismus zu folgen, mit historischem Recht und doch allzu wohlfeil. Die schnelle Denunziation verzichtet auf Erkenntnis. Diesen Verzicht leistet freilich auch Jünger selbst schon, wenn er die Frage nach den Ursachen für die Fortdauer oder Erneuerung magischer Belehnungen unterläßt bzw. ihnen allzu rasch den Logos eines «zur Macht» strebenden Lebens unterstellt, das über Leichen gehen zu müssen scheint.

Machtgierig ist der Inhaber des kalten Auges nicht aus freien Stücken, sondern – Jünger betont es selbst – in der Antizipation von Schmerzen, gegen die er sich wappnet. Das gerüstete Auge will sich unempfindlich machen gegen jeden möglichen Eindringling. Die Ausstrahlung aggressiver Kälte steht in einem proportionalen Verhältnis zur Angst vor Attacken gegen das

Auge. Tatsächlich reagiert kein anderes Körperorgan mit so hysterischer Abwehr von Fremdem. Eine rasche, in seiner Nähe ausgeführte Bewegung genügt, um den Schließreflex der Lider auszulösen, und bei großer Gefahr gilt die spontane Schutzgestik zuallererst dem Gesicht. Die paramilitärischen kalten und scharfen, die stechenden und durchbohrenden Blicke sind demgegenüber ein Versuch, aus der Defensive des Geängsteten zum Angriff überzugehen. Opfer und Täter bewohnen denselben Körper. Fragen wir das Opfer, wovor es sich am meisten fürchtet, so können wir aus seinen Antworten leicht auf die Form seiner Aggressivität und den Modus seiner potentiellen Täterschaft schließen. Die Kampftechnik der tötenden Augen – Raketen etwa, die mit hochempfindlichen Sensoren ihr Ziel selbst ausspähen – beruht auf der umfunktionierten Angst vor dem tödlichen Erblicktwerden. So kommt der kalte Blick der Erfüllung seiner Ängste zuvor. Wen ich durchbohrend fixiere, der kann an mir nicht zum Täter werden.

Magisch ist also der Böse Blick nicht nur, indem er durch Aberglauben mit Macht über Leben und Tod ausgestattet ist. Magie ist auch in die Vorstellung eingegangen, der eigene Blick könne vor dem Erblicktwerden schützen. Seit alters ist gewissen Blikken Tödlichkeit zugeschrieben worden, der Annahme folgend, daß die Sehkraft eine Ausscheidung der Augen sei, die in zu hoher Konzentration oder mit giftiger Beimischung das Gesehene zerstören könne. Über die klassische Antike tradiert, galt diese These weit bis ins Mittelalter. Paracelsus hat sie noch vertreten. Als zuverlässiger Schutz gegen den Bösen Blick galt auch stets schon – der erwiderte Blick. – «Wurm im Auge trägt nur / Anderen Wurmes Täter», heißt es provozierend über ein Heldenkind in einer altnordischen Sage, dessen stechender Blick den künftigen Sieger über – den stechenden Blick ankündigt. Dabei kommt das magische Prinzip zur Anwendung, wonach dem Verkehrten durch Verkehrung begegnet werden kann: «Wie das Zaubern eine Umkehrung der gewöhnlichen Naturordnung ist, so ist das Umkehren des Gegenstandes ein zauberkräftiges Gegenmittel.» S. Seligmann hat dafür in seiner reichen Kulturgeschichte des Bösen Blicks viele Beispiele zusammengetragen.[8] Die apotropäi-

schen Zeichen, die zur Abwehr verwendet werden, sei es aufgemalt, sei es in Amulettform, als Maske oder tätowiert, vergelten Gleiches mit Gleichem, ein Duell starr blickender Augen, dessen Gegner sich durch besondere Inständigkeit der Beblickung auszustechen suchen. – Besonders gefürchtet sind die Blicke von Sterbenden. – Eine Möglichkeit der Steigerung liegt auch in der Multiplikation der Blicke – gewisse Indianerstämme überziehen ihre Körper mit einem aufgemalten Augenornament, das auf allen kraftspendenden Körperteilen angebracht wird – oder im besonderen Raffinement des Amulett-Fetischs. Jacob Grimm führt in seiner ‹*Deutschen Mythologie*› zum Beispiel Maulwurfspfoten an, eine ausgedacht subtile Abwehr, denn wer selbst im Dunkeln mit den Pfoten sehen kann, braucht den Angriff auf die Augen nicht zu fürchten.[9]
Im Duell der Blicke sind die großen starren Augen ein Potenzzeichen. Eine Maske im Berliner Völkerkunde-Museum zeigt den polynesischen Kriegsgott Ku-kaili-moku mit weit aufgerissenen, starr fixierenden Augen; darunter ein ebenfalls geöffneter, dicht mit Zähnen besetzter Mund im roten Gesicht, der die stechenden Augen zusätzlich als gefräßige interpretiert (s. Abb. 1). – Der En-face-Löwe afrikanischer Kulturen, so hat Frobenius herausgefunden, verdankt seine Prominenz der Gewalt, die seinen Augen zugeschrieben wird. Wut und Aggressivität werden bis heute mit entsprechender Mimik dargestellt, wie eine Montage aus geballter Faust und bohrenden Blicken zeigt, mit der eine Arzneimittelfirma «Aggressivity and hostility rapidly control» verspricht (s. Abb. 2). – Mit zweierlei Sprachen hat Jasper Johns die Augen einer Skulptur ausgestattet, die den satirischen Titel ‹*The critic sees*› (1961) trägt. Hinter einer Brille sind zwei Männer zu erkennen; der eine scheint sprechen zu wollen, der andere zu beißen.[10] – In der archaischen Antike sind die Augen in dieser attackierenden Bedeutung geschlechtsspezifisch ausgeführt. Zum Zeichen von Kampfstärke und eines Überlegenheitsanspruchs sind die Männeraugen weit geöffnet und kreisrund, die der Frauen dagegen oval geschlitzt, die letzteren zum Zeichen von Anmut und Sanftheit[11] (s. Abb. 3). Erhält Apoll gelegentlich das mandelförmige Auge oder Athene ein

Symbol des Kriegsgottes Ku-kaili-moku (Hawaii, Polynesien). Die Maske mit dem bannenden Blick ist einerseits das Haus dämonischer Gewalten – nicht Requisit, sondern Erscheinungsform des Gottes –, andererseits ist sie apotropäisches Zeichen, das dem Gesehen- und Verschlungen-*werden* mit der Symbolisierung des Gleichen vorbeugt: stechenden Augen und drohend gefletschten Zähnen. (Abb. 1)

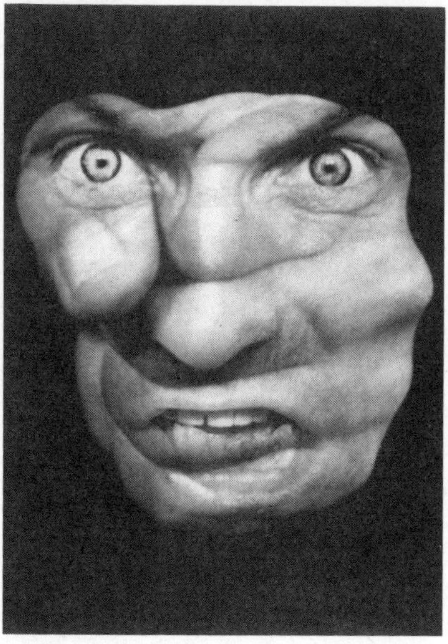

Die volle Sichtbarkeit der Pupille in Verbindung mit den gefletschten Zähnen und der Drohgebärde der Faust ergeben in dieser Arzneimittelreklame ein Bild der Bedrohlichkeit von Aggressivität. Die zur Faust verformten Gesichtszüge bezeichnen die Übermacht der Angriffslust, und sie sind zugleich ein bildlicher Vorgriff auf ihr Zerstörungswerk. (Abb. 2)

Kampfstärke und Überlegenheit des Mannes sind auf dieser archaischen Vasenmalerei durch kreisrunde und weit geöffnete Augen, weibliche Sanftmut durch ovale Augen angedeutet. (Abb. 3)

rundes, so deutet der Künstler darin den Wesensanteil am anderen Geschlecht an. – Die Furcht vor dem Bösen Blick en face geht gelegentlich auch in die Ikonographie ein, nicht als Motiv nur, sondern als eine Vermeidungsregel. Dagobert Frey, der die «Dämonie des Blicks» an verschiedenen Pathosmotiven der Kunstgeschichte interpretiert hat, nennt eine Konvention byzantinischer Maler, die es verbot, Personen und Wesen, «welche üble Kräfte versinnbildlichen und deren Blick dem Beschauer gefährlich werden könnte», in Vorderansicht darzustellen.[12]
Der Annahme einer physiologisch geschlechtsspezifischen Artung der Augen ist erst durch Forschungen des 19. Jahrhunderts der Boden entzogen worden. Doch davon ist die Geschlechts-

symbolik seiner Ausdruckszeichen nicht berührt. Gisela Schneider und Klaus Laermann wollen anspruchsvoll aus gewissen En-face-Blicken sogar die «Mikrosoziologie» eines männlich dominierten «Typus» lesen, leider ohne irgendwelche Belege, die für eine so weitreichende These ja auch nur mit einer breit angelegten historischen Ikonographie erbracht werden könnten.[13] Um *einen* Gegenstand sind ihre scharfsinnigen Analysen aber gewiß nicht betrogen. Dem konventionellen Pictogramm der Sexualität entgegen, steht das Auge – obschon oval oder rund – vorwiegend für das phallische Prinzip. (Das heißt freilich nicht, daß nur Männer entsprechende Blicke werfen.) Im Lateinischen gar gilt dasselbe Wort *fascinus* für das männliche Glied und den Bösen Blick. Besonders gefährlich sind bekanntlich die Schlangenblikke – die eines hybriden Phallus –, wie andererseits zur Abwehr auch phallische Amulette mit eingravierten Augen Verwendung finden (der *phallus oculatus*[14]), römische Männer noch heute zum Schutz gegen den Jettatore die Geschlechtsteile berühren, neapolitanische Straßenjungen zur Abwehr des Bösen Blicks die *fica* andeuten. Emilio Servadio, der die Angst vor dem Bösen Blick in den dreißiger Jahren bei seinen italienischen Landsleuten untersucht hat, ist zu dem Ergebnis gekommen, daß die befürchteten Folgen des Bösen Blicks stets Kastrationssymbole sind, während andererseits die Abwehr der Kastrationsangst exhibitionistisch erfolgt: «sie wird das Vorhandensein des bedrohten Genitales betonen und behaupten.»[15] – Übrigens kommt natürlich auch das vorwissenschaftliche augenkundliche Verständnis vom Strahlen aussendenden Auge der Phallus-Phantasie sehr entgegen. – Fast zur selben Zeit wie Jünger – und stärker als dieser an den sexuellen Inhalten des Unbewußten interessiert – stellen Robert Desnos und Georges Bataille die Fortdauer magischer Belehnungen des Auges aus einer archaischen Tradition bis in die Gegenwart fest.[16] Zum Beweis konstruieren sie eine Sequenz, die vom Bild-Zauber vorzivilisierter Stämme bis zum Rasiermesserschnitt in Buñuels und Dalís Film ‹*Un Chien Andalou*› reicht, der das Auge einer jungen Frau zerschneidet (s. Abb. 4). Ihr Liebhaber scheint den Löffel in der Hand zu halten, um es als *friandise cannibale*, als eine kannibalische Leckerei zu genießen. –

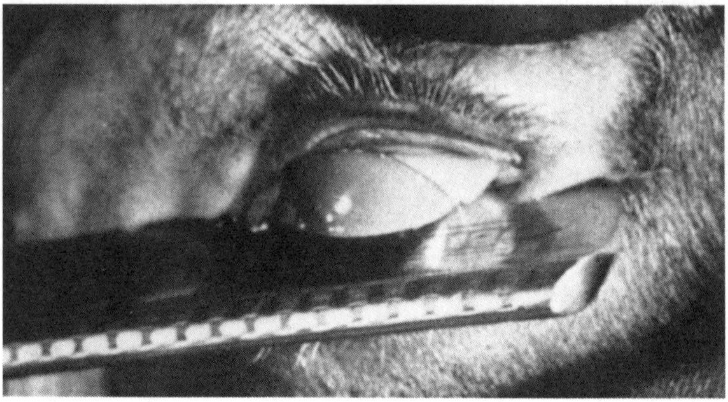

Der Schnitt mit dem Rasiermesser durch das Auge im Prolog von Buñuels und Dalís Film ‹*Un Chien Andalou*› zerstört den Kontrollblick des Bewußtseins durch eine atavistische Geste: Das wie ein Dotter ausgelaufene Auge soll gegessen werden. Das Assoziationsfeld zur sexuellen Bedeutung von Augen/Eiern ist damit eröffnet. (Abb. 4)

Dem Zusammenhang von Augen-Aggressivität, Kastrationsangst und Verschlingungsphantasien ist – wie Bataille selbst schon mit seiner ‹*Histoire de l'œil*› von 1928 – die Psychoanalyse mehrfach mit Theorien nachgegangen, die uns hier nicht weiter beschäftigen sollen.[17] In dem Film der beiden Katalanen steht der Schnitt durch das Auge – in einer seiner Bedeutungen dasjenige des Bewußtseins – am Anfang, so daß die Szene den Weg erst freigibt für die Assoziationen, die aus dem Dunkel des Innern aufsteigen. Buñuel zufolge sollte «erbarmungslos» ausgeschieden werden, was etwas zu bedeuten hätte.[18]
Schmerz- und Verlustangst zählen zu den Gründen jener optischen Potenzbeweise, zu denen das Auge sich verhärtet. Der exhibitionistisch-demonstrative Sinn schließt alle Funktionen aus, in denen sonst das Auge als ein Organ der Kontaktaufnahme und Gemeinschaftsbildung dient. «Im Zuwenden des Antlitzes, im Anblicken stellt sich der Mitmensch dem Ich als ein Anderer gegenüber», so beschreibt D. Frey das «Urerlebnis» der «Dämo-

nie des Blicks». Blicke ich jemandem in die Augen, so sehe ich nicht nur ihn – und zusätzlich mich im Augenspiegel –, sondern dazu noch das, was ich bewirke, indem ich blicke.[19] Von solchem Tausch will das kalte Auge nichts wissen, oder vielmehr, es will an solchen Einbildungen – sie sind es im wörtlichsten Verstande – durchaus nicht teilhaben. Das kalte Auge will keine leibliche Gemeinschaft – im Gegenteil, es verabscheut sie, als fürchte es Ansteckung, Trübung seiner kalten Klarheit.

Böse Blicke wollen sich nicht beeindrucken lassen; nur keine Konzession an die Subjektivität ihrer Wahrnehmung! Sie verweigern alles Physiognomische: die Abbildung der Welt so, wie sie mich anblickt; nichts hinterläßt im Blickenden eine Spur. Wohl aber dringt statt dessen der Strahl des kalten Auges wie ein Skalpell in das Beblickte und schafft sich Einsicht.

In einer Geschichte des kalten Blicks müßte zuvor freilich erst vom gläsernen Auge der Perspektivkunst die Rede sein. Es begnügt sich noch mit der Oberfläche, auf der alles Wesentliche in Erscheinung zu treten scheint, ein Versprechen ihrer Technik, dem die großen Künstler der Epoche allerdings schon nicht mehr recht trauen wollten. Die moderne Optik könnte ihnen heute mit der Erkenntnis aushelfen, daß die exakte zentralperspektivische Konstruktion keineswegs auch eine genaue imitatio naturae garantiert, weil sie auf der Konstruktion eines völlig rationalen, unendlichen, stetigen und homogenen Raumes beruht. Dergestalt wird aber, so hat Erwin Panofsky die Perspektive als eine «symbolische Form» definiert, der wirkliche, psychologische Raum «gleichsam in den mathematischen» umgewandelt. Die genaue zentralperspektivische Konstruktion «sieht ab von der Tatsache, daß wir nicht mit einem fixierten, sondern mit zwei beständig bewegten Augen sehen, wodurch das Gesichtsfeld eine sphäroide Gestalt erhält; sie berücksichtigt nicht den gewaltigen Unterschied zwischen dem psychologisch bedingten ‹Sehbild›, in dem die sichtbare Welt uns zum Bewußtsein kommt, und dem mechanisch bedingten ‹Netzhautbild›, das sich in unserem physischen Auge malt ...»[20]

Dergestalt ist in der Renaissance der zuvor magisch und außerweltlich definierte Bildraum nun zwar strikt innerweltlich eingegrenzt, doch seine Ordnung – obschon der Mathematik – ist artistisch-technisch fingiert, die profane Vision eines natürlichen Kosmos aufgrund der Anpassung von Wahrnehmung (im emphatischen Sinn der Erkenntnis von Wahrheit) an das natürliche empirische Sehen. Panofsky hat es für die Kunst der Renaissance als eine Grenze bezeichnet, die zugleich respektiert und überschritten werden soll, geachtet als ein Schutz gegen die drohende Willkür der Magie; überschreitungsbedürftig, weil der Logos der Mathematik selbst eine mythische Qualität erhält, wenn seine Einäugigkeit in Vergessenheit gerät. Der kalte Blick, weil er sich nicht anschauen läßt, ist nämlich selbstvergessen, nimmt sich selbst nicht wahr.

Es gibt ihn nur im Singular, also gleichsam einäugig. Wir können ihn uns nur losgelöst vom Körper vorstellen: das *eine* Auge vor dem Apparat, den Zeichenstift führend wie auf einem Stich vom Anfang des 17. Jahrhunderts, der das perspektivische Zeichnen erläutert (s. Abb. 5). Dieses eine Auge kann dann zwar multipliziert werden wie das wachende Auge auf dem Leib des Argus, mit dem das der Perspektivkunst die apparathafte Kälte gemein hat, aber in der symbolischen Ordnung bleibt es ein einäugiges Sehen. Denn Stereoskopie bedeutet hier nicht die Synchronisation zweier achsenverschobener Bilder, sondern die Spaltung des Gesichtssinnes in ein mathematisch-logifizierendes und ein psychisches Vermögen. Das kalte Auge der Perspektive hält sich an den mathematischen Logos. Insofern ist es nicht bloß menschlich ungerührt, es sieht auch undynamisch. Der Vollzugscharakter des Sehens ist getilgt. Das Subjekt der Sinne und das Objekt, das den Blick auf sich lenkt, befinden sich in einer fixierten Distanz. Sinnesreize werden registriert, ihre Komposition zum Bild besorgt der Verstand: als objektivierten Befund, gleich ob bildlich oder in der Sprache. – Verse von Lessing formulieren dieses Verhältnis als Anweisung:

> Das Auge, wenn sein Netz der Sachen Abdruck rührt,
> Thut, was es thuen soll, auch wenn es dich verführt:
> Was es nicht leisten kann, das musst du nicht begehren.
> Es soll uns nur den Schein entfernter Flächen lehren.
> Was davon wahr, was falsch, das untersuche du;

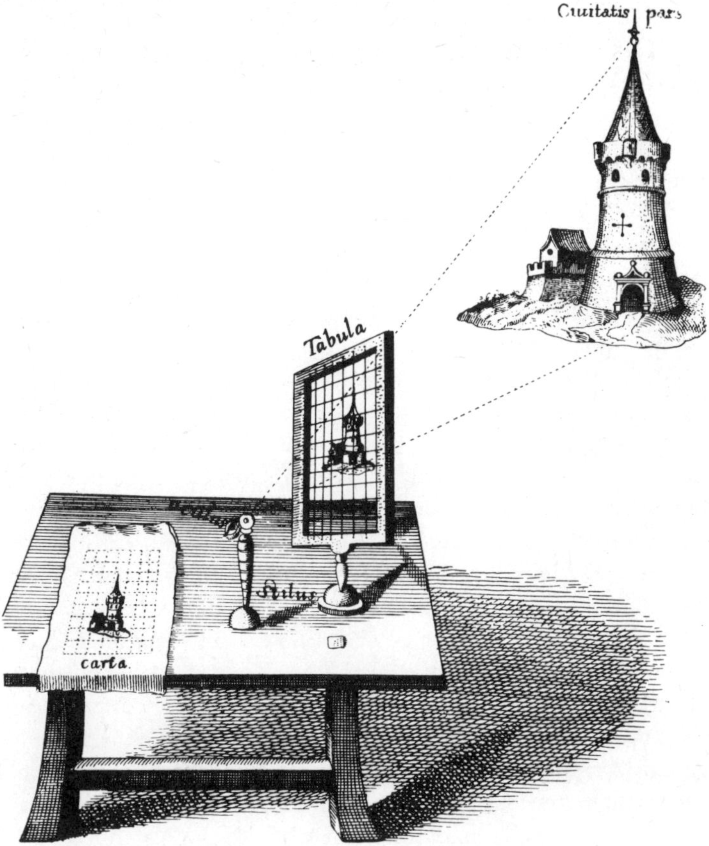

FINIS LIBRI SECVNDI.

Robert Fludd hat 1617 mit dieser Zeichnung die Technik des perspektivischen Zeichnens erläutert. Die schematisierende Darstellung setzt das Auge unmittelbar an den «stilus». Das Stielauge braucht den Körper nicht; es ist über dessen natürliche Sinnlichkeit hinaus und ein reines Abstraktionsorgan. (Abb. 5)

Wo nicht, so rennst du selbst dem leichten Irrthum zu.
Deswegen gab dir Gott des Geistes schärfres Auge,
Dass es das leibliche dir zu verbessern tauge.
Wenn du mit diesem siehst, zieh jenes auch zu Rath,
Durch beides siehst du recht, wenn eines Mängel hat.[21]

Die Erkaltung des Augensinns wird beschleunigt, indem sich sein Verkehr mit den anderen Sinnen lockert. Der Austausch der Sinne untereinander muß unterbunden werden, denn er widerspricht dem Distanzgebot des neuzeitlichen Auges. Alle anderen Sinne suchen die Körpernähe, auf die das Auge nicht nur verzichten kann, sondern deren Vermeiden geradezu Bedingung seiner stabilisierenden und identifizierenden Leistungen wird, durch die es Herr über den Schmerz ist. – Selbst Goethe, dem der historische Sinn quer zur strukturalen Ordnung des Sichtbaren steht – wie muß er sich mühen, um am Logos des Erblickten einen Index auf das Dasein der Dinge in der Zeit wahrzunehmen –, sucht den Ausweg nicht in der sensualistischen ‹Erwärmung› des Augensinns im Fluidum der korrespondierenden Sinne, sondern in der Nobilitierung des distanzierten Auges. In den *‹Maximen und Reflexionen›* steht die den *‹Wanderjahren›* zugeordnete Bemerkung: «Das Gesicht ist der edelste Sinn. Die andern vier belehren uns nur durch die Organe des Takts: wir hören, wir fühlen, riechen und betasten alles durch Berührung; das Gesicht aber steht unendlich höher, verfeint sich über die Materie und nähert sich den Fähigkeiten des Geistes.»[22] Er hat dieses Lob des Augen-Adels an anderer Stelle durch eine recht barsche Ablehnung von Regressionen ins Tasten unterstrichen, womöglich unausgesprochen an die Adresse Herders, für den das ideale Auge Hände hat und die Einbildungskraft ihre höchste Intensität erreicht, wenn sie zu tasten scheint. Warburg und Panofsky können bei Goethe Bestätigung für ihre Theorie gefunden haben, wonach der geometrisierende Blick erst die epochale Horizontlinie zieht, hinter die es nun kein Zurück mehr gibt, es sei denn zu Magie.
Das technisch bewaffnete Auge dagegen hat Goethe abgewehrt. In seiner Umgebung hat er Menschen mit Brillen nicht leiden mögen; aus einem doppelten Grund, wie er in einigen *‹Feindseliger Blick›* überschriebenen Versen verrät:

Ich geh mit Zügen frei und bar.
Mit freien, treuen Blicken;
Der hat eine Maske vorgetan;
Mit Späherblicken kommt er an –
Darein sollt' ich mich schicken?[23]

Der Späherblick will selbst nicht gesehen werden. Die Maske verhindert die Blick-Erwiderung.

Skeptisch war Goethe nicht bloß gegen das Tasten, er war es im selben Sinn auch gegen die Musik, jedenfalls was die Moderne anlangt. In einem Fragment aus dem Nachlaß greift er das Wort vom Architekten als verstummtem Tonkünstler auf. Orpheus, der Städtegründer, habe – auf der Leier spielend – die Steine dazu gebracht, sich handwerks- und kunstgemäß zu ordnen: «Die Töne verhallen, aber die Harmonie bleibt. Die Bürger einer solchen Stadt wandeln und weben zwischen ewigen Melodien; der Geist kann nicht sinken, die Tätigkeit nicht einschlafen, das Auge übernimmt Funktion, Gebühr und Pflicht des Ohres, und die Bürger am gemeinsten Tage fühlen sich in einem idealen Zustand: ohne Reflexion, ohne nach dem Ursprung zu fragen, werden sie des höchsten sittlichen und religiösen Genusses teilhaftig. Man gewöhne sich, in Sankt Peter auf und ab zu gehen und man wird ein Analogon dessen finden, was wir hier auszusprechen gewagt.»[24] Das natürliche Korrespondenzverhältnis der Sinne wird in dieser Phantasie bewertet und geschichtlich geordnet, die gehörte Musik ins magische Zeitalter verwiesen. In der Moderne ist das Auge Leitorgan. (In schlecht gebauten Städten allerdings versagt das Auge seine Dienste, und statt dessen vermeint das Ohr Katzenmusik zu hören.) Selbst die synästhetische Aufnahmebereitschaft des erotischen Leibs erhält Auflagen, in denen die Rangfolge geregelt ist, wie anmutig, doch unmißverständlich in der V. Römischen Elegie. Ob Auge oder Hand, es sind beides «sehende» Organe geworden in einem supranaturalistischen Sinn, dessen Dolmetsch am Ende das dichtende Wort ist. Sein Versmaß skandiert der nächtlich Schreibende der schlafenden Geliebten «mit fingernder Hand» auf den Rücken, als telegraphiere er Botschaften aus dem Lande der Sehnsucht. Im Vers erst wird das Übermaß sinnlicher Begeisterung darstellbar.

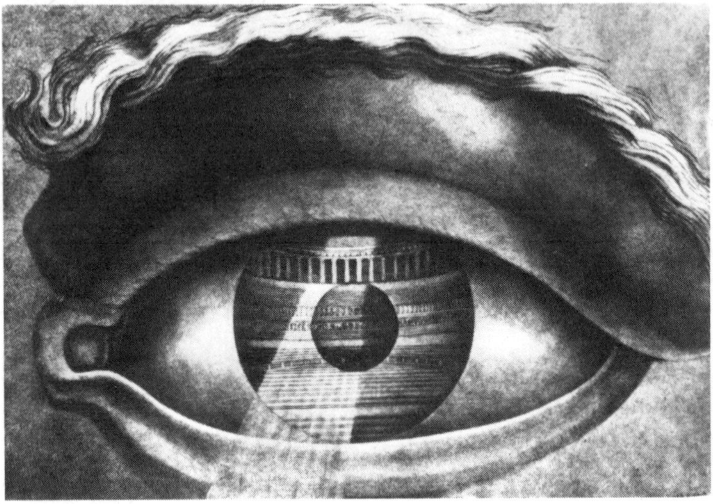

Ledoux' Architekturzeichnung der Innenansicht des Theaters von Besançon ist in das Innere eines Auges gesetzt und von dessen Strahl wie von einem Scheinwerferkegel ausgeleuchtet. Sehen und Gesehenwerden sind dergestalt ineins gespiegelt. Übersicht ist kein Privileg von besonders Berechtigten, sondern ein abstraktes Ideal, das in jedem Punkt des Theaterraums durch beliebige Augen eingelöst werden können soll. (Abb. 6)

Weltanschauung wird mit Weltbeschreibung fast identisch, jedenfalls liegt ihr Ideal darin, die Welt gleichsam mit einem federführenden Auge anzuschauen. – Alexander von Humboldt zitiert in diesem Sinn eine orientalische Weisheit: «Die Araber sagen figürlich und sinnig, die beste Beschreibung sei die, ‹in welcher das Ohr zum Auge umgewandelt wird›.»[25]
Nicht in ein Ohr, in die Pupille eines Auges ist auch auf einem Stich des späten 18. Jahrhunderts der Entwurf des Theaters für Besançon von Claude-Nicolas Ledoux (1736–1806) eingezeichnet (s. Abb. 6). Der Architekt, Schüler des Klassizisten Blondel und selbst schon ein Zeuge der Vorromantik, vermittelt seine Vorstellung, wie strikte Geometrisierung der architektonischen Formgebung dennoch die «Verführungskraft des Wunderbaren»

gewinnen kann. Die Abbildung zeigt das amphitheatralisch angelegte Innere des kubisch schmucklos aufgeführten Baus. An den Logenreihen unterhalb der Kolonnaden ist die Übersetzung des ständischen Gliederungsprinzips der zeitgenössischen Gesellschaft in die Baustruktur ablesbar. Die Abbildung des gesamten Theatersaals innerhalb der Pupille eines einzigen Auges ist indessen – mehr als nur ein äußerlicher ‹wunderbarer› Effekt des Witzes – ein Hinweis darauf, daß das Privileg des allumfassenden Blicks sich vom Souverän abgelöst hat und eine abstrakte Forderung geworden ist, die sich konkret jeder zu eigen machen kann. Unter den Umständen einer zunehmenden Egalisierung des Publikums, das im Begriff steht, das höfische Theater in eine öffentliche Institution umzuwandeln, interpretiert Ledoux' Stich das Plontinsche Bild des erschaffenden Auges, das Neumeyer in dieser Abbildung wiedererkennen zu können meint[26], auf eine neue Weise. Ihr Kommentar ist, wie man inzwischen richtiger erkannt hat, in den Architekturtraktaten des 18. Jahrhunderts über die Konstruktion der Kurven des Zuschauerraums nachzulesen, die guten Überblick für jedermann erlauben sollten.[27] ‹Wunderbar› ist die Wirkung dieser Egalisierung des Blicks im Sinne der magischen ‹Umkehr›, von der gelegentlich der abergläubischen Abwehr des Bösen Blicks die Rede war. Das Auge des Souveräns, der hier in den Logen noch in begünstigter Position ist, kontrolliert zwar Bühne und Parkett, doch ist seine bannende Wirkung neutralisiert, indem es dem umgreifenden Prinzip von Sichtbarkeit unterstellt ist. Der Kontrollblick des Fürsten ist gebrochen, denn auch er kann ins Auge gefaßt und darin behalten werden.

Einen verwandten Ausdruck hat dieses Phantasma in den zeitgenössischen Ideen kugelförmiger Baukörper gefunden, in denen man unschwer Allegorien auf das allumfassende Auge erkennen kann. Ein anderer Revolutionsarchitekt, Étienne-Louis Boullée (1728–1799), Theatraliker monumentaler Effekte sondergleichen, hat dieser Vorstellung mit einem Plädoyer für sphärische Baukörper entsprochen und dem analoge Konzeptionen eines Newton-Zenotaphs, eines Justizpalasts und einer Bibliothek folgen lassen. Sie lassen allemal zugleich Augen und kosmische

Kuppeln assoziieren. Gegen unregelmäßige Formen polemisiert er in seinem ‹*Architecture. Essai sur l'art*› von 1793 mit dem Argument, «elles ne nous offrent que l'image de la confusion». Der sphärische Körper dagegen, der den ihm heiligen Grundsätzen von régularité und symétrie gehorche, sei total übersehbar. Den Grundsatz des Theaters, dessen Zuschauer «doivent également voir et entendre» verallgemeinert er als eine architektonische Maxime: «Dans l'ensemble, l'ordre des choses doit être combiné tellement que nous puissiont d'un coup d'œil, embrasser la multiplicité des objects, qui le composent.» [28] Embrasser – umarmen – ist eine der Lieblingsmethaphern Boullées. Wir würden ihr mit weniger gemischten Gefühlen begegnen, hätten wir nicht zu befürchten, uns dieser Umarmung auf gar keinen Fall entziehen zu können. Denn diesen umschlingenden Augenbällen oder Sphärenkugeln läßt sich womöglich noch weniger entgehen als den Blicken des Souveräns.
Seine eindrucksvollste Gestalt findet das anonyme Allgemeine bei Boullée denn auch in der Grabarchitektur seines Newton-Mals (s. Abb. 7). Dessen Besucher hat um sich herum nur eine gewaltige Wölbung und neben sich einen leeren Sarg: «Isolé de toutes parts, ses regards ne peuvent se porter que sur l'immensité du Ciel. La tombe est le seul objet matériel.» [29] Die Egalitätsparole ist in solchen Bauwerken als Gleichheit vor der kalten Unendlichkeit des Kosmos und des erhaben drohenden Todes ausgedeutet. Die Lebenden verschanzen sich in dieser Architektur wie Verschworene. Dem sengenden Sonnen-Auge entfliehend, versammeln sie sich in den Katakomben neben Särgen. – Fast buchstäblich und als wäre sie als eine scriptura zu Boullées Entwürfen gesetzt wie zu Emblemen, ist diese Phantasie in Giacomo Casanovas Roman ‹*Icosaméron*› (5 Bde., 1788–90) ausgeführt. Darin verschlägt es ein Geschwisterpaar durch einen Malelstrom ins Erdinnere, wo es inzestuös eine gewaltige Nachkommenschaft zeugt, die megamicren. Diese bauen einen unterirdischen Kosmos mit zahlreichen kubischen und Kugel-Bauten. Vor einer innerirdischen Fixsternsonne flüchtend, suchen nämlich die Megamikren im Dunkeln Geborgenheit. Gerhard Goebel hat sich bereits gefragt, ob Casanova Boullée gekannt hat.[30]

Das Newton-Mal des Revolutionsarchitekten Boullée projiziert den Kosmos in eine Grab- und Militärarchitektur, die den Besucher in ein Erschauern vor dem Ungeheuren versetzen will. In einen sphärischen Raum versetzt, findet das Auge keinen Anhaltspunkt außer dem Todesmal auf der Sohle des Gewölbes. Der Raum umfaßt den Betrachter wie ein gigantisches Auge. Dieser selbst nimmt nichts wahr außer diesem Umfaßtsein und dem Tod. (Abb. 7)

Mit Sicherheit wußte so mancher Architekt des Faschismus von seinen Architektur-Utopien.
Hermetische Abdichtung nach außen und perfekte Überwachung durch den Kontrollblick der Aufsicht im Innern, so ist von Foucault und seinen Schülern das System der großen Gefangenen- und Krankenanstalten beschrieben worden, das im Laufe des 18. Jahrhunderts zunehmend perfektioniert wird. Der Triumph des kalten Auges erweist sich in der Depersonalisierung der zu Unpersonen degradierten Insassen. Er ist um so vollkommener, als er anonym bleibt, so daß ein Versuch zur Abwehr keine Gegner fände. Aus der Zeit des Übergangs vom 18. ins 19. Jahrhundert datiert der Plan für ein *Panopticon* von Jeremy Bentham – eines Schülers von Adam Smith – eine Überwachungsanlage mit optimalem Effekt bei geringstmöglichem personellem Aufwand, in welcher der Aufseher, «selber unsichtbar, regiert wie ein Geist»[31]. Benthams Plan sieht die konzentrische Formierung der Gefangenenbehältnisse um einen Beobachtungsturm vor: einen mit Augen bewehrten Phallus. Die Zellen sind nach innen hin offen und also mit einem Blick übersehbar. Die Fenster des Turms sind mit Jalousien verkleidet, die nur den Blick von drinnen nach draußen erlauben, nicht umgekehrt, so daß die Häftlinge im ungewissen bleiben, ob sie beobachtet werden (s. Grawert-May, ebd.). Ein Blick-Duell kann also nicht mehr stattfinden. Vielmehr ist die Herrschaft der Polizeigewalt zu einer Macht entartet, die um so furchtbarer ist, als sie sich nicht mehr berechnen läßt. Darin ist sie noch von anderer Art als das Auge des Gesetzes, das mit Feuer und Schwert im Gefolge seine Opfer jagt wie auf einem Stich Grandvilles. Ihm möchte man mit List und krimineller Energie noch zu entkommen versuchen (s. Abb. 8). – Victor Hugo, der 1853 das Blatt Grandvilles mit seinem Gedicht ‹*La Conscience*› als Angst-Projektion interpretiert hat, verlegt allerdings diesen Ausgang. Die verfolgenden Augen sind diejenigen Gottes, nämlich des Gewissens, von dem schon der erste der Mörder gejagt wird, und so triumphieren die Blicke noch über den Tod hinaus: «L'œil était dans la tombe et regardait Cain.»[32] Mit welcher Autorität aber das Auge des Gesetzes auch blicken mag – selbst wenn es das Auge Gottes

ist, wird es noch überboten von dem der Polizei. Denn Jahwe hat sich im Gesetz zu erkennen gegeben, und er hat sich zu seiner Geltung verpflichtet. Benthams Aufseher-Auge aber droht blind. Die Jalousie wirkt als Maske, hinter der im äußersten Falle sich gar nichts verbirgt und die selbst dann noch ihre Funktion erfüllt. Das Gesetz kommt nicht automatisch zur Anwendung, sondern ist selbst wie eine mythische Drohung verhängt.

Benthams Projekt könnte, wie Grawert-May zu Recht bemerkt, das Modell abgeben für die Architektur vergleichbarer Institutionen wie von Krankenhäusern, Schulen und Fabriken.[33] François Béguin und Bruno Fortier haben das «principe de visibilité d'un coup d'œil» im klinischen Bereich nachgewiesen[34] (s. Abb. 9).

Aus der Beobachtung des Umgangs mit Kranken stammen auch etliche der Gründe, die zu der These geführt haben, daß die Geschichte des Augensinns um die Wende zum 19. Jahrhundert eine bedeutende Zäsur hat. Folgen wir etwa der Epochentheorie Michel Foucaults, so vollzieht sich in dieser Zeit eine prinzipielle Wandlung im Verständnis von Wahrheit. Sie zeichnet sich im Verhältnis des wahrnehmenden Blicks zu seinen Gegenständen ab. Die klassische Form der Wahrheit, so Foucault, beruht auf der Unterstellung, daß sich das geistige Wesen der Dinge auf deren Oberfläche auspräge. Diese Zuversicht schwindet im Lauf des 18. Jahrhunderts. Lavaters ‹*Physiognomische Fragmente*› sind bereits ein Dokument des Übergangs, indem sie am durchaus nicht mehr Selbstverständlichen mit den krudesten Behauptungen festhalten. Die entscheidende Schwelle ist erreicht, wenn die Wahrheit als etwas ihrem Wesen nach Verborgenes begriffen wird. Sie verweigert sich dann der Erkenntnis aus der Oberfläche und muß deshalb eigens eröffnet werden wie der Schädel, den am Anfang des 19. Jahrhunderts Lallemand und Récamier mit solcher Präzision aufzumeißeln lehren, daß das unverletzt, ja unerschüttert gebliebene Gehirn dem diagnostischen Blick seine Geheimnisse preisgibt. – Die Wahrheit stellt sich nicht dar, sondern sie wird hergestellt. Das eine Auge registriert den Befund, während das andere die schreibende Hand überwacht, die ihn protokollierend versprachlicht.

Grandvilles Blatt zeigt die stürzende Flucht eines Mörders vor den Augen der strafenden Gerechtigkeit, der keine Zuflucht hat im Himmel und im Meer außer dem Kreuz, zu dem er sich am Ende retten zu wollen scheint. (Abb. 8)

Hatten wir *so* nicht auch Goethe schon den Leib der schlafenden Geliebten beschreiben sehen? Nicht ganz so, oder vielmehr mit einem entscheidenden Unterschied. Denn der Blick des nächt-

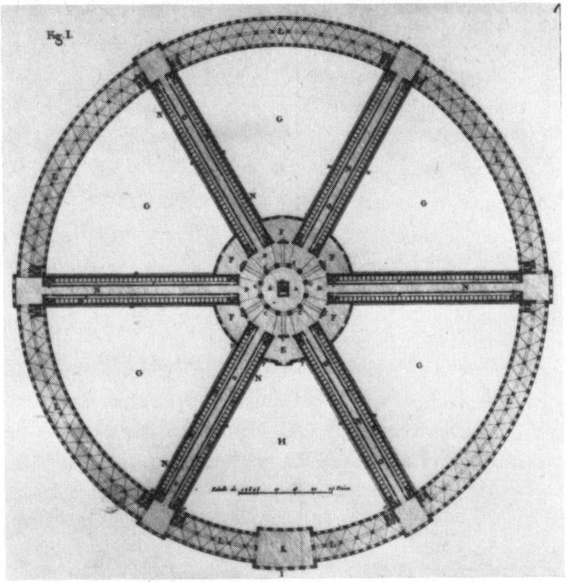

Sichtbarkeit «d'un coup d'œil» ist das Prinzip dieser Anlage auf einem Krankenhausentwurf von 1774. Die radiale Anordnung der Bettenfluchten um ein Kontrollzentrum ermöglicht die systematische Isolierung der verschiedenen Krankengruppen voneinander wie zugleich den größtmöglichen Überblick bei geringstem Aufwand. (Abb. 9)

lich Dichtenden war von dem Licht entzündet, das die Aura des Liebes-Leibs ausstrahlt. Hier dagegen bleibt das Objekt der Beschreibung dunkel, und das einzige Licht über der Szene geht von dem beobachtenden Auge aus. Foucault hat das eindringlich beschrieben: «Der Aufenthalt der Wahrheit im dunklen Kern der Dinge ist paradoxerweise an diese souveräne Macht des empirischen Blicks gebunden, der ihre Nacht an den Tag bringt. Das ganze Licht ist auf die Seite der winzigen Fackel des Auges

Dürers Holzschnitt veranschaulicht die neue Kunst perspektivischen Zeichnens. Deutlich wird dabei – neben der Technik – die psychophysische Anstrengung des Zeichners. Den Augensinn muß er von den anderen Sinnen isolieren, damit er das sujet wahrnimmt, nicht den erotischen Reiz der entblößten Frau. Zugunsten der perspektivischen Geometrie wahrt er der Natur gegenüber feste Distanz. (Abb. 10)

übergegangen, das nun um die Körper kreist und auf diesem Weg ihren Ort und ihre Form beschreibt.»[35] –
Das rote, das flammende Auge des Kriegers und der entzündete Blick des schreibenden Liebhabers konnten uns ihrer Aggressivität oder Distanziertheit wegen auch als Böse Blicke oder als allzu nüchterne, gar kalte Augen erscheinen. Aber sie waren doch immerhin gereizt und erregt vom Wahrgenommenen. Der Frauenleib, den Dürers Zeichner mit dem Perspektographen abbildet, liegt im vollen Licht vor geöffnetem Fenster, und man soll der Szene ansehen, daß das Handwerk des Künstlers entsagungsvoll ist, denn er ist doch von einem Fleische mit seinem Modell, und um sie herum ist dasselbe Licht (s. Abb. 10).
Das alles ist hier anders, und vor allem die Mediziner bilden die Avantgarde. Die Künstler noch des 19. Jahrhunderts hatten immerhin doch *ihr* Modell, nicht irgendeines, während der Arzt von *seinen* Patienten höchstens in dem Sinn sprechen kann, daß sie nicht dem Kollegen gehören. Modell und Dirne changieren in der Geschichte der Ateliermalerei oft irritierend ineinander; in der modernen Medizin ist die entsprechende Verwechslung un-

ter Umständen ein kriminelles Delikt. Die moderne Würde des Arzt-Patient-Verhältnisses beruht vielmehr gerade darauf, daß die Stelle des Arztes jeder entsprechend Ausgebildete übernehmen kann – daß das medizinische Auge personell auswechselbar ist –, und in der klinischen Praxis geschieht das ja auch immerzu. Intimität wird nicht gemieden, sondern ihre völlige Abwesenheit konstituiert das Verhältnis fundamental: «Der Kranke entblößt sich vor dem Andern, weil er ein Arzt ist; der Arzt berührt den Andern als Patienten, dessen Leib unter seinen untersuchenden Händen zu einem Körper wird, an dem man Feststellungen machen kann. Wechselseitigkeit und Unmittelbarkeit sind suspendiert; das Physiognomische ist abgeblendet.»[36] – Das heißt, daß der Leib überhaupt nur insoweit wahrgenommen wird, wie er keine Ausstrahlung hat, denn auch nur insofern läßt er sich prinzipiell restlos versprachlichen. Eben diese Transsubstantiierung in den Logos ist aber die regulative Idee des klinischen Verhältnisses. Foucault hat das gesamte Feld des Spitals in diesem Verstande als den eröffneten Leib der Krankheit zum Thema gemacht: «Über allen Bemühungen, die das klinische Denken zur Definition seiner wissenschaftlichen Methoden und Normen unternimmt, schwebt erhaben der große Mythos eines reinen Blicks, der reine Sprache ist: der Mythos eines sprechenden Auges.»[37]

Die zeitgenössischen Opfer dieses Mythos haben sich in ihr Los allerdings nicht immer ohne Widerspruch geschickt. Von Clemens Brentano, der als Allegoriker der bürgerlichen Gesellschaft noch wenig entdeckt ist, stammt eine Satire mit dem Titel ‹*Bogs, der Uhrmacher*›, die der diagnostischen Praxis des sprechenden Auges kein günstiges Zeugnis ausstellt, obschon das Opfer recht ergeben ist. Der unglückliche Bogs setzt sich nämlich freiwillig der Begutachtung durch ein Ärzte-Team aus, weil er auf ein empfehlendes Gutachten für die Aufnahme in die Schützen-Gesellschaft hofft, die hier für die bürgerliche eingesetzt ist. Der Haken ist nur, daß es mit ihm nicht ganz ordentlich steht. Denn als die Ärzte ihrem Patienten das Haar am Hinterkopf hochkämmen, finden sie ein weiteres Gesicht, das in allem das negative Pendant zu seinem anpassungsbereiten Gegenüber zu sein scheint. Vorn dominieren helle Augen und ein wacher Sinn für seine Zeit, deren objektiven Gang der Uhrmacher mit den vielen Uhren mißt, die er bei sich trägt, auf der Rückseite ist er dem Ohr, ist er widerstandslos der verführerisch reißenden, der subjektiven Zeit der Musik ausgesetzt; vorn ein Denunziant seiner selbst, ist er hinten ein Anarchist. Die Ärzte-Kommission – eher eine Gruppe verhinderter Triebtäter, die ihm eigentlich gleich den Schädel öffnen und ihn in Spiritus ersäufen wollen – schicken schließlich einen der Ihren durch den Nasengang ins Hirn, von wo er seine Beobachtungen nach draußen vermeldet, während die anderen sie notieren. Foucault hätte in diesem Kundschafter einen Gewährsmann für den Mediziner neuen Typs. Aber dann kommen ihm die Kollegen mit Feuerwerkskörpern zu Hilfe, um mit ihrer Illumination die Augenfackeln zu unterstützen, so daß am Ende der Kopf des armen Opfers in einem Paroxysmus auseinandergesprengt wird zu jenen zwei Hälften, die er zu einer unauffälligen Identität nicht integrieren konnte. Der Obduktionsbericht steht bei Brentano.

Die kriminelle Energie, die sich um den Mythos des reinen Auges lagert, mehr noch das Entgleiten ins Wahnhafte sind die Themen auch von E. T. A. Hoffmanns ‹*Sandmann*› (1815) aus den ‹*Nachtstücken*›. Fast möchte man von einer poetischen Etüde auf den Blick sprechen[38], doch ist wohl kaum irgendwo anders mit solchem Hintersinn über die Bedeutung des kalten Auges philosophiert worden wie in dieser Erzählung.
Der Knabe Nathanael beobachtet heimlich aus dem Schrank seinen Vater beim Menschenmachen. Aber es ist nicht Mutter, die ihm dabei zu Werke geht, sondern ein Mann, «der Sandmann», so hatte es jedenfalls immer geheißen, wenn der Andere ungesehen die Treppe heraufkam, von der die Mutter mit Traurigkeit und Angst erwartet. In Wahrheit ist es der Advokat Coppelius, ein mißfarbener Bursche mit dickem rotem Kopf, breitem Haarbeutel und glühend stechenden Katzenaugen. Dieses Monster, ein personifizierter *phallus oculatus*, der alles, was er berührt, wie besudelt erscheinen läßt, hat sich mit dem Vater zusammengetan, um alchimistisch den Homunculus zu zeugen. Nathanael

fällt in Verstörung, als er Coppelius nach Augen rufen hört, weil er um die seinen fürchtet; der Vater kommt schließlich bei den Experimenten zu Tode. Dennoch gelingt die Herstellung «des Automats» Olimpia. Coppelius gewinnt nun als Wetterglas- und Brillenhändler Coppola über Nathanael die gleiche Macht, die er über den Vater hatte. Von ihm erwirbt er «ein sehr sauber gearbeitetes Taschenperspektiv», und als er Olimpia durch dieses Glas hindurch in die starren Augen sieht, verfällt er ihr in wahnhafter Liebe, während er die Geliebte Klara vergißt. Zwar sagt Olimpia nur immer «Ach – ach – ach!». Mehr braucht aber auch der Hingerissene nicht, und sie kann taktfest tanzen. – Er verfällt ihr aber, weil er sein eigenes Selbst in ihr wiederfindet, so wie er die Kälte ihres Auges nicht bemerkt, wenn er selbst das seine bewaffnet hält. Nur *ihn* nämlich scheint sie anzublicken, der er – ein dilettierender Künstler – empfänglich ist für ihre mechanische Perfektion. – Der Betrug fliegt auf, und Nathanael kehrt zu Klara zurück. Doch als er die neben ihm auf einem Turm Stehende durch Zufall in dem Unglücks-Perspektiv erblickt, mit dem er eigentlich die Landschaft betrachten wollte, erwacht in ihm erneut der Wahnsinn: er nimmt sie als Automaten wahr, will sie zerstören – und kommt dabei selbst ums Leben.

Hoffmanns Erzählung zieht Bilanz über die fälschbare Welt. Nichts scheint übrig, was mit Hilfe von Kunst und Wissenschaft nicht herzustellen wäre. Das Aufscheinen von Wahrheit, hier von Liebe, kann anscheinend fingiert werden: Nathanaels Einbildungskraft und das Wissen der Automaten-Hersteller gehen eine unheilvolle Verbindung ein, um sich eine eigene Welt zu schaffen. Die Phantasie kommt mit Hilfe der Technik zur Macht. Aber diese Macht ist tödlich. Das Unheil scheint mit dem phallischen Wesen ihrer Herrschaft zusammenzuhängen. Zwischen Männern wird Olimpia gezeugt, und so gerät sie auch nur nach deren Bild: ein starrer, harter rhythmisierbarer Körper mit leblos fixiertem Blick; ein *phallus oculatus* auch sie, wenn Nathanael mit ihr in sinnlos maschinellem Reigen das Tanzbein schwingt.

Der Wahnsinn bricht hier durch die Selbstverkennung der Einbildungskraft auf. Deren Bild für das unbewußte und namenlose

Objekt des Begehrens ist der göttlich vollkommene, verklärte Leib; sein Name ist «Olimpia», ein Kunstprodukt. Bei Hoffmann ist sie eine Allegorie auf die begehrte Wahrheit, die eigentlich das Leben wäre, und die als die lebendige Geliebte den entsprechenden Namen Klara führt. Olimpia kommt in der Mythologie nicht vor. Im Grunde ist der Name also nur das Wort für ein Unwesen, für die Göttin Namenlos, Bild des Begehrten und zugleich eine Allegorie auf das Begehren par excellence. Sie stellt ineins ein Wunschbild dar und den Mangel, aus dem das Bild entstand, und der doch auch durch Bilder nicht zu stillen ist. Statt der Augen hat sie deshalb zwei Löcher im Kopf, die nur durch den Betrug der starr blickenden Glasaugen versteckt sind. – Die Realität des Lebens – und der Frau – verfehlt der Held, indem er die Allegorie seines Begehrens, also dessen, was ihm mangelt, für den begehrten Gegenstand und also für Erfüllung hält, und er wird wahnsinnig, weil er die Enttäuschung über den Irrtum nicht erträgt.

Das Unbewußte und sein Begehren, so können wir die Geschichte lesen, kann nicht die Ziele einer auf das praktische Leben gerichteten Einbildungskraft abgeben, jedenfalls nicht ohne eine entscheidende Einschränkung. Was Kunst und Technik selbst bei höchster Perfektion nur anbieten können, sind Umschreibungen des Begehrten. Hoffmann nennt es die Seele. Noch die vollkommenste Kunstfigur blickt seelenlos. Das liegt nicht an unzureichenden Mitteln, es ist im ursprünglichen Wesen des Begehrens begründet, das in der Objektwelt der Körper überhaupt nicht zu stillen ist. Das Ergebnis wäre denn die in phallischer Hybris totalitär kriminalisierte Welt und der Irrsinn. Um die Augen herum ist Hoffmanns Erzählung geschrieben, weil diese ihre Bedeutung in ihnen seine symbolische Anschauung findet, auch und dann erst recht, wenn es nicht die Augen eines Automaten sind. Seelenvoll mögen sie dann zwar blicken, aber diese Seele erscheint uns dann sogleich auch als das Dunkle und Unergründliche, das wir noch immer nur begehren, nicht haben können, darin ein Spiegelbild unserer eigenen. Sandmann ist dieser hier nicht als ein besonderer Teufel. Sandmänner vielmehr sind hiernach die Menschen, wenn sie sich selbst verblenden, um den Anblick nicht ertragen zu müssen, daß noch die vollkommenste Verkörperung ihrer Einbildungskraft einen Mangel an sich trägt, tragen muß, weil sie doch immer *Allegorie des Begehrens* bleibt. Die Selbstverkennung der Einbildungskraft hält sich nur an ihr zeugendes Vermögen, um nicht das unstillbare Verlangen wahrnehmen zu müssen, aus dem sie stammt. So will sie an den Augen nur die scharfen Strahlenblicke sehen, nicht die saugende Leere aus dem letzten Augenhintergrund.

Zugleich mit Hoffmann hat der späte Goethe sie entdeckt und sogleich auch wieder vergessen wollen. In den *‹Maximen und Reflexionen›*, in die so vieles eingegangen ist, was ihm für irgendwelche Folgerungen zu bedenklich war, steht die Aufzeichnung: «Der Mensch ist als wirklich in die Mitte einer wirklichen Welt gesetzt und mit solchen Organen begabt, daß er das Wirkliche und nebenbei das Mögliche erkennen und hervorbringen kann. Alle gesunden Menschen haben die Überzeugung ihres Daseins und eines Daseienden um sie her. Indessen gibt es auch einen hohlen Fleck im Gehirn, das heißt eine Stelle, wo sich kein Gegenstand abspiegelt, wie denn auch im Auge selbst ein Fleckchen ist, das nicht sieht. Wird der Mensch auf diese Stelle besonders aufmerksam, vertieft er sich darin, so verfällt er in eine Geisteskrankheit, ahnt hier Dinge aus einer anderen Welt, die aber eigentlich Undinge sind und weder Gestalt noch Begrenzung haben, sondern als leere Nachträumlichkeit ängstigen und den, der sich nicht losreißt, mehr als gespensterhaft verfolgen.» [39]

Die kalten und doch vielfach lebenstüchtigen Augen, so dürfen wir vermuten, sind in die *hohlen Flecken* und leeren Nachträume eingepflanzt, deren Existenz sie leugnen und wider Willen doch sprachlos bezeichnen.

Das gefräßige Auge
oder:
Ikonophagie

Für Gundel

Für gewöhnlich gehen wir mit den Augen nicht viel anders um als mit optischen Geräten. Wir erwarten Zuverlässigkeit und Disziplin. Wozu wir täglich angehalten werden, das fordern wir auch von ihnen: Pünktlichkeit, Genauigkeit, Unterscheidungsvermögen. Wie kein anderer unserer Sinne ist der optische zur Botmäßigkeit abgerichtet. Dem Schmecken, Riechen, Tasten gegenüber geben wir uns ziemlich tolerant. Am Auge genügt schon eine Abweichung von allergeringstem Grade, und die Prothese ist ihm sicher. Für keinen anderen Sinn sind diese stützenden, korrigierenden und ersetzenden Apparate so vielseitig und weit entwickelt wie die optischen Geräte fürs Auge: von der Brille zum Fernrohr, vom Mikroskop zur Fotolinse, vom Teleskop zum Röntgenapparat. Welche Sensationen ein vergleichbarer Aufwand etwa den Geschmacksnerven bescheren könnte, entzieht sich dem Vorstellungsvermögen, so deutlich privilegiert selbst unsere Phantasie das Sehen. Kein Zweifel, das Auge ist ein durchweg aufgeklärtes Organ. Um so verwirrter sind wir dann freilich, wenn es aus irgendeinem Anlaß plötzlich die Produktion klarer und bestimmter Bilder verweigert, wenn der Rhythmus der Bildfolge nicht funktioniert oder die Farbwerte nicht stimmen. Von einer solchen Katastrophe soll hier die Rede sein, einer optischen Ekstase, ja Entartung, dem gefräßigen Auge.

Plötzlich gehorcht es nicht mehr unserem Willen, der ihm den Befehl gibt, sich zu begnügen, zur Kenntnis zu nehmen und zur Sache zu kommen; nervös wie vor einer Maschine, deren Tasten den Impuls nicht mehr befördern, den wir ihnen vermitteln wollen, wiederholen wir ergebnislos unsere Kommandos; es bleibt starr auf den Gegenstand geheftet, von dem es sich nicht lösen kann. Man kann den Zustand des Organs dann krank nennen. Es krampft sich um das Objekt wie ein wildgewordener Muskel, eine Hand, die sich nicht wieder öffnen will, ein hungriger Schlund, dessen Peristaltik sich konvulsivisch bewegt, um sein Opfer hineinzuschlingen: Bücher, Geliebte, Mahlzeiten, das Fernsehen. Sie besonders scheinen sich als Augenfraß anzubieten. – «Der Mensch ist, was er ißt», hat Ludwig Feuerbach behauptet und dieser Provokation gleich noch die zweite hinzugefügt, daß dieses Essen nicht nur vermittelst der Speiseröhre erfolge: «er ißt auch mit den Sinnen, namentlich mit den edelsten, den Augen und Ohren. Mit den Augen essen heißt sehen, mit den Ohren essen hören. Beweise von diesem Essen sind z. B. die Ausdrücke: ‹etwas mit den Augen verschlingen›, die ‹Augen sättigen› oder sich durch die Augen mit etwas ‹vollfüllen, den Augen ein Gastmahl geben›, sowie der griechische und deutsche ‹Ohrenschmaus›, sind die hebräischen ‹Worte süß wie Milch und Honig›, sind die Redensarten: eines ‹Worte, Reden, Befehle verschlingen, essen oder hinuntertrinken›. Namentlich ‹frißt› der Mensch, und zwar mit allen Sinnen, einen Gegenstand ‹vor Liebe auf›.» [1]

Die *Kunst* des Sehens, durch die es vom bloß natürlichen Hingucken unterschieden ist, beruht auf dem Vermögen, wegblikken zu können. Wir haben zwei Augen, damit – selbst wenn eines auf den Gegenstand seiner Aufmerksamkeit fixiert ist – das andere, um ein geringes abgelenkt, zum nächsten Objekt gleiten kann und seinen Zwillingspartner nachziehen. Das Bild des Gesichtsfeldes erscheint auf der Netzhaut beider Augen etwas verschieden. Die Kunst des Sehens, das ist die List der kleinen Silberblicke, die den Winkel immer wieder etwas erweitern oder verschieben: ein Stück über jenen Sektor hinaus, den wir bewußt sehen *wollen*. Im Zustand der Krankheit nun, mit der wir es hier zu tun haben, ist diese Kunst erloschen. Der Blick wird fanatisiert, ein Tyrann, der kein Schielen duldet und die Unruhe der Abweichung unterbindet. Er will Beute machen. Die gesamte

Sehkraft scheint auf jenen winzigen Fleck der Netzhaut konzentriert, der fovea centralis, Sehgrube, heißt. Die Netzhaut-Peripherie erblindet. Die optische Energie, mit der dann das Auge sein Opfer anfällt, ist atavistisch, visueller Kannibalismus. Kein Wunder daher, daß in der Kulturgeschichte des Auges diese Ausbrüche unmäßigen Appetits gezügelt werden mußten. Ist doch das Vermögen, von etwas abzusehen, mit den Augen fortzugehen, mit der Kraft in uns identisch, mit der wir dem Gesehenen eine Form geben. Der Impuls des Willens, mit dem ich meinen Augen den Befehl erteile, den Blick niederzuschlagen, ihn in die Höhe zu richten oder woanders hinzusehen, ja auch die Aufforderung an meine Lider zum entschlossenen *black out* sind eigentlich Formimpulse. Sie geben dem Gesehenen die Kontur eines Bildes. Hinzusehen ist eine Leidenschaft. Fortzublicken macht mich zu ihrem Meister. Der Blick löst dann ein Bild aus der unendlichen Fülle des Sichtbaren heraus: das Gesichtsfeld eines Augenblicks. Die orale Erkrankung des Auges hat dieses formende Vermögen eingebüßt. Wahllos frißt es in sich hinein, worauf es stiert; eine Gier, nicht zu kurz zu kommen, deshalb kein Augenblick, sondern ein langes Würgen. Oral ist diese Erkrankung des Sehens, weil es seinen Gegenstand – statt ihn im Hin- und Wegsehen zu formen – sich einverleibt und in einen Bilderbrei auflöst. Ob nicht auch die Rede vom «feurigen Auge» hier ihren Ursprung hat? Denn auch dem Feuer wird zugeschrieben, daß es gefräßig sei, weshalb den Göttern ihre Speisen auch als Brandopfer dargebracht werden, damit stellvertretend für sie die Flammen die Nahrung verzehren.

«Sehen setzt Distanz voraus, die trennende Bestimmtheit, die Fähigkeit, nicht in Kontakt zu kommen und im Kontakt die Verwirrung zu vermeiden», hat Maurice Blanchot einmal formuliert und diesen «Kontakt auf Distanz» als Bedingung dafür beschrieben, daß die Faszination durch das Sichtbare in die Produktivität des Bildermachens umschlagen kann.[2] – Die Konjunktion von «Kontakt und Distanz», auf der Blanchot besteht, ist freilich von der Freßsucht des Auges gleich weit entfernt wie vom Funktionsideal der subjektfreien Sachlichkeit. Für diese gibt es ja nur noch Distanz, und der Kontakt gilt als eine Versuchung, der wir uns mit Nüchternheit widersetzen sollen. Das ist aber eine ohnmächtige Widersetzlichkeit, bei deren Forderung man zu Unrecht unterstellt, daß es stets in unserer Gewalt stünde, den Kontakt herzustellen oder darauf zu verzichten. Bei den Blickkontakten, um die es hier geht, hat indessen das Subjekt zunächst gar nicht selbst die Initiative. Es ist vielmehr – wie Blanchot schön beschreibt –, als «wenn sich das Gesehene dem Blick auferlegt, als wenn der Blick ergriffen, berührt, mit der Erscheinung in Verbindung gesetzt würde ... kein aktiver Kontakt, nicht das, was es in einem wirklichen Berühren an Initiative gibt, sondern der Blick wird fortgezogen, aufgebraucht in einer unbeweglichen Bewegung und einem Grund ohne Tiefe».[3] – Die Kultivierung des Auges betreibt allerdings allzu erfolgreich die Eingrenzung solcher unwillkürlicher, dem Knopfdruck wie beim Fernseher entzogener Blickerfahrungen, so daß sie nur noch apokryph vorkommen wie in der Liebe auf den ersten Blick oder in den Simulationen der Kunst.

Auch dies – die Disziplinierung der Unwillkürlichkeit – geschieht mit Konsequenzen, die nicht minder katastrophisch genannt zu werden verdienen wie die gierigen Exzesse, das andere Extrem. Wie aus der Perspektive der disziplinierten Distanz das gefräßige Auge als eine krankhafte Hypertrophie erscheint, so aus dem Blickwinkel des kontaktsuchenden berühren-wollenden Auges das distanzierte.

Nun wissen wir aus eigener Erfahrung, daß die beiden Extreme des Sehens, das verschlingende und das objektivistisch getarnte, optische Einstellungen desselben Auges sind; beides, wenn man so will, pathologische Symptome des nämlichen Organs, obschon sie gegensätzlich sind. Doch sie gehören komplementär zum selben Habitus. Denn der wütende Bilderhunger des enthemmten Fernsehers ist in einem Körper wach geworden, der einen langen Arbeitstag über das Gesehene auf Distanz halten mußte. Da waren die vielfältigen Abstraktionsleistungen des *Abgesehen davon*, waren die kontrollierenden Blicke des Sieh hin, was du tust. Es galt, *den Überblick zu behalten*, gar *Aufsicht zu führen*. Hinsehen also zu einem bestimmten Zweck, der vorher schon feststeht und bestimmt, was gesehen werden darf; wegsehen, um nichts allzu dicht an sich herankommen, sich nicht einnehmen zu lassen. Perspektivisch dominierte der Blick von oben oder drüberweg: Übersicht und Aufsicht.

Am unwillkürlichen Verhalten danach kann man dann erkennen, was entbehrt wurde. Die ziellose Lektüre und der unbeherrschte Bilderkonsum wollen das Versäumte nachholen. Offensichtlich spielt dann die Verwertbarkeit des Zusichgenommenen eine geringe oder gar keine Rolle, sowenig wie der Nährwert des Knabbergebäcks oder des Getränks, das dazu genossen wird. Im Gegenteil, der Gedanke daran, das mit Augen oder Mund Verzehrte könnte ansetzen, stört sogar den Genuß. Das Verschlingen befriedigt, nicht das Verschlungene. Daran wird aber deutlich: Es ist nicht eine Notdurft, die der Körper hier befriedigt, um sich als Körper, also materiell wiederherzustellen. Vielmehr offenbaren noch die trivialen Ekstasen besinnungslosen Selbstgenusses der Organe des Auf- und Zusichnehmens spirituelle Bedürfnisse: nicht des Geistes nur, sondern auch des Körpers. Er hat noch Hunger, wenn er längst satt ist, bleibt durstig, auch wenn er noch so viel getrunken hat. Thomas Mann hat dem Auge in diesem Sinne eine Betrachtung seines Helden Felix Krull gewidmet: «Welch eine wundersame Bewandtnis hat es, eindringlich betrachtet, mit dem menschlichen Auge, diesem Juwel aller organischen Bildung, wenn es sich einstellt, mit diesem kostbaren Gallert ..., mit diesem in eine Knochenhöhle gebetteten Schleim, welcher, entseelt, dereinst im Grabe zu modern, im wässrigen Kot wieder zu zerfließen bestimmt ist, aber, solange der Funke des Lebens darin wacht, über aller Klüfte der Fremdheit hinweg, die zwischen Mensch und Mensch gelagert sein können, so schöne aetherische Brücken zu schlagen versteht.» Auf seinen abenteuerlichen Weg bringt den Helden allerdings erst das Ungenügen an dieser Ätherik, weil unter dem Bedürfnis, Brücken zu schlagen, dringlicher ein weiteres sich rührt: «Aber wieviel tiefer noch ins Gefühl greift das Erschauen, Mit-den-Augen-Verschlingen des Menschlichen.»[4] Der Weg ins Leben folgt diesem Appetit, ohne ihn je zu sättigen.

So sehen wir nun deutlicher: Ungestillt bleiben die Wünsche nach Einverleibung.
Diesen Wünschen folgt das Alltagsbewußtsein nur widerstrebend. Denn es hat sich sehr daran gewöhnt, Distanz und Kontakt auseinanderzuhalten wie Arbeit und Freizeit. Abstraktion und Intimität, einander zwar polar zugeordnet, können doch im allgemeinen in einen sozial ziemlich unauffälligen Habitus integriert werden. Das katastrophische Potential, mit dem diese Konstellation aufgeladen ist, kommt eher selten zutage, dann allerdings meist eruptiv und barbarisch.
Noch eine weitere Barriere hindert uns, das eigene Wünschen auch nur erst richtig zu verstehen. Es ist die Gewohnheit, dem Körper keine Wünsche zuzutrauen oder auch zuzugestehen, die nicht materiell zu befriedigen sind. So sind wir viel zu schnell bereit, den Hunger der Augen nach Einverleibung als eine physische Notdurft mißzuverstehen, die mit Essen, Trinken oder Sexualität befriedigt werden kann; oder aber wir schließen auf intellektuelle Bedürfnisse und wollen sie mit Lesefutter stillen. – In seinem schönen Aufsatz über ‹*Das Geheimnis des Opfers ...*› hat Ludwig Feuerbach bemerkt: «Nirgends spricht Homer von Durst und Hunger der Götter, so oft und ausführlich er auch von dem Durst und dem Hunger der Menschen redet. Nur vom Schmausen und Trinken ist bei ihm die Rede.» Aus der ‹*Ilias*› zitiert er: «Sie schmausten, und nichts vermißte das Herz an dem göttlichen Mahle.» [5] Anknüpfend an diese Gastrotheologie könnte ich die von mir gemeinten Einverleibungswünsche als olympische Bedürfnisse bezeichnen.
Mittlerweile schließlich haben uns auch hundert Jahre Psychoanalyse einen Mechanismus des Denkens und Schließens eingeübt, den wir geradezu umkehren müssen, um zu begreifen, was es mit diesen Einverleibungswünschen auf sich hat. Denn daß geistigen und psychischen Verhältnissen Körperbegierden zugrunde liegen, nehmen wir längst als selbstverständlich hin. Entsprechend nahe wäre so auch die Vermutung, daß der Heißhunger der Augen Ersatz beschaffen soll für Lüste, die der Mund entbehrt. Die Hypertrophie des Optischen, so könnte eine psychologisch erklärende These heißen, ist das Wuchern eines Par-

tialvermögens, das den Neigungen, die in weniger sterilen Kulturen als der unseren durch das Tasten und Schmecken, Riechen und Hören befriedigt werden, durch extensive und intensive Anstrengung des Sehens entgegenkommt. Die Oralisierung des Auges, das zum Mund wird wie zu Zähnen die Wimpern, wäre – dieser Annahme folgend – ein Versuch des Körpers, sich für den Verlust des sonst durch die Restsinne verschafften Wohlbehagens zu entschädigen. Es wäre eine Kompensationsleistung, für die es ja in der inneren Ökonomie des Körpers auch sonst noch Beispiele gibt. Bekannt sind Erich von Hornbostels Experimente, mit denen er nachgewiesen hat, daß es physiologisch überindividuell stabile Zuordnungen von Gesichts- und Gehörempfindungen gibt, weshalb die wechselseitige Vertretung einer Empfindung durch die andere möglich ist. In der Alltagssprache nehmen wir solche Übertragungen immerzu vor und sprechen von «bitteren Lehren» und «sauren Mühen». Synästhesien müssen nicht in jedem Fall ästhetisch erfunden werden, sondern es gibt sie in der Natur des menschlichen Körpers. Helmuth Plessner hat in seiner Anthropologie der Sinne daran erinnert, um Argumente für die Einheit der Sinne zu sammeln.[6] Sein früher Versuch einer Ästhesiologie des Geistes[7] korrespondiert in der zeitgenössischen Künstlerästhetik zum Beispiel Kandinskys «innerem Sinn», auf den er sich mit seiner Bühnenkomposition *‹Der gelbe Klang›* (1912) berief. – Schließlich kennen wir auch Phänomene wie etwa die Übernahme gewisser Steuerfunktionen einer Hirnregion durch eine andere im Verletzungsfall. – Doch nein, hier verhält es sich in der Tat gerade umgekehrt!

Es gibt ein Bedürfnis nach Einverleibung, dessen *originäres Organ* die *Augen* sind.

Essen, Trinken, Sexualität können dieses Bedürfnis nur ins Uneigentliche verschoben befriedigen, allenfalls vertretend, nie buchstäblich. Jedes Organ hat ihm eigene Wünsche, so auch das Auge; die Ökonomie des Leibes insgesamt ist auf ihre Befriedigung angewiesen. In der Denkform der Psychologie gesprochen: das Auge ist hier einmal nicht das symbolische Zeichen für Vagina, Anus oder Mund, sondern diese sind hier Symbole des

Auges bzw. eines Triebs nach Einverleibung, der genuin nur visuell, also durch Bilder befriedigt werden kann.
Das heißt aber letztlich, daß die *Psychologie* uns hier nicht weiterhilft. Wo die Wissenschaften sich entwickeln, indem sie die Bildersäle ihrer Vorgeschichte öffnen und die metaphorischen Vorstellungen durch Begriffe ersetzen, also durch ein verwerfendes Aussondern des Phantastischen, da scheinen *Kunst* und *Religion* den ihnen angemessenen Stoff ihrer Vorstellungen just in diesem Ausgesonderten zu finden. Gaston Bachelard hat in dieser Überlegung seine «Bildung des wissenschaftlichen Geistes» als einen «Beitrag zu einer Psychoanalyse der objektiven Erkenntnis» geschrieben; nicht um überhaupt den Bildern den Garaus zu machen, sondern um ihren Geltungsbereich zu definieren. Die Einverleibungs- und Verdauungsmetaphorik stellt er als eines der vielen Hindernisse animistischer Schein-Wissenschaft dar, unter deren Mantel sich die Alltagserfahrung den Wissenschaften entgegenstellt; so zum Beispiel die Beobachtungen über die Verdauung einer angemessenen Erkenntnistheorie. In der Psychogenese ist die Wirklichkeit nämlich zunächst einmal die Nahrung: «Bevor das Kind die Dinge kennt, führt es sie zum Munde, um sie zu erkennen. Das Zeichen des Wohlbehagens oder des Mißbehagens kann von einem noch entscheidenderen Zeichen ausgelöscht werden: dem Zeichen des wirklichen *Besitzes.* Die Verdauung entspricht in der Tat einer Besitzergreifung, deren Eindeutigkeit ohne Parallele dasteht und deren Gewißheit gänzlich unangreifbar ist. Die Verdauung ist der Ursprung der stärksten Form von Realismus, der gierigsten Habsucht. Sie ist wahrhaft die Funktion der animistischen Habsucht. Der ganze Komplex der Körperwahrnehmung liegt dem Mythos des Inneren zugrunde. Diese ‹Verinnerlichung› stützt die Postulierung einer ‹Innenwelt›. Der Realist ist ein Esser.» [8]
Dergestalt führt bei Bachelard die Psychoanalyse der Erkenntnis auf eine «unreine», ihrem wissenschaftlichen Begriff hinderliche Vorstellung, deren endgültige Eliminierung seine Wissenschaftsgeschichte sich unter anderem zum Ziel setzt. Eliminierung aus der Wissenschaft heißt hier Zuweisung zu religiösen Mythen und den Künsten. Doch wenn sie nicht wie ein Abschie-

ben des ominösen Schwarzen Peters geschehen soll, so muß der Kritizismus auch auf diesen Gebieten noch zur Anwendung kommen dürfen – wird er es müssen. Und in der Tat: eine kritische Anwendung von Bachelards Gedanken auf unseren Gegenstand nötigt zu einer analogen Operation. Denn wie das Schöne ein Geistiges ist, das in den Verhältnissen der Körper sich nicht erschöpft, wenngleich sein Erscheinen an sie gebunden bleibt, so steht es wohl auch mit jenen spirituellen Kommunionsbedürfnissen, die in Essen und Trinken sich nicht befriedigen, obschon sich im Gleichnis darstellen. Die Funktionen des Körpers sind Zeichen eines Anderen. Das Bild der Einverleibung hat hier allerdings noch eine andere Berechtigung als bei der Veranschaulichung wissenschaftlicher Erkenntnis, wofür Bachelard es mit guten Gründen verwirft, es hat sie *als Bild*. Warum, mag uns bei einer Exkursion in kulturelle Provinzen klarer werden, wo diese Bedürfnisse sich deutlicher artikulieren; keine sentimental journey, sondern ein Ausflug in hermeneutischer Absicht.
Er beginnt im schwedischen Värmland. Wenn dort das letzte Korn reif ist, bäckt die Bäuerin einen Laib Brot in der Form eines kleinen Mädchens. Dieser Laib wird unter alle Mitglieder des Haushalts geteilt und gegessen. Die Form des Brots stellt die Korn-Seele dar, die als Mädchen vorgestellt wird. – Eine gleichartige Sitte gibt es (oder gab es?) in Schottland. – Von der Seele nimmt man an, daß sie in der jeweils letzten geernteten Garbe wohnt, so daß mit dem Brot der Korn-Geist selbst gegessen wird. In anderen europäischen Bauern-Bräuchen hat er auch animalische oder vegetabile Gestalt. Das Seelen- oder Göttermahl – hier essen nicht die Götter, sondern sie werden gegessen – kommt auch in anderen Kulturkreisen vor. Die Ainu in Japan backen eine göttliche Getreidefamilie in Hirsebildern, vor der gebetet wird, ehe sie zerteilt und verspeist wird. Beispiele aus Indien, Afrika oder aus der Südsee, die J. G. Frazer in ‹*The Golden Bough*› (1922) zusammengestellt hat, haben einen ähnlichen Inhalt.[9] – Ihnen allen ist gemeinsam, daß das Getreidebackwerk zu Ehren des Gottes dargebracht wird und daß dieser Gott nichts ist als dieses Getreide und ein Gott nur, insofern dieses Getreide den Menschenkörper nährt. Doch werden für das Göttergebäck Rituale beachtet,

die klarmachen, daß es damit eine besondere Bewandtnis hat. Es ist Getreide und doch auch nicht, nämlich viel mehr: ein Bild des Getreides. So wird es zwar gemahlen, wie man Korn ausmahlt – aber in besonderen Mühlen; wird gebacken, wie man Brot bäckt – aber in eigenen Formen.

Vielfältig sind auch die Reinigungsriten, die die Differenz zwischen der profanen Nahrungsaufnahme und der rituellen Einverleibung kennzeichnen. – Bei den Bechuanas versammeln sich Anfang Januar die Männer des Stammes, um das Neue Jahr zu heiligen. Jeder hält ein Kürbisblatt in der Hand, mit dessen ausgepreßtem Saft die großen Zehen und der Nabel beträufelt werden. Dieses Reinigungsritual wird später bei allen Angehörigen wiederholt, Haustiere eingeschlossen. Erst danach darf von der neuen Ernte gegessen werden. Verstöße verheißen Unglück. – Eine wahre Reinigungsorgie begingen die nordamerikanischen Creek Indianer aus Anlaß ihres Erntedankfestes. Sie erfaßte – in der Art unseres Frühjahrsputzes – Kleidung und Wohnung, die Gerätschaften des Hauses wie schließlich auch unter Zuhilfenahme purgierender Säfte, wie sie auch bei uns gelegentlich zur *Frühjahrskur* empfohlen werden, den Körper selbst. Zwischen der letzten Nahrungsaufnahme und der heiligen Mahlzeit, der ersten also der neuen Ernte, lag dann die Zäsur einer Generalpause, in der gefastet werden mußte. Erst wenn dergestalt sicher war, daß der profane Speisebrei den Körper spurlos verlassen hatte, durfte das geweihte, das göttliche Essen eingenommen werden. Sinn dieser Zeremonie, der sich wiederum viele ähnliche an die Seite stellen lassen, ist die strikte Trennung der Nahrung und ihres göttlichen Bildes: «The intention is thereby to prevent the sacred food in the stomach of the eater. For the same reason Catholics partake of the Eucharist fastings.» So wiederum Frazer.[10] Er berichtet auch von einer eucharistischen Feier bei den Azteken, die zweimal im Jahr zu Ehren des Gottes Vitzliputzli begangen wurde. Dessen in Brot gebackenes Bild wurde jeweils am Schluß der Festakte gebrochen und unter der Formel, es sei Fleisch und Blut des Gottes, aufgegessen.

Das Götterbild muß auf nüchternen Magen einverleibt werden. Sonst mischt es sich unrein mit Stofflichem. Der Kommunions-

wunsch gilt aber nicht der Materie, sondern ihrem Bild. Der Hunger ist spirituell, und die Begierde will Bilderlust. *Kontakt auf Distanz*, das ist hier die Einverleibung des Bildes in Nüchternheit. So ist das genießende Organ dieser Kulte – wiewohl ausdrücklich davon nirgends die Rede ist – doch immer das Auge. Ihm zur Freude wird das Götterbild geformt, und dieses Bild wird verzehrt, damit der Mund dem Auge die Einverleibung mitteile. Insofern ist der Mund nur die Pforte, die das hergestellte Bild passieren muß, um zum Besitz des inneren Auges, der spirituellen Anschauung zu werden. Die Zähne vor dieser Passage sind eher Wächter als Werkzeuge zum Zerschneiden und Zerquetschen, weshalb auch die eucharistische Oblate nicht zerbissen in den Magen gelangt, sondern sanft aufgelöst. So wie der Mund sind auch die anderen Sinne nur symbolisierende Zuträger des Auges; das Ohr als Tor der sakralen Musik; die Nase als Öffnung des Leibes für den Weihrauch. Für sie geschieht die Einverleibung im Sinne eines *Als-ob*, denn sie haben es noch mit den materiellen Zeichen zu tun. Nur für das Auge ist sie ungemindert wirklich, keine Metapher, sondern Aufnahme eines Bildes als das, was es ist.
Das ursprüngliche Opfermahl, so hat Ludwig Klages gedeutet, «ist nicht sowohl ein Mahl zu Ehren des Gottes als vielmehr eine Opferung des Gottes selbst mit darauffolgender Einverleibung durch die Teilnehmer, aber im Sinne der Begattung mit ihm». Konzediert man das, so hätte «der Vorgang des kultischen Essens ausnahmslos den Charakter einer symbolischen Handlung, möchte er selbst durch Verspeisung des Opfertiers, ja in der Form des Kannibalismus geschehen, der, wie nicht mehr bestritten wird, anfänglich überall religiöse Bedeutung hatte. So aber ist es wirklich. Nur weil gar nicht der zu verspeisende Körper, sondern sein Bild gemeint ist, dient dazu ebenso gut die ihn nachahmende Figur, z. B. aus Kuchenteig, die vielerorts den Namen führte ‹der Gott, den man ißt›.» [11] Nun möchte es vielleicht einleuchten, daß man etwas verschlingt, womit man eins werden möchte, so wie wir in der Liebe sagen, wir hätten jemanden zum Fressen gern. Wenn aber die körperlich vollzogene Kommunion in der Absicht des Verschlingenden liegt – warum bestehen dann

die rituellen Esser so gewissenhaft darauf, daß das Verzehrte ein *Bild* des Dinges sei, nicht dieses selbst? Weshalb ist der eigentliche Gegenstand der Einverleibung ein Spirituelles und als Bild im wesentlichen Augennahrung? Es ist ja offenbar sogar so, daß der Vereinigungsakt der Einverleibung mißlingt, wenn der Esser das Getreide und die Seele des Getreides, das Ding und das Bild nicht auseinanderhalten kann.

Man kann es wohl so erklären, daß die Vereinigungsakte des Körpers mit Dingen stets mit deren Vernichtung bezahlt werden müssen, insofern aber der Vorstellung von Vereinigung im Innersten widersprechen. Es sind eher Akte der Unterwerfung durch Tilgung. Wenn dem Verschlingen das Erlöschen des Verschlungenen folgt, ist auch der Gedanke eines Zusammengefügten, ineinander Verschlungenen nicht mehr denkbar. Der rituelle Esser muß daher darauf bedacht sein, daß es bei seinen Mahlzeiten zu keiner Mischung von profaner und heiliger Nahrung kommt, weil die heilige sonst das irdische Los der profanen teilen müßte, während sie sonst – rein bewahrt – dem Götterbild im Innern des Menschen Kraft, Kontur und Farbe gibt.

So geht es hier mit anderen Worten darum, wie man den Inbegriff des Lebens, wie man das Heilige besitzen kann. Es muß ein Haben sein, das nicht mit Vernichtung bezahlt wird, denn seine Kraft behält es nur, wenn es unbeschädigt bleibt; es muß ein Inwendigsein ermöglichen, das dem Lebendigen Raum läßt.

Daher muß es *Bild* sein.

Denn dessen Spiritualität ist bei dieser Gelegenheit kein Manko, keine Einschränkung, sondern die Bedingung des Fortlebens und insofern auch zugleich einer Beständigkeit der Vereinigung. Das Geschaute hat man im Gedächtnis. Dort wächst es mit dem Leben des Besitzers und verändert sich im Verhältnis zu dessen anderen Wahrnehmungen. Als Erinnerungsbild ist es nie bloß die hervorgezerrte wiederholende Reproduktion des einst Geschauten. Es wird stets auch zu einem Teil der Lebensgeschichte. Und schließlich erkennen wir bei späterer Erinnerung auch immer nur die Partien, die vom Licht der Gegenwart beleuchtet werden. Nur als Bild behält dergestalt das Verschlungene Anteil am Lebendigen.

Auch der Akt der Einverleibung läßt sich von hier aus noch einmal mehr begründen als lediglich aus dem Vereinigungs- und Verschlingungstrieb: vom Bild her. Denn nicht bloß bleibt das Einverleibte nur lebendig, wenn es Bild ist; auch das Bild bleibt nur lebendig, wenn es einverleibt wird. Andernfalls es aufs bloße Reproduzieren hinausliefe, die ikonische Verdoppelung des Bildes. In der distanzierten Reproduktion kommt das Bild ums Leben. Es stirbt ab, und da das Leben fortschreitet, wird das Bild ihm bald nicht mehr gleichen. Nur einverleibt hat es die Chance, dem Leben ähnlich zu bleiben. «Der Mensch ist, was er ißt», hatte Ludwig Feuerbach behauptet und zum Beweis angeführt, daß schon die griechischen Geographen und Geschichtsschreiber die Völker nach ihren auffallendsten Hauptnahrungsmitteln unterscheiden und benennen würden. Demnach sind diese Mahlzeiter hier Bilder-Esser, *Ikonophagen*. – Das Wortspiel gilt bei Feuerbach aber auch umgekehrt: Der Mensch ißt, was er ist. Im Einverleiben der Götterbilder bestätigt der Mensch demnach, daß er Geschöpf ist nach Seinem Bilde, das heißt metaphysisch ausgezeichnet als ein Ebenbild seines Schöpfers.
Noch einmal ist es nötig, Klages zu Wort kommen zu lassen, dessen Einsichten in diesem Feld der Ästhetik und moderner Mythologie vor seinen politisch-ideologischen Verschrobenheiten öfter in Schutz genommen zu werden verdienen. Die Dinge, so hat er im ‹*Kosmogonischen Eros*› geschrieben, unterstünden – abseits der Zeiten und stabil mit sich selbst identisch – Gesetz und Urteil. Das Bild dagegen, «eingetaucht in den Strom der Zeit, verwandelt sich, wie sich alles verwandelt, eingerechnet die erlebende Seele; das Ding, weil außerhalb der Zeit, fällt gemessen an ihr, der Zerstörung anheim – das Bild wird von der Seele empfangen.» [12] In deren Ekstasen erneuere es sich immerfort.
Klages wie auch vor ihm schon Creuzer, Gruppe, De Jong, Anrich, Frazer und andere entnehmen ihre Belege archaischen Mysterien des Orients und der griechisch-römischen Antike, alten Mythen, Ritualen der Naturreligionen. Es sind Belege für den Wunsch nach einer ewigen Tagundnachtgleiche, einer Balance zwischen den orgiastischen Energien, die auf Nähe, den Kontakt und das Verschlingen wie das Verschlungenwerden aus sind, und

jenen anderen der Besonnenheit, die Dauer durch distanzierte Beharrlichkeit anstreben. Ihre Bilder faszinieren uns auch heute noch, zwar nicht mehr als die der alten Götter, sondern eben jenes *Kontaktes auf Distanz*. Das ist die Formel, in der die erotische Vereinigungsneigung des Körpers und der Wunsch des Geistes nach Dauer im Gleichgewicht stehen.

In der neueren Geschichte unserer europäisch-amerikanischen Kultur wurde und wird dieses Gleichgewicht für entbehrlich gehalten. So kommt es zu einer Enterotisierung des Blicks, der als Mittel der Einverleibung immer weniger in Betracht kommt. Für diese Feststellung gibt es vor allem einen Anhaltspunkt: die Auflösung der archaischen Verbindung zu den übrigen Sinnen. Ein zuverlässiges Indiz für das Bestehen dieser Verbindung ist die Auffassung des Auges als einer Körperöffnung unter anderen. In den Mysterien und Ritualen der Alten und in den Naturreligionen ist sie die Bedingung dafür, daß dem Auge – als dem bilderproduzierenden Organ – durch die anderen Körperlöcher bzw. durch das Tasten Mitteilungen zukommen können. Das Opfermahl – die Mitteilung durch den Mund –, aber auch der rituell vollzogene Beischlaf – die Mitteilung durch die Scheide oder (päderastisch) den Anus – sind dafür Beispiele. Dem Auge selbst läßt sich nicht ansehen, und es kann es an sich selbst nicht merken, ob es als ein erotisches Organ der Vereinigung fungiert oder lediglich reflektierend, widerspiegelnd, und sogar der ekstatisch Sehende mit dem einverleibenden Blick bedarf ja der helfenden, ihm die gelungene Einverleibung festlich bestätigenden Vergewisserung durch die Restsinne. Das rituelle Essen und Sich-beschlafen-Lassen oder auch andere vergleichbare Körpergesten des Auf- und In-sich-Hineinnehmens sind nötig, damit das Auge nicht in der Starre des komtemplativen Blicks verkrampft. Der gebannte Blick auf das Götterbild bleibt so lange Idolatrie und Dingfetischismus, wie er nicht durch die Mitteilung des Körpers gelöst wird, die den Vollzug der Vereinigung bestätigt: in der Sprache des jeweiligen Organs, des Mundes, Ohrs etc.

Solange diese Bestätigung ausbleibt, sind Täuschung und Selbsttäuschung möglich: Hirnsinnlichkeit, wie Kierkegaard eine

Wortprägung Jacobis aufnimmt. So zeigt sich also die Disziplinierung des Auges zum Instrument distanzierter Betrachtung unübersehbar daran, daß die Körpergesten, profanen und religiösen Bräuche und Rituale ausbleiben oder drastisch eingeschränkt werden, die die Einverleibung der Augenbilder befördern, bestätigen oder feiern. Neben dem distanziert erkalteten Auge und dem gefräßig würgend verkrampften ist dieses Ausfallen rezeptiver, bilderaufnehmender Körpergesten ein drittes Symptom der Schwächung des Bildertriebes. – In indisch-tibetischen Meditationsbildern liegt das Bewußtsein in der Körpermitte. Alle Sinne liegen gleich weit um dieses Zentrum gelagert. Anders die Auffassung des Abendlandes, die den Kopf privilegiert. «Ist dem Bewußtsein das Sehen der führende Sinn, so wird sich die Vorstellung von der Welt im Kopf ausbilden. Der Mensch kann der Natur und in ihr den anderen Menschen gegenüber sein, indem er sie ansieht. Wird aber der wahrnehmende Anteil des Bewußtseins aus allen Sinnen gespeist, so erfolgt die Wahrnehmung mit dem ganzen Körper. Sie erfolgt auch nicht zentripetal, einen vorgestellten inneren Raum erfüllend, sondern von der Mitte nach allen Seiten. Das Gleichnis ist die Lotosblüte.»[13]

Geistesgeschichtlich scheint sich der Machtgewinn des kalten Auges daran ablesen zu lassen, wie die platonischen Denk- und Redeformen sich gegen die archaischen Einverleibungsvorstellungen durchsetzen. War für diese eine Wechselseitigkeit des symbolisierenden Austauschs derart charakteristisch, daß der Hunger der Augen durch ein Bildermahl des Mundes gestillt werden konnte, so beschreitet die platonische Bilderphantasie die Einbahnstraße metaphorischer Übertragungen aller möglicher Sinnesleistungen auf das Auge, neben dem die anderen Sinnesorgane zu *Restsinnen* werden.

Der die gesamte Antike über vertraute Gebrauch von Speisemetaphern in Übertragung auf intellektuelle Leistungen und auch speziell auf das Sehen bezeugt für sich genommen also durchaus nicht schon das wirklich praktizierte Sehen als Einverleiben, sondern höchstens den Wunsch, das Auge oder das innere Vorstellungsvermögen des Intellekts möchten können, was Mund und Hände tun. So verspricht Pindar, daß seine Dichtung nahrhaft sei. Aischylos nennt seine Tragödien «Schnitten von den großen Gastmählern Homers», und *Satire* bedeutet ursprünglich *gemischte Schüssel* (lat. *satura*).[14] Zahlreich sind schließlich auch die Belege aus den Schriften der Kirchenväter, die die reiche biblische Speisemetaphorik weiterentwickelt haben. Augustin vergleicht den Lernenden mit dem Essenden und die Wahrheit mit einer Speise. Alanus und Petrus Venerabilis sprechen vom «Magen des Geistes», Gottfried von Breteuil von dessen «Bauch». Als einen bizarren Beleg der Sexualisierung eines Spirituellen verzeichnet Curtius die Wendung von der *Vulva der regenerierenden Gnade*.[15] Ob aber dieser exzentrischen Assoziation von Körperlichem bei geistigen Dingen auch umgekehrt ein geistiges Ernstnehmen der Körperwünsche entspricht, läßt sich an solchen Metaphern nicht ablesen; das Gegenteil freilich ebensowenig. Zweifach äußert sich vielmehr unter platonischem Einfluß, daß das Auge nicht mehr einverleiben soll, sondern möglichst leibfrei abbilden: darin, daß die anderen Sinne aus dem Bilderdienst überhaupt soweit wie möglich entlassen werden, und zum anderen an der Bewertung der Sehweisen und der abgelieferten Bilder. Je weniger vom Körper beeinflußt, desto besser. Das Ideal ist Objektivität. Das Auge wird also den anderen Sinnen gegenüber einerseits besonders ausgezeichnet, ja als Organ der Wesensschau privilegiert, doch muß es sich andererseits diese Beförderung durch leibfreies Wohlverhalten immer wieder neu verdienen. In der nachplatonischen Tradition macht es als *Auge der Seele* Karriere oder durch seine angebliche fast szientifische Unbestechlichkeit. So empfiehlt sich die Augenzeugenschaft den Gerichten, wo wiederum das Auge des Gesetzes zum Zuge kommt und Anwälte plädieren, die nur glauben, was sie sehen.

Aus der Perspektive des distanzierten Blicks und des Auges als fast schon theoretischen Organs werden die hungrigen Augen mit wachsender Geringschätzung beurteilt. Der Panerotismus des Verlangens nach Vereinigung, der in der archaischen Vorstellungswelt die gesamte Schöpfung einbezog und deshalb am angemessensten durch Götterbilder befriedigt wurde, wird nun spezialistisch eingegrenzt und auf die Erotik im Geschlechterverhältnis beschränkt. Doch auch dort setzt sich das Ideal des milden Schauens durch, und das Verschlingen mit den Augen legt den Verdacht auf einen Wüstling nahe, auf Perversion, Hexerei oder Schlimmeres: auf die acedia, die Todsünde der Melancholie. Für all dies gibt Robert Burtons ‹*Anatomy of Melancholy*› von 1621 reiche Belege. Auch die Augen, so will er die Zeitgenossen überzeugen, können Auslöser des schwarzgalligen Lasters werden, etwa indem sie gefräßig entarten. So lösen sie dann die unmäßige Liebe aus, die – weil sie nicht zu stillen ist – über früher oder später in Melancholie mündet. Die Verschlingungslust des Auges fügt sich hier in ein umfangreiches rhetorisches Arsenal aggressiver Augenmetaphern. So zitiert Burton, was bei Martial über Mamurra gesagt ist: «Inspexit molles pueros, oculisque comedit» – er sah den weichhäutigen Knaben nach und verschlang sie mit den Augen – und führt Ovids Wendung des «impregnare eam ipsis oculis» an – der Defloration mit den Augen. Vor allem die Metaphern des Beschießens, Verbrennens und Vergiftens haben es ihm angetan, sämtlich einer unheilvollen Strategie zugehörig, mit der die Lasterhaften ihre Herrschaft über die Leiber der Unschuldigen aufrichten, vor allem wohl die liebestollen Hexen über die Männer. Mit Schaudern läßt er Ficinius mit seinem Plato-Kommentar zu Wort kommen: «Mortal men are than especially bewitched, whenas by often gazing one on the other they direct sight to sight, join eye to eye, and so drink and suck in love between them; for the beginning of this disease is the eye.»[16] Ebenfalls Ficinius entlehnt ist Burtons Vermutung, daß die Augen – wohl etwa in der Funktionsweise giftspritzender Schlangenaugen oder fleischfressender Pflanzen – Strahlen spiritueller Dämpfe ausstoßen, die den Getroffenen augenblicks infizieren, ein Präparieren und Vorverdauen des Opfers, ehe es den Hexen endgültig anheimfällt. Onkel Toby in Sternes ‹*Tristram Shandy*› wird auf diese Weise – durch eine Augenkanonade – von der Witwe Wadman erlegt. Als Referenz für die Möglichkeit solcher Ereignisse zitiert Sterne aus Burton. – Auch schlechte Bluteigenschaften ließen sich derart durch die Augen übertragen. Im Hinterhalt mögen sie lauern, «still in wait as so many soldiers, and when they spy an innocent spectator fixed on them, shoot him through, and presentely bewitch him».[17] So fällt in der unmäßigen Liebe gleich die Melancholie selbst den Menschen an, «drink to him with her eyes, nay, drink him up, devour him, swallow him, as Martial's Mamurra is remembered to have done».[18] Als Gegengift gegen diesen Vampirismus helfen nur noch die Blicke Christi und der Jungfrau Maria, denen «most beautiful» und «amiable eyes» zugeschrieben werden, «so chaste, that whoever looked on them, was freed from that passion of burning lust».[19]

Noch aus der elisabethanischen Zeit stammt allerdings auch ein Gedicht über das Einverleiben durch die Augen, das zu den schönsten dieser platonisierenden Tradition gehört, indem es ihr ganz unvermutet den Rücken kehrt, ein Sonett Shakespeares:

> Mine eye play'd the painter, and hath stell'd
> Thy beauty's form in table of my heart;
> And perspective it is best painter's art.
> For through the painter must you see his skill,
> To find where your true image pictur'd lies;
> Which in my bosom's shop is hanging still,
> That hath his windows glazed with thine eyes.
> Now see what good turns eyes for eyes have done:
> Mine eyes have drawn thy shape, and thine for me
> Are windows to my breast, where-through the sun
> Delights to peep, to gaze therein on thee;
> Yet eyes this cunning want to grace their art,
> They draw but what they see, know not the heart.[20]

Ganz ohne irgendein Hindernis und mit aller «certezza del vidore» scheint hier zunächst die Einverleibung durch das Auge zu gelingen, das das Bild des Geliebten auf die Herzwand malt. Durch dessen Augen wiederum fallen dann die Sonnenstrahlen in die Brust des Malers, das Bild auf der inneren Staffelei beleuchtend.

Die Perspektivmalerei ist der Stolz der Zeit. Dürer hat ihr einen Holzschnitt gewidmet, der die Methode veranschaulicht (s. Abb. 10). Der Mann steht mit dem technischen Gerät im Bund, um ästhetisch Herr der Natur zu werden. Ihr Inbild, die nackte

Frau, liegt verführerisch in Kissen und Tüchern, das Fenster geöffnet in die ferne Landschaft. Ihr gegenüber, mit versteiftem Rückgrat, den nackten Leib über das technische Gerät wie über die Kimme eines Phallus fixierend, der Künstler vor dem mit Planquadraten vorbereiteten Zeichenblatt. Der Blick nach draußen ist für ihn durch einen Blumentopf, die künstliche Natur, verstellt. Vom verführerischen Fleisch der Frau ist er durch den Rahmen des Perspektographen wie durch eine Trennwand ferngehalten. So präsentiert sich der lebendige Leib selbst bereits als ein Bild, die Zeichnung wird Bild eines Bildes: «L'image peinte est une immobilité, en cela irréelle. Comme toute image, elle ne peut ressembler qu'à une autre image. Elle fige le corps dans une posture de ressemblance, mais la ressemblance est une piège tendue au corps par l' immobilité: corps vivant devenu image. Albert Dürer demande que le corps du peintre soit immobilisé devant son modèle immobile; il invente plusieurs appareillages qui conservent la bonne distance entre l'œil du voyeur et le corps vu. La distance est l'artifice de la représentation, le prix à payer pour le portrait.» [21]
Daß in Shakespeares Sonett das Bild des Geliebten im Körper-Innern entsteht statt auf dem Reißbrett wie Dürers Frauenakt, verträgt sich noch mit der zeittypischen Vorstellung der optischen Physiologie. Sie könnte hier mit Nachdruck zitiert sein, um das Liebesgeschehen als ideeierende Verinnerlichung zu feiern. Aber in der Vorstellung der Renaissance-Anatomie (bei Fludd zum Beispiel) ist die Projektionsfläche des Sehfeldes im Kopf, wo sie sich mit dem Wahrnehmungsbild des oculus imaginationis überschneidet; in Shakespeares Sonett liegt sie – statt im Gehirn – in der Körpermitte, im Herzen. Daß neben dem Auge das Herz ins Liebesspiel kommt, versperrt den leichten Schluß des Sonetts in versierter platonisierender Routine. Das Herz nämlich nimmt mehr wahr als bloß die Augenbilder, und es kann selbst auch wiederum nicht mit den Augen allein erkannt werden. So widerruft das Verspaar am Schluß – als ob es das Porträt des Gedichts mit einem feuchten Schwamm löschen wollte – das Gelingen dieser ideell gebliebenen Vereinigung, in der Übersetzung durch Karl Kraus:

> Nur eines kann die Kunst nicht: für das Bild
> hat sie bloß Form – das Herz bleibt ihr verhüllt. [22]

Damit sind die Bilder der Kunst in ihrer Geltung eingeschränkt. Die Wahrheit der Liebe steht höher als die ästhetischen Fiktionen. Ihr Erscheinen ist nicht durch noch so perfekte Illusionskunst zu simulieren.
Realismus ersetzt nicht die Wahrheit.
Seine methodischen Operationen lassen «die Sehnsucht der Seele nach dem Evangelium des Du», wie Florens Christian Rang das Verlangen des Sonett-Liebhabers zugleich erotologisch und theologisch gedeutet hat, unerfüllt.[23] Mögen die Künstler sich mit der Technik verbünden, um den Tafelbildern des Mittelalters durch Perspektivkunst die Tiefe des innerweltlichen Lebens zu geben, es bleiben doch bloß Bilder, weil über die Herzen nicht anders Sicherheit zu gewinnen ist als in der Liebeskommunion. Diese nur kann die Ungewißheit beenden, die aufgebrochen ist, seitdem der Gnadenhimmel verhüllt ist. Das Bündnis, das die Kunst seit Leonardo und Dürer mit der Wissenschaft, vor allem mit der Mathematik eingeht, kann den Riß nicht schließen, der sich zwischen den verlangenden Augen und der wahrgenommenen Welt aufgetan hat. Mehr vermag schon die Sprache, indem sie das Herz-Wort nennt als den Grund der Ungewißheit. Doch nennt sie es nicht als einen Fund, der wie erkannt, so auch schon besessen wäre, sondern als ein Geheimnis, auf das die Worte, weil sie es nicht haben können, hinzeigen.
Von allen Seiten umstellen die Sinne die Schöpfung wie mit anderen Mitteln auf ihre Weise die Begriffe. Doch die Gewißheit, die sie anstreben, ist weder durch technischen oder szientifischen Aufwand zu erlangen noch durch Gewaltstreiche sinnlicher Unmittelbarkeit. Gegen die Sentimentalitäten des Sensualismus hatte sich später Goethe zu wehren, ein Erbe Shakespeares auch hier: «Anstatt bei der Verwandtschaft der Sinne nach einem ideellen Sinn aufzublicken, in dem sich alle vereinigten, wird das Gesehene in ein Getastetes verwandelt, der schärfste Sinn soll sich in den stumpfesten auflösen, um durch ihn begreiflicher zu werden» (Gespräch mit Eckermann vom 17. 2. 1829). – Im Verlangen nach Einverleibung sind die verschiedenen sinnlichen Vermögen in einem «Sinn der Sinne» (Erwin Straus) *metaphy-*

sisch gebündelt. Metaphorisch gesprochen ist es das Verlangen nach dem Herzen.

Die Herzmetapher steht für den Inbegriff des lebendigen Wesens, zugleich Körperorgan und Bild des Lebens – Nähe und Distanz. Bei Shakespeare ist «heart» das letzte Wort des Gedichts, das dergestalt vom Mißlingen einer Verschlingung von Ich und Du spricht, die nie bloß in den Bildern wechselseitiger Spiegelung erfolgen kann. Indem das Gedicht dieses Mißlingen über alle platonische Konvention hinweg ausspricht, dient es gleicherweise dem Eros und der Kunst, glückt es als ein Liebesgedicht. Der Widerschein des Lebendigen im Geschriebenen wird vom Auge wahrgenommen, das die Seufzer der Liebe aus dem Text liest. «To hear with eyes belongs to love's fine wit», konstatiert ein Vers Shakespeares.[24] – Von der Anstrengung, dieses lebendige, das Herz-Wort zu finden, spricht auch Hölderlin in einem Brief an den Halbbruder Karl (vom 28. November 1798): «So müssen wir auch der Gottheit, die zwischen mir und Dir ist, doch wieder von Zeit zu Zeit das Opfer bringen; das leichte, reine, daß wir nämlich zueinander sprechen von ihr, daß wir das Ewige, was uns bindet, feiern in den lieben Briefen, die nur darum unter uns so selten sind, weil sie aus dem Herzen und nicht, wie so manches, aus der Feder gehn. Eine lebendige Blume entstehet langsamer, als eine Blume von Taft, und so muß auch ein lebendiges Wort sich lang in unserer Brust bewegen, ehe es zum Vorschein kommt ... etwas ist darin, was man das Zeichen aller lebendigen Äußerung nennen darf, das nämlich, daß sie mehr sagen, als es scheint, weil in ihm ein Herz sich regt, das überhaupt im Leben niemals alles sagen kann, was es sagen möchte.»[25]

Weil dem Verlangen des Auges nach Einverleibung nicht mehr in der Erneuerung archaischer Mythen oder in der Wiederbelebung der Naturreligionen Genüge geschehen kann, und da andere Formen seiner Befriedigung seitdem nicht mehr sichtbar geworden sind, ist das Gedächtnis seiner Kommunionsbedürfnisse in der Kunst das letzte Wort geblieben: kein kraftvolles mehr nach Hölderlin, seitdem das politisch gedemütigte liberale Bürgertum es entdeckte, um darin seine ohnmächtige Rezeptivität zu spiegeln. – Wenn Clemens Brentano das poetische Vermögen mit dem Martyrium von Mastgänsen in Verbindung bringt, die künstlich durstig gehalten werden, damit sie durch maßloses Trinken das hypertrophe Wachstum der begehrten Leber fördern – in der *‹Geschichte vom braven Kasperl und schönen Annerl›* und öfter das Organ der Poesie –, dann reflektiert das bizarre Bild den bedenklichen Preis, den der Künstler für seine Erinnerungsarbeit zahlen muß. Die poetische Gans weiß schließlich «in großer Melancholei» nicht mehr, «ob sie die Leber oder die Gans ist».[26] Leben und Poesie sind in einem grotesken Mißverhältnis. Statt des «lebendigen Worts» entwächst dem Leben eine Phantasmagorie. Der Künstler ist ein Kauz.

In seinem *‹Stopfkuchen›* von 1888/89 hat Wilhelm Raabe ihm ein Denkzeichen gesetzt. Der Held dieser Kleinstadtprosa heißt mit einem sprechenden Namen eigentlich Schaumann, und Stopfkuchen ist sein Spitzname, der das poetische Ingenium dieses gefräßigen Beobachters mit einer körperlichen Obsession in Verbindung bringt. Idyllisch abgesondert hinter Blumenhekken von seinen philiströsen Mitbürgern, nährt Schaumann Mund und Augen, Leib und Seele gleicherweise. Raabe belohnt die Absonderung des Individuellen, sei's um den Preis des Skurrilen, gar selbst unter dem Schein des Erzphiliströsen, durch Umwertung. Das eingezogene Leben dessen, der sich von der Welt ab- und nach innen wendet, sei das eigentlich Philosophische und seinem Wesen nach radikal antiphiliströs. «Ich war feist und faul», läßt Raabe seinen Helden sagen, «aber doch nun grade, euch allen zum Trotz, noch vor meiner Kenntnisnahme des Weisen von Frankfurts bester Table d'hôte ein Poet ersten Ranges; der Begriff war mir gar nichts; ich nahm alles unter der Hecke weg, mit dem Sonnenschein des Daseins warm auf dem Bauche, aus der Anschauung.»[27] In dem Weisen von Frankfurt hat man ohne Mühe eine Verbeugung vor Schopenhauer erkannt und eine Erläuterung von Stopfkuchens kontemplativer Lebenshaltung in der *‹Welt als Wille und Vorstellung›*.

Das poetische und philosophische Genie, so lesen wir dort, hat es mit der Erkenntnis der *Ideen* des Daseins zu tun, die indessen nicht «in abstracto, sondern nur anschaulich aufgefaßt werden». Während die bloßen Talente sich mit der diskursiven Erkenntnis begnügen müßten, sei das Genie mit dem Vermögen intuitiver Erkenntnis begabt: «Der (diskursiv) Begabte denkt rascher und richtiger als die übrigen; das Genie hingegen schaut eine andere Welt an als sie alle, wiewohl nur, indem es in die auch ihnen vorliegende tiefer hineinschaut, weil sie in seinem Kopfe sich objektiver, mithin reiner und deutlicher darstellt.» Voraussetzung einer solchen reinen Anschauung des Wesentlichen sei die Emanzipation der vorstellenden Kräfte vom Willen. Nur, wo die «vorstellende Kraft des Gehirns einen solchen Überschuß hat, daß ein reines, deutliches, objektives Bild der Außenwelt sich *zwecklos* darstellt, als welches für die Absichten des Willens unnütz, in den höheren Graden sogar störend ist», nur dort und dann kann von wirklicher Genialität die Rede sein.[28]

Das Genie bildet seine Vorstellungen aus dem Lebensüberfluß: nicht der Not gehorchend und zugemessen für bestimmte Zwekke, sondern als freie Spitzen. Vermöge eines luxurierenden Desinteresses und gleichsam prassend steigert Stopfkuchen den gefräßigen Körper zum poetischen Leib. Er ist ein Spezialist für Einverleibung und wider allen antiphiliströsen Willen eine bourgeoise Institution. Wie eine Personifikation des Schopenhauerschen Genies ist er gebildet, und zwar so, daß der allegorische Bedeutungsgehalt am Individuum Stopfkuchen als das Komische erscheint. Doch ist die skurrile Übertreibung, die parodistisch weit getriebene Abweichung vom Alltäglichen, nur ein Hinweis-Zeichen für eine Bedeutung, die jenseits des realistischen Codes liegt. Fett ist dieser Held in einem allgemeineren Sinn, weil sein Verhältnis zur Wirklichkeit durchweg rezeptiv, allemal anschauend gerichtet ist, nämlich der Lehre des «Weisen von Frankfurt» entsprechend gewissermaßen ständig «unter der Hecke» liegend mit der Sonne auf dem Bauch, sich die Realität durch willenlose Anschauung einverleibend, poetisch mit ihr eins, die er lebenspraktisch auf Distanz hält.

«Meine Bücher gewonnen, ein Leben verloren», heißt ein später Aphorismus Raabes. Tatsächlich ist diese Auffassung von der

Funktion der Kunst in der bürgerlichen Gesellschaft auch eher grimmig als behaglich. Der Anblick, der sich dem Helden bietet, ist alles andere als appetitlich und verlangt einen Schwartenmagen. Die endlose Suada schließlich, in der Raabes Dichter-Allegorie das sehend Einverleibte erzählend wieder von sich gibt, verzögert lediglich den häßlichen Fortgang der Dinge, ohne ihn letztlich verhindern zu können.

Wie sich der bürgerliche Realismus als eine Mastkur der Kunst auf Kosten des Lebens beschreiben läßt, so – in der symbolischen Ordnung der Dinge – die surrealistische Revolte als die Vertilgung des Ästhetischen durch das Leben. Schönheitshungrig und in einem erotischen furor macht es sich über die Kunst her, und nichts bleibt unverdaulich. «Das erotische Verlangen ist der Ruin der intellektualistischen Ästhetik», hat Dalí behauptet – als könnte nicht auch der Intellekt auf Einverleibung aus sein –, doch seine Schlußfolgerung ist evident: «Die Schönheit wird eßbar sein oder gar nicht sein.» [29] Die ästhetischen Gegenstände, auf die solche Phantasien anwendbar sind, tragen die Spuren von Verdauung an sich, eine Kunst zweiten Grades, die das Leben passiert hat. Ihre Formen sind angefressen oder aufgelöst, ihre Farben erinnern an die Dunkelheit des Pump- und Röhrenwerks wie der verschwiegenen Schächte, aus denen sie exkrementell ans Licht treten. Die Ornamente auf Gaudís Häusern in Barcelona wollte Dalí als Produkt solcher Transformationen verstanden wissen.

Hier wäre eine Musterung von ästhetischen Versuchen unserer letzten Jahrzehnte möglich und am Platz, in denen das kontemplative, bloß betrachtende und beurteilende Verhalten zur Kunst mit Lust hintertrieben wird.[30] Wer ihre Bilder einverleiben will, der muß mit allen Sinnen selbst aktiv werden, muß mitagieren und die Chance erhalten, dem Auge durch eigenes Tun mitzuteilen, daß ihm die Bilder der Kunst zu eigen geworden sind. (Das Theater in der Folge Artauds ist dafür ein Beispiel unter vielen.) Ihr theoretischer Gewährsmann könnte allemal Nietzsche sein, bei dem die Weisheit Shakespeares in einer rhetorischen Attacke Zarathustras wiederkehrt: «Muß man ihnen erst die Ohren zerschlagen, daß sie lernen, mit den Augen zu hören?» [31]

Ein Satz, dem ich diesen hier nur darum noch hinterdrein schikke, weil die aggressive Ausfälligkeit – läßt er nicht unwillkürlich an die oben zitierte Bluttat denken? – seine Aufforderung zum leiblichen Sehen zu übertönen droht.

III

Lesefieber

In dankbarem Gedenken an Ilse und
für Friedrich Mattenklott,
die frühen Paten meiner Lektüre

Die Tage des Lesens sind den fiebrigen Ekstasen vergleichbar, in denen uns in der Kindheit Ziegenpeter, Windpocken oder die Masern überkommen, und so mancher mag auf Fieberwellen in die erste Leselust geglitten sein. Einige meiner Kinderbücher tragen davon heute noch die Spuren. Die weißen Frauen meiner ‹*Sagen der Mark Brandenburg*› geistern auf der Titelzeichnung durch grippetropfenbraune Schlösser, und Hauffs ‹*Märchen*› heißen «das Ausschlagbuch». Etwas später dann betrug sich das Lesefieber als Verwandlungskünstler, indem es versiert die Symptome verschiedener anderer Krankheiten annahm, von denen ich glauben durfte, daß sie mir die Erlaubnis verschaffen würden, zum Lesen im Bett zu bleiben. Wie eine Kinderkrankheit will auch die Attacke des Lesefiebers genommen sein, ergeben. Künstliches Dämpfen, gar vorzeitiges Abbrechen sind Pyrrhussiege und begünstigen das Verschleppen dieser dann nur um so heftiger wieder auflodernden Wut.

Die Lesehitze, mag sie in späteren Jahren auch weniger häufig durch die von Krankheiten gesteigert sein, fiebert das eigene Leben aus dem Körper, während durch die Augen das fremde Eingang findet. Das Fieber entsteht als eine Folge des Kampfes mit dem Eindringling, der in unserm Innern sich despotisch Raum verschaffen will. Wenn er uns gänzlich überschwemmt hat, hilft nur noch eines, ihn anzunehmen: zu Ende lesen, um sich wiederzugewinnen. Der Leserausch ist ein Liebesakt des Geistes, wie denn die Ratschläge kundiger Ärzte und erfahrener Liebhaber darin übereinstimmen, daß im Falle der Liebe wie der Masern das Gewährenlassen am zuverlässigsten die Genesung fördert. Masern soll man «ausmasern», die Energie der Fieberhitze nutzen zum Aufbruch in eine neue Lebensphase. Liebschaften und Bücher kommen über uns wie Infektionen; wir sollen sie auslesen. Krankenzimmer, Boudoirs und Bibliotheken – man möchte ihre Ausstattung kaum voneinander unterscheiden können.

Traulichkeit ist nicht gefragt, Unvertrautheit erhöht sogar den Reiz. Darin symbolisieren die Orte des Lesens den Raum, den das Gelesene in unserm Innern einnimmt. Er muß erst ganz umgeschaffen werden, damit Tom Jones und die Nouvelle Heloïse, Werther und Frédéric Moreau, Oblomov, Niels Lyhne oder Malte Laurids Brigge ihn bewohnen können. Weniam Kawerin spricht vom «Buch-Theater», auf dem die Szenen eines fremden Lebens aufgeschlagen sind; wir sind eingeladen, unserer Lust an der Verwandlung nachzugeben und uns eine passende Rolle auszusuchen.[1] Welchem passionierten Leser würde es nicht gelegentlich geschehen, daß er in der Erinnerung das Gelesene mit Erlebtem verwechselt, als hätte er es mit leiblichen Augen gesehen. – Die Theater-Metapher hat sich übrigens auch dem französischen Architekten der Revolutionszeit Étienne-Louis Boullée angeboten, als er 1785 den Plan einer gigantischen Bibliothek konzipierte «qu'un vaste amphithéâtre des livres».[2] Nicht von ungefähr auch stellt sich in Prousts kleiner Philosophie des Lesens, die er 1905 als Vorwort einer französischen Ausgabe von Ruskins ‹*Sesam and Lilies*› veröffentlichte, die Assoziation eines Hotelzimmers ein, eine andere Figur der theatralischen Szene und doch auch ein Gleichnis der überwältigenden Fremdheit der Lektüre. Ich zitiere daraus einen Abschnitt:

«Was mich angeht, so fühle ich mich in einem Zimmer nur leben und denken, in dem alles die Schöpfung und der Ausdruck eines Lebens ist, das von dem meinigen zutiefst verschieden ist, und in dem alles von einem dem meinigen entgegengesetzten Geschmack ist; in dem ich nichts von meinem bewußten Denken wiederfinde; in dem meine Vorstellungskraft sich begeistert, während sie sich in den Schoß des Nicht-Ichs versenkt fühlt; ich fühle mich nur glücklich, wenn ich – in der Bahnhofstraße, am

Hafen oder am Marktplatz – eines jener Provinzhotels mit langen kalten Fluren betrete, wo der Wind von draußen mit Erfolg gegen die Bemühungen der Heizvorrichtung kämpft; wo die detaillierte Karte des Arrondissements noch der einzige Schmuck der Wände ist; wo jedes Geräusch nur dazu dient, die Stille hervortreten zu lassen, indem es sie von der Stelle schiebt; wo die Zimmer einen Geruch von Abgeschlossenheit haben, den die frische Luft hinausspült, aber nicht beseitigt, und den die Nüstern hundertmal einatmen, um ihn der Vorstellungskraft zuzutragen, die darüber entzückt ist, und die ihn wie ein Modell posieren läßt, um zu versuchen, ihn nachzuschaffen mit allem, was er an Gedanken und Erinnerungen enthält; wo man abends, wenn man die Tür zu seinem Zimmer öffnet, das Gefühl hat, das ganze darin verstreut zurückgebliebene Leben zu vergewaltigen, es kühn in die Hand zu nehmen, wenn man, nachdem die Tür geschlossen ist, weiter bis zum Tisch oder bis zum Fenster vorwärtsgeht, sich in einer Art freier Promiskuität mit ihm auf das Kanapee zu setzen, das der Polsterer der Kleinstadt nach dem, was er für Pariser Geschmack hielt, hergestellt hat, überall an die Nacktheit dieses Lebens zu rühren, in der Absicht, sich selbst durch die eigene Vertraulichkeit zu verwirren, indem man seine Sachen hierhin und dorthin legt, indem man den Herrn in diesem von dem Wesen der andern bis zum Rand erfüllten Zimmer spielt, das bis in die Form des Feuerbocks und die Muster der Vorhänge den Abdruck ihrer Träume bewahrt hat, und mit bloßen Füßen über seinen unbekannten Teppich geht; man hat das Gefühl, dieses geheime Leben mit sich einzuschließen, wenn man sich zitternd der Tür nähert, um den Riegel vorzuschieben, es vor sich in das Bett zu stoßen, und schließlich mit ihm in den großen weißen bis übers Gesicht reichenden Bettüchern zu schlafen, während ganz in der Nähe die Kirche für die ganze Stadt die schlaflosen Stunden der Sterbenden und der Liebespaare läutet.»[3]

Der lüstern ängstliche Hotelgast, getrieben von Eroberungslust und Neugier, indiskret und furchtsam, allein mit Liebe und Tod in der Spanne einer Nacht von ungewisser Länge, vertritt in diesem Zitat den Leser, so daß Matratze und Decke die Buchdeckel sind, zwischen denen dieser das fremde Leben begehrlich an sich preßt. Das Licht ist abgedunkelt, und es herrscht Stille. Die Herrschaft des Schweigens und der Dunkelheit, das ist noch etwas anderes als lautlose Finsternis. Die Laternenstrahlen, die durch die Jalousie einfallen, und die gedämpft eindringenden Geräusche halten in diesem ausgegrenzten Raum die Erinnerung an das Leben draußen wach, das dieser Gast zurückgelassen hat für das Abenteuer der Nacht.

Daß Licht und Lärm der Stadt hier ausgeschlossen sind und doch an ihren Spuren noch bemerkbar bleiben, ist für Prousts Verständnis des Lesens bedeutungsvoll. Im ersten Band seiner ‹*Recherche du temps perdu*› beschreibt der Erzähler eine kleine Gartenhütte aus Laubwerk und Segeltuch, in deren Dämmerlicht er sich als Knabe zurückzog, um – vor fremdem Zugriff sicher – mit seiner Lektüre allein zu sein. Das Segeltuch dieses Verstecks wird zur Projektionsfläche des Reichtums und der Schönheit des Gelesenen, Metapher für den Schirm des Bewußtseins, auf den die Einbildungskraft das Leben des gelesenen Buches projiziert, um es zu genießen. Auf diesem Schirm führt das Gelesene sein eigenes *spirituelles* Dasein, als welches allein es angemessen begriffen werden kann: als eine Vorstellung.[4] Im direkten Zugriff – so Proust – verflüchtige sich das Leben, zu begreifen sei es nur in den Bildern seiner mannigfaltigen Zustände. In diesen Bildern, es sind die Lesebilder der einsamen Lektüre, sind *die* Partien des Lebens, die für die Seele undurchsichtig wären, durch immaterielle Zeichen ersetzt, so daß durch sie hindurch, die das Fremde transparent erscheinen lassen, das Leben des Lesenden zu ahnen ist. So kommt die Lektüre zugleich durch die Abgrenzung vom Leben und durch jene zeichenhafte Immaterialität zur Wirkung, kraft deren das Gelesene durchsichtig für das Lebendige geworden ist. Im Schein des fingierten Lebens erst – und gelegentlich nur dort – stößt der Leser auf sich selbst: nicht daß dem Leser die Erfahrung fehlen müßte; «es fehlt die Perzeption der Erfahrung», so findet sich Prousts Beschreibung auch noch in der neueren Leser-Soziologie bestätigt.[5]

Die Nähe dieser Auffassung des Lesens zu den Beschreibungen, die die klassische deutsche Ästhetik von der Eigenart des schönen Scheins gibt, ist offensichtlich. Aber es ist nicht der Zufall unterschiedlicher Anlässe, der Proust die klassischen Bestimmungen des Schönen in einer Beschreibung des Lesens versammeln läßt, statt angesichts eines bestimmten schönen Gegenstands. Denn wichtiger als das Geschaute ist ihm das Schauen, das Vorstellen erheblicher als das Vorgestellte, das Lesen erregender als das Gelesene. Mindestens von gleicher, wenn nicht größerer Wichtigkeit als die fremden Helden und ihre romanhaften Abenteuer ist hier das Fremdwerden des Lesenden selbst, der aus seiner gewohnten Welt heraustritt. Nicht was einer, sondern daß er liest, ist das Entscheidende. Das Lesen gilt absolut. So schildert Kawerin seine Initiation zum Leser im öffentlichen Lesesaal einer russischen Stadtbibliothek. Draußen ist noch Betriebsamkeit, Lärm, Scherzen und Lachen – für Rilkes Malte in der Bibliothèque Nationale sind es die fremden, Angst einflößenden Menschen –, drin dagegen, unter den dickbauchigen zylindrischen Petroleumlampen, «in der vollkommenen Stille der Bibliothek, ist nur das Rascheln beim Umblättern der Seiten zu hören. Hier wird gelesen.» Und ehe sich die Bühne für die Schicksale David Copperfields ganz geöffnet hat, siegt schon die Faszination der Lektüre: «Zum erstenmal in meinem Leben sah ich mich aus der Distanz. Ja, wir sind genau so wie alle, aber auch anders. Wir sind etwas Besonderes. In der Stadt passiert alles mögliche, doch wir nehmen keinen Anteil daran, wir sind Leser, wir lesen.» [6]

Wie seinen eigenen Raum, so schafft sich auch der Leser die eigene Zeit. Sie gleicht der normalen und auch wieder nicht. Prousts Text findet dafür in der nächtlichen Zeit der Krankheit oder Liebe ein Gleichnis. Die Schläge der Kirchturmuhr zählen unbestechlich und genau das objektive Maß der Stunden – für jedermann verschlafene Zeit, außer für die, die sie im sei's sehnsüchtigen, sei's klagenden Erwarten des Tages erfahren. So sind die Stunden des nächtlichen Kirchturms als Normalzeit nichtig, als durchlittene oder verliebte Zeit indessen Lebenszeit. So wird auch die Zeit des Lesens gemessen: nicht als erzählte oder Erzählzeit, wie es uns die Narrativik nahelegen möchte, sondern als die Dauer der Lektüre. Und wovon ist sie nicht abhängig!

Sie ist gewiß auch die mechanisch zugemessene Zeit: Die Lesezeiten sind gespannt zwischen die Pflöcke von Arbeitstag und Schlaf, den Anbruch und den Abschluß eines Wochenendes, Ferienbeginn und -ende. Doch diese Spannen sind erst das monotone Kettgarn unserer Lektüre, deren Gewebe durch die quer geschossenen Fäden der subjektiv erfahrenen Zeit Muster und Farbe erhalten. Das Auge, das zwischen Zeilenanfang und -ende hin- und herfliegt, kann träge oder trunken sein, und die gleichmäßig umgeblätterten Seiten unseres Buches messen die Lektürezeit nicht mechanisch wie die Zeiger der Uhr, sondern eher im Rhythmus des Atems. Mit jener leichten Verspätung nämlich, die ein nervöses Schlucken oder Schluchzen, mit der Beschleunigung, die die Ungeduld auslöst oder die Ängstlichkeit, die einer Gefahr rasch ins Auge sehen möchte. Dies ist die Zeit unserer Erfahrung, unseres Herzens, wohl auch unseres Appetits, wenn wir uns für einen Apfel, eine Tasse Kaffee oder das Anzünden einer Zigarette unterbrechen.

«Nutrimentum Spriritus» lockte eine Inschrift über der alten Berliner Bibliothek, eher eine Verführung zur Sucht als ein Versprechen der Befriedigung. Das Lesen macht nicht satt, und es ist – was immer die Pädagogen sagen möchten – zu nichts nütze. Lesen wir, um das Leben kennenzulernen? Ein schlechter Leser, der selbst nichts erfahren hat, denn um schätzen zu können, was in den Büchern steht, ist es gut zu wissen, wovon sie *nicht* sprechen. Jeder geschriebene Satz steht anstelle einer Unzahl anderer, die dort nach dem Willen des Autors nicht stehen sollten. Die braucht man nun nicht mitzulesen, doch man muß sie möglichst kennen. Das ist einer der Gründe, aus denen man, wie Lessing sagt, aus Büchern so viel mehr lernen kann als was darin geschrieben ist. – Wen die Bibliothek für das nicht gelebte Leben entschädigen soll, dem wird das Lesen so bitter wie dem Grafen von Platen: «Lektüre und ewig Lektüre. Es scheint fast, ich lebe nur, um zu lesen, oder ich lebe nicht einmal, sondern ich lese nur.»[7]

Nein, keine Lektüre kann das Leben der Sinne ersetzen, aber sie kann dieses Leben steigern und übersteigen, und in diesem Sinne steht der Kontrapunkt zu Platens Seufzer in einem Brief Flauberts, in dem er einer Leserin rät: «Doch lesen Sie nicht wie die Kinder lesen, um sich zu vergnügen, noch wie die Ehrgeizigen lesen, um sich zu bilden. Nein, lesen Sie *um zu leben* ... Und wenn Ihnen etwas schwerfällt, arbeiten Sie hartnäckig daran, Sie werden es bald begreifen. Das wird eine Befriedigung für Sie sein. Es geht darum, zu *arbeiten*, verstehen Sie?»[8] Lesearbeit und ekstatisch erfahrenes Leben sind demnach in einer Konstellation zusammengespannt.

Sowenig wie das Gelesene sollte man sich die Lektüre nach den vertrauten Mustern des natürlichen und alltäglichen Umgangs mit den Dingen vorstellen. In einem kleinen Essai ‹*Über das Lesen*› teilt Peter Suhrkamp eine Anekdote von einem alten, zum Tode verurteilten Chinesen mit, die gut illustriert, was ich meine: «Am Abend vor seiner Hinrichtung nach seinen letzten Wünschen gefragt, bat er um die Sieben Bücher der Weisheit. Das war auch in China ungewöhnlich, und morgens fragte man ihn, warum er nach den Büchern verlangt habe, sein Gedächtnis daure doch nur wenige Minuten. ‹Ich füllte meine Seele›, war seine Antwort.»[9] – Lesen ist in diesem Sinne eine jener Ekstasen, die Franz von Baader zufolge eigentlich Metastasen sind, weil in ihrer Versunkenheit der Tod vorweggenommen ist. Das andere Leben, in das wir lesend eingehen, ist metaphysisch: eines *nach* dem unseren; aber dies wesentlich nicht in einer zeitlichen Bedeutung, sondern gemäß der logischen Ordnung geistiger Dinge, im Verstande einer Transzendierung des eigenen Lebens. Die Lektüre hat dann den Sinn eines Exerzitiums, während dessen der Leser sich fiktiv entleibt, um in eine Welt fremder Bedeutungen einzugehen, in die ihn die vertrauten Worte wie Seelenführer geleiten. Dieses Lesen ist außerhalb der Welt der Zwecke.

Lesehunger ist absolut, das heißt auch, er ist unstillbar. Das will nicht sagen, daß das Lesen kein Ende nehmen könnte. Komplette Erdteile und historische Epochen haben den Leser in diesem emphatischen Sinne, in dem hier von ihm die Rede ist, nie gekannt, weite Regionen unserer eigenen Gegenwart kennen ihn nicht mehr. Doch endet der Hunger des Lesens nicht durch Sättigung, sondern seine Energie als Hunger kann erlöschen.

Diese Energie ist eine des Geistes, der seine eigene Abwesenheit sucht und genießt.
Wo das Lesen erlischt, ist er zur Gegenwärtigkeit verdammt auf Gedeih und Verderb. Wie sehr wir uns davor ängstigen, zeigen uns gerade die trivialsten Situationen hemmungsloser Lesewut, etwa die Selbstvergessenheit, in der wir eine ungesellige Mahlzeit überlesen. Es ist dann gleichgültig, was uns in die Hände fällt, ein Quelle-Katalog oder die Tageszeitung, gar ein Prospekt der Verlagsreklame mit Hinweisen auf Bücher, die wir lesen könnten und im nächsten Augenblick schon vergessen haben. Was wir als Ekstase des Lesens charakterisiert haben, degeneriert hier zu einem Laster – so können wir streng vermuten, aber läßt uns die barsche Abwehrgeste nicht übersehen, daß auch dieses sinnentleerte Lesen, dieses hastige Eilen des Auges von Zeile zu Zeile noch an einer Bedeutung festhält, die zu einer der beständigsten der Lesewut gehört, die einer Entrückung an namenlose Orte, an denen wir außer uns selbst sein können, ohne uns zu verlieren? Paul Valéry hat es gelegentlich als einen der wichtigsten Zwecke der Literatur bezeichnet, vom Denken zu dispensieren, und Lesen geradezu als Gedankenlosigkeit definieren wollen. Tatsächlich, die mechanische Lektüre simuliert den Leerlauf, den Fraß der Augen ohne Sinn und Verstand. Der junge Rousseau ersetzt in dieser Weise zum Zorn seines Lehrherrn die Arbeitszeit durch Lesezeit, vor Lesen rasend, bis eine mildere Epoche diese frühe ablöste und er auf eine Lektüre verfiel, die man heute identifikatorisch nennen würde. Hingerissen noch in der Erinnerung spricht er aber von der ersteren.[10] Bei solch süchtigem Lesen gibt es keine Früchte, die unsere Köpfe belasten, bis sie vertrocknen, keinerlei Nutzanwendung, die wir aus solcher Lektüre zu ziehen gedenken. Es ist das reine Lesen. Worin es von der banalen Mechanik einer Tätigkeit etwa am Fließband unterschieden ist? In gar nichts. Aber nichts und niemand hat einen Nutzen davon. Es gibt nicht viele Tätigkeiten, von denen sich das sagen läßt. Bevor Rousseau die Leseexzesse begann, hat er ebenso ausschweifend gestohlen. Und jetzt? Lesen ist eine weiße Kriminalität, eine selbstlose Bereicherung. Die Zeit der Lektüre mag dann vergeudet sein, aber sie ist zu unserer Zeit

geworden. – Noch in einer weiteren Hinsicht ist dieses absolute Lesen uns nötig, wie Claudio Magris schön beschrieben hat. Es konzentriert unsere ewige Zerstreutheit auf schriftliche Anhaltspunkte. Wie wir manchmal verlorenzugehen meinen in der Unordnung der Gedanken in unserem Innern, so droht uns die Zerstäubung in das Wortgestöber draußen, das wie ein dichtes Gewölk über den großen Städten hängt und uns das Licht nimmt und uns betäubt. Was in den Büchern sich niederschlägt, reinigt die Atmosphäre wie ein starker Regen. Es erlaubt uns eine Zerstreuung nach draußen, die uns dennoch beieinander läßt. Die Bücher befriedigen uns, die wir gesellige Wesen sind und mit anderen sein wollen, und belasten uns doch nicht mit den Erwartungen konkreter Leiber, die wir nicht ins Regal stellen könnten, wenn wir sie leid sind: «Ein Buch,» so Magris, «hilft uns dabei, mit unserer uns verzehrenden Unordnung nicht allein zu sein, nicht an das zu denken, was uns unnötig und unerbittlich bedrängt, das angstvolle und quälerische Gewimmel, das in unserem Innern murmelt, zu übertönen. Doktor Kien, der verrückte Held bei Canetti, geht nie aus dem Haus, ohne daß er gegen seinen Leib eine Tasche voll harter und kantiger Bücher wie einen Harnisch drückt, der imstande ist, den Angriff des Lebens jederzeit abzuwehren; jeder von uns ist ein Doktor Kien, wenn er einen schwachen, manischen Trost auf der Straße verspürt, ein Buch in der Hand zu halten oder es mit ins Badezimmer zu nehmen, um auch in jenen fünf Minuten mit sich selbst nicht allein zu sein.»[11] Freilich stehen neben der hier vergegenwärtigten Erfahrung des Lesens andere, gewiß auch weniger leidenschaftliche. Wie der Anlaß von Prousts Betrachtungen Ruskins Würdigung der Lektüre als des vornehmsten menschlichen Verkehrsmittels gewesen ist, so finden wir auch in der Geschichte des Lesens dessen aufklärerisch-pragmatische Zwecke weit häufiger ausgesprochen, wenn auch nicht selten in der Absicht, den Rausch des Lesens, dieses Versinkenwollen in den «Schoß des Nicht-Ichs» abzuwehren. Nur aus der klassischen Periode Griechenlands, in der das Lesen neben dem Schreiben, Musik und Gymnastik doch auch schon zur Allgemeinbildung der oberen Klassen gehörte, wissen wir nichts von solchen Leseexzessen, wie wir aus dieser

Zeit überhaupt kaum etwas über das Lesen erfahren. Es hat hier offenbar keine Rolle gespielt, die über einen unauffällig zweckgebundenen Gebrauch wesentlich hinausging. Erst im vierten Jahrhundert vor Christus – etwa seit der Generation des Aristoteles – kündigt sich das Ende des plastischen Zeitalters auch in der Ausdehnung der Buchkultur an, die sich dann im Hellenismus des dritten auf das Niveau entwickelt, von dem aus sie das literarische Leben der damaligen Welt beherrscht.

In der klassischen Periode galt die Konversation weit mehr, das Gespräch auf der Agora oder beim Symposion. Schon Hesiod hatte geschrieben: «Das Süßeste ist es, beim Mahle und herrlichen Festschmaus an Gesprächen sich zu ergötzen, nachdem man sich mit Speise gesättigt»[12], und Xenophanes rät: «Zur Winterszeit soll man am Herdfeuer auf weicher Kline liegen, wohlgesättigt und süßen Wein trinkend und Kichererbsen naschend und sprechen: Wer und woher bist du? Wie alt bist du, mein Bester? Wie alt warst du, als der Meder (nämlich Harpagos im Namen des Kyros) ins Land kam?»[13] – Die gesprächige, die schwatzhafte Geselligkeit gar galt als angenehm, und erst im nächsten, dem vierten Jahrhundert breitete sich mit der Kultur des gelehrten Wissens und der schriftlich fixierten Bildung das Schweigen aus. In Alexandria, dem hellenistischen Zentrum dieser Schriftkultur, sollen um die Mitte des dritten Jahrhunderts über eine halbe Million Schriftrollen vorhanden gewesen sein. Hier auch finden wir neben der gewaltigsten Bibliothek der Alten Welt die Philologie, die Buchgelehrsamkeit, mit Kommentieren und Kompilieren und auch schon mit der Literaturgeschichtsschreibung beschäftigt. So verfaßte Kallimachos, der Oberbibliothekar aus Alexandria und ein Vielschreiber, eine Literaturgeschichte in 120 Büchern, eine nach Gattungen geordnete komplette Übersicht der seinerzeit bekannten Literatur, einschließlich von Rhetoriken und Gesetzestexten.

Für die klassische Zeit schreibt Jacob Burckhardt in seiner ‹*Griechischen Kulturgeschichte*› über die Überlieferung der epischen Literatur: «Die Dinge lebten eben bei den Griechen nicht als gelesene, sondern als gesungene weiter, und dabei geht alles Langweilige von selbst zugrunde.»[14] Hauptkriterium der klassischen Epik sei Kurzweil, Langeweile die Gefahr der hellenistischen. Das ist auf den ersten Blick verwunderlich, denn wieviel leichter als einer öden Unterhaltung läßt sich nicht einem langweiligen Buch entfliehen, so daß der Autor es sich eigentlich um so weniger als der Sänger oder der Erzähler leisten dürfte, uns zu ennuyieren. Nur unterstellen wir eben zu Unrecht, daß die Langeweile stets schon als Untugend gegolten habe. Sie kann es unmöglich, denn wie sonst sollten wir uns erst Leser etwa jener Romane des 18. Jahrhunderts vorstellen können, die es über sich brachten, diese Tausende von Seiten sich hinschleppenden Wälzer durchzubuchstabieren, etwa um Reisegefährte irgendeiner Sophie von Memel nach Sachsen zu werden. In der fürs Lesen benötigten Zeit käme man – vermutlich bei amüsanterer Unterhaltung – hin und zurück.

Exzesse von diesem Ausmaß gab es übrigens in den hellenistischen Literaturverhältnissen, dieser ersten Leserevolution des Abendlandes noch nicht, wie es denn auch diejenige literarische Form, die nach der zweiten dieser Revolutionen, der aufklärerischen des 17. und vor allem 18. Jahrhunderts, das Feld erobern wird, den Roman noch nicht gab. Seiner geistigen Möglichkeit nach ist er zwar zu erwarten. Die soziale Mobilität einer aus dem überlieferten ordo-Gefüge herausplatzenden Gesellschaft, die geographische und kulturelle Expansion, die Begünstigung der nach innen gewendeten Betrachtung, nachdem im Militärischen und Politischen keine Lorbeeren mehr zu ernten waren. Auch die Bereitschaft zur Langeweile und der Hunger nach Lektüre waren da. Zum einen warf die Sklavenhaltergesellschaft genug freie Zeit für die Herrenklasse ab, die luxurierend verbracht werden konnte; zum anderen bot die Teilnahme an der Bildung einen neuen sozialen und weltanschaulichen Konsens, in dem sich die alte Oberschicht mit den zahlreichen Emporkömmlingen verbinden konnte. Die Gründe für die Verhinderung der modernen epischen Großform sind in der materiellen Entwicklung der literarischen Verhältnisse gesehen worden: «Noch fehlte in der diadochischen Zeit der Roman, weil es zum Lesefutter, zur industriellen, verlegerischen Massenproduktion für lesende Massen schon wegen des hohen Preises des Papyrus noch nicht kom-

men konnte. Einen Ersatz dafür mag man in derjenigen Seelenschilderung erkennen, wie sie Apollonius wesentlich unepisch, auseinanderspinnend, verweilend statt vorwärtsdrängend bei seiner Medea übt, und zur Mode gehörte auch das Vorwalten des Beschreibenden, das einst bei Homer in vollkommenem Gleichgewicht zum Erzählenden vorhanden gewesen war, das aber nun mit eigenen Ansprüchen aufzutreten beginnt, da mit der abnehmenden poetischen Kraft das sichere Verhältnis verloren gegangen ist.» Dies die Vermutung von Jacob Burckhardt.[15]
Nun hat allerdings diese Verselbständigung der Beschreibung gegenüber dem Erzählen in der Folgetradition bis in unser Jahrhundert so bündige Formen wie die von Prousts ‹*Recherche*› hervorgebracht, so daß wir Grund haben, Burckhardts klassizistisch verwerfendes Urteil auch für diese frühen Formen durchaus zu relativieren. Es steht seinerseits in einer Tradition kritischer Abwehr, die von Lessing bis Lukács reicht. In ihr werden im Namen poetischer Ökonomie so unterschiedliche Literaturen wie die malende Poesie des frühen 18. Jahrhunderts und die Natur- und Gesellschaftsbeschreibungen durch Jean Pauls und Flauberts Romane im 19., vollends dann Prousts in unserem Jahrhundert mit Skepsis gelesen. Poetische Ökonomie, das heißt hier die Verpflichtung des Erzählens auf Ereignisfolge und Handlungsfortschritt. Abschweifungen sollen motiviert, Umwege begründet, Verlangsamungen entschuldigt werden. Zu Recht konnte gegen die Etablierung dieses Maßstabs eingewendet werden, daß er die Einsicht in den grundsätzlichen Unterschied zweier konkurrierender literarischer Anschauungsformen verwehrt: «Die Naturbeschreibungen in alten Romanen werten wir, innerhalb eines bestimmten literarischen Systems, als Hilfsmittel der Verkettung und Retardierung, das heißt: wir überfliegen sie bestenfalls. In einem anderen System der Literatur würden wir sie hingegen für das dominierende Element halten, denn es kann dazu kommen, daß die Fabel ihrerseits bloß die Motivierung, der Anlaß für die Entfaltung statischer Beschreibungen ist.» Mit diesen Worten hat Jurij Tynjanow in einer Studie über ‹*Das literarische Kunstmittel und die Evolution in der Literatur*› den Sachverhalt beschrieben.[16]

Tatsächlich beeindruckt uns bereits auch die früheste Literatur der zweiten, der bürgerlichen Leserevolution durch ihre Zähflüssigkeit, ja selbst Statik. Das trifft auf die Erbauungsliteratur zu, die am Ende des 17. und Anfang des 18. Jahrhunderts noch überwiegend den Lesebedarf decken mußte, doch auch als um die Mitte des Jahrhunderts die profane Literatur und mit dieser der Roman einen gewaltigen Aufschwung nahm, war die Forderung, eine Lektüre habe spannend zu sein, noch fast unbekannt. Kurzweil genug mochte das Leben bieten, und so scheint es gerade die ungestörte Langeweile gewesen zu sein, die beim Lesen genossen wurde. Sicherlich wäre es ein Trugschluß anzunehmen, das Ende des heroischen Zeitalters hätte auch dem Alltag die Spannung genommen. Handel und Gewerbe wie auch das Leben der Intellektuellen waren aufreibend genug; das Lesen, vor allem das von Romanen, verspricht Erholung vom Gezerre dieses Lebens.

Im Grunde ist es ja ein Skandal. Da liegen erwachsene, arbeitsfähige, erwerbstüchtige Menschen Stunden, Tage, selbst Wochen auf Couches, Sofas oder in Ledersesseln, schließen sich in Toiletten ein oder fliehen auf Dachböden, um an Leben, Gedanken und Empfindungen erfundener Personen teilzunehmen, als hätten sie nichts Eigenes. Um so schlimmer, wenn in den Büchern dann entweder gar nichts passiert oder Ereignisse mit üblem Leumund. Doch ist der Stoff nicht das Wichtigste. Die Tatsache solcher Lektüre ist als eine Ausschweifung schon anstößig genug. Sie symbolisiert in aufreizender, ja geradezu unverschämter Weise die Blockade des Fortschritts; ihm hängt sich der lesende Bürger wie ein lethargischer Klotz ans Bein. Dem Gelärme der tausend mahnenden Ansprüche, Aufforderungen und Beschwichtigungen entzieht er sich durch Nichtachtung. Die den Herumlungernden auf Trab bringen wollen, müssen damit rechnen, daß ihm Arme und Beine vermutlich wieder einmal eingeschlafen sind. Auf Leser kann man nicht rechnen. Ruft man sie, so kommen sie von sehr weit her – weit von wo? –, und es stimmt durchaus, daß sie nicht ganz bei sich sind.

In deftiger Rede hat das einer der ersten deutschsprachigen Theoretiker des Romans, ein Gotthard Heidegger, in seiner

‹*Mythoscopia Romantica*› von 1698 angedeutet: «Manchem ermanglet nicht an einem Wandgestell voller Romans, aber wol an Bibel und Betbuch. Mann- und Frauen-Volk sitzt darüber als über Eiern, Tag und Nacht hinein. Einige tun gar nichts anders: Man stoßt sie der Jugend gar frühzeitig in die Hände.»[17] Der Roman, seiner Herkunft nach aus Ägypten, asozial wie Knoblauch und Zwiebeln, habe schon die Alten bedroht. So ruft Heidegger die Tugendlehrer der alten Welt zu Hilfe und zitiert Seneca: «Lectio omnis ad propositum beatae vitae trahenda.» In seiner Übersetzung und Kommentierung: «Alles Lesen muß angestellt werden, daß es zu Förderung eines seligen Wandels dienen könne. Der Apostel sagt: Alles geschehe zur Erbauung!»[18]

Was danach ausgeheckt wird, um die Stoffe des Romans zu säubern und über seinen verwirrten Kopf einen Scheitel zu ziehen, geschieht nicht aus Liebe zu dieser Form, sondern in hilflosem Zorn gegen das wildernde Lesen, das seine unsaubere Lust wenigstens an ordentlichen Objekten stillen soll. Später wird sich das beim Film wiederholen, der immerhin ja auch über zwei Jahrzehnte brauchte, um seine ordinäre Schmutz- und Schund-Pubertät hinter sich zu lassen. Sogar die obligate Warnung an die Lesewütigen, es werde den Augen schaden, noch heute fest im pädagogischen Reservoir, wo es darum geht, «Stubenhocker an die frische Luft» zu schaffen, kehrt in der Polemik gegen die flimmernden Bilder wieder. Zur Zeit wird sie, nachdem sie ihre Dienste gegen das Fernsehen – wie immer erfolglos – erfüllt hat, durch aufwendige medizinische Recherchen unterstützt, gegen den audiovisuellen Ausstand in den Discos wiederholt.

Die Psychophysiologie des Lesens (wie die der aktuelleren Nachfolgeformen) ist eine Form der Verweigerung gegenüber den Erwartungen an Geistesgegenwart und Eloquenz, Mobilität und Tüchtigkeit. Ihr einfachster Sinn heißt: Wer liest, arbeitet nicht. Das Gegenteil wird oft versichert, aber geglaubt? Sogar der professionelle Leser zweifelt ja daran. Eine Untersuchung über das Prestige des Lesers in Frankreich porträtiert ihn – wenn nicht als Schwachen, Kranken, Alten – als ein Luxus-Geschöpf: passiv bis faul, bequem sitzend oder liegend, den Nicht-Leser dagegen als privat und gesellschaftlich aktiv, ohne Zeit zur Lek-

türe.[19] Seit der massenhaften Alphabetisierung, die mit der Einführung der allgemeinen Schulpflicht (in Preußen 1711) in Deutschland besonders wirkungsvoll gelang, gibt es daher jene fieberhaften Anstrengungen von Theologen, Poetikern und Pädagogen, um die Sabotage der Leser gegen die geltende Verständigung einzudämmen, zu verhindern und die Leseenergien nützlichen Zwecken zuzuführen. Die frühesten aufklärerischen Zeitschriften in Deutschland und England, die um die Wende zum 18. Jahrhundert den attraktivsten Lesestoff für die aufstrebenden Bürger boten, enthalten neben der Aufforderung zur Lektüre sogleich auch die nachdrücklichsten Warnungen vor ihrem Mißbrauch. Als sich die Buchproduktion im Laufe des aufklärerischen Jahrhunderts dann vervielfacht – im Jahre 1700 waren es weniger als tausend, um 1800 viertausend neue Titel pro Jahr, und der Anteil der Belletristik war von knapp sechs auf über zwanzig Prozent gestiegen –, nimmt die Jagd der Pädagogen auf den Leser systematische Form an.
In Deutschland, wo die Leserevolution der Aufklärung stürmischer als in England und Frankreich verlaufen war, ist auch die erste Typologie des Leseverhaltens entworfen worden. Liebenswürdig adressiert ihr Autor Christian Felix Weiße sie an «meine lieben kleinen Freunde», und er publiziert sie im *Briefwechsel der Familie des Kinderfreundes*, einer von 1784–92 erscheinenden Moralischen Wochenschrift. Die Objekte von Weißes Stilisierung sind vermutlich vier eigene Kinder gewesen, deren systematische Erfassung in vier Typen (enthusiastisch, kontemplativ, pragmatisch, ästhetisch) die zweckdienliche Zuteilung von Büchern erleichtern helfen sollte. Auf solche Lesevernunft zielt Zarathustras Rede «Vom Lesen und Schreiben»: «Wer den Leser kennt, der tut nichts mehr für den Leser. Noch ein Jahrhundert Leser – und der Geist selber wird stinken. Daß jedermann lesen lernen darf, verdirbt auf die Dauer nicht allein das Schreiben, sondern auch das Denken.»[20] Erst neuerdings ist Weißes Schema als «beachtlich» und «lebendig und weit genug angelegt» befunden worden, um «die Gegenwart» anzuregen. (So von Alexander Beinlich in einem Versuch zu einer Typologie des Lesers, der 1973 in dem Handbuch ‹*Lesen*› erschien.)[21] In Wahrheit bedarf

es solcher Anregungen kaum. Die Aufsätze und Artikel, die in den letzten Jahrzehnten geschrieben wurden, um das Lesen vor allem Jugendlicher in allen möglichen Richtungen zu kanalisieren, anzuregen oder einzudämmen, zählen schon nach Hunderten, und wenn darunter nur wenige speziell der Typologie des Lesers gelten, so aus dem einfachen Grunde, weil die wirklichen Leser, kaum daß sie die Pädagogen auf ihren Fersen wittern, so rasch wie möglich die Jagdgründe wechseln: im schnellen Lauf vom Kriminal- und Detektivroman zu Comics oder Liedertexten, schließlich zu Werbespots oder am Ende auch dorthin, wo die ostentative Verschwiegenheit – versteht man doch selbst das eigene Wort nicht mehr – geschweige denn ein fremdes – dermaßen lautstark geworden ist, daß die Verfolger erst einmal ratlos einhalten, um über den neuen «Sozialisationstyp» nachzudenken: in die Diskotheken. – Mit dem Revier wechseln die Leser eben auch die Lektüreformen. Die pädagogisch instrumentalisierten werden preisgegeben, ein ebenso einfacher, doch offenbar von den Literaturdidaktikern kaum zu fassender Reflex. Während noch die Lesetypologen die verschiedenen literarischen Umgangsformen sortieren und bewerten, beklagen die Deutschlehrer, daß ihnen die Leser – und zwar sämtlicher denkbarer Typen – längst davongelaufen sind. Drei Zehntel der Bevölkerung lesen täglich, nur ein Zehntel davon Bücher. Sieben Prozent lesen pro Jahr lediglich ein einziges Buch. Die ekstatischen Leser, von denen dieses Kapitel handelt, schlagen statistisch mit nur zehn Prozent derer, die überhaupt lesen, zu Buche; das sind diejenigen, die dreißig Bände und mehr pro Jahr lesen.[22] Die Tendenz ist rückläufig.

Vielleicht würde es in dieser Situation einen Schritt zur inneren Einkehr bedeuten, wenn die Lesepädagogen sich zur Diät entschlössen und ihren Unterricht auf die Wiedergabe von Informationen über Bücher beschränken würden – als hätten sie über versunkene Kontinente zu berichten. Es mag ihnen ja erlaubt sein zu sagen, warum sie selbst noch heute hin und wieder gerne untertauchen, gesetzt den Fall, es wäre so. Statt dessen zermartern sie sich die Köpfe über «Motivationshilfen», als könnte es ihnen gelingen, Lesewürmer in Terrarien zu züchten.

Das Lesemilieu, besonders der Jugendlichen, ist von allen Seiten durch Reglementierungen bedroht, das der Erwachsenen nicht minder, doch subtiler: am wirksamsten womöglich durch eine innere Zensur, die unduldsam gegen das bloße bedeutungslose Schmökern ist. Das zwingende Bedürfnis nach Geistesabwesenheit sucht sich dann eben einen anderen Weg; mag der durch die Bibliotheken auch noch so prächtig sein, was hilft es, wenn wir dauernd Rede und Antwort stehen sollen. Eine gewisse Zeit noch läßt es sich vielleicht ausweichen auf heute noch verpönte oder entlegene Genüsse wie Pornographie oder die Spalte «Lonely Hearts», doch nie mehr lange, denn längst hat die Demokratisierung des Lesens den Unterschied zwischen Pascals ‹*Pensées*› und einer Zahnpastareklame auf der Ebene des «Textes» eingeebnet. Darüber viel zu reden, lohnt sich nicht. Es ist aber der Anlaß, über das Lesen nachzudenken in den Spuren von Proust, der es auf der Suche nach der verlorenen Zeit wiederentdeckte und beschrieb – doch für wen?
Am Anfang der Geschichte des Romans, dieser aufwendigsten aller Lektüren, stand nicht der Roman, sondern der Leser, für den er geschrieben wurde, so wie das Ende dieser Geschichte nicht darin etwa sich ankündigt, daß den Autoren nichts mehr zu erzählen einfällt, sondern darin, daß der Leser das ästhetische Feld räumt und es zum Beispiel dem Fernseher überläßt. Die Bedeutung dieser Tatsache ist noch nicht im entferntesten ausgelotet. Literatursoziologie und literarische Wirkungsgeschichte, die den Leser unter den Gesichtspunkten der Alphabetisierung, der massenhaften Verbreitung von Druckerzeugnissen, von Freizeitgestaltung, literarischer Bildung und der normgebenden Bedeutung seiner Erwartungen für die Gestaltung neuer literarischer Formen beschreiben, nehmen ihn mechanisch auseinander wie eine soziale Maschine, ohne sich zuvor der Idee vergewissert zu haben, nach der er zusammengesetzt ist. Es ist eine historische Idee. Nur von einer historischen Philosophie des Lesens können wir uns deshalb einen Aufschluß darüber erwarten, was den Sinn der Lektüre ausmacht, den Sinn, bei dessen Erfassen wir einzig verstehen, warum erst die Geschichte des Bürgers den Leser hervorbringt und erhält; warum die Geschichte des Lesers

eng bis zur Identität an die Geschichte des Bürgers gebunden bleibt. Daß auch an den Höfen und in den geistlichen Bezirken höchst intensiv gelesen wurde, wie denn auch in außer- und nachbürgerlichen Gesellschaften sicherlich auch und noch immer gelesen wird, versteht sich von selbst, so wie es etwa eine Binsenweisheit ist, daß – nach langer Brache – die Lese-Lehrer von den Klöstern auszogen. Hier geht es aber nicht darum, den empirischen Verlauf einer Geschichte der Lektüre nachzuvollziehen, sondern darum, ein Porträt des Lesers zu entwerfen, in dem wir ihn als eine geschichtliche Persönlichkeit erkennen. Der Charakter seiner geheimen Obsessionen und Schwächen, seiner Laster und Lüste, Versäumnisse und Gefährdungen zeichnet sich seit dem Ende des 19. Jahrhunderts immer deutlicher ab, ja es scheint, daß in den Jahrzehnten, in denen der Leser auf geradezu dramatische Weise in die Defensive gedrängt wird, weil die Kultur der Bilder mit der schlagenden Gewalt ihrer neuen Evidenzen das Literarische entwertet, die Sensibilität für seinen geistigen und kulturellen Habitus erst geweckt worden ist. Deshalb kann eine Philosophie des Lesens – statt bei den oft zufälligen Daten seiner empirischen Geschichte – gut bei jenen Einsichten einsetzen, die einem so passionierten Leser wie Marcel Proust durch den Kopf schossen in dem Augenblick, als er zu ahnen begann, daß auch das Lesen jener verlorenen Zeit zugehören könnte, die er im Schreiben noch einmal wiedergewinnt, ungewiß für welche Leser.

Unter den Texten, die über das Lesen gehen, kenne ich neben denen von Proust noch einen, von dem eine ähnliche Faszination ausgeht, obwohl doch, was er sagt, das Gegenteil der Proustschen Ansichten zu bedeuten scheint. Er ist von Maksim Gorkij – warum gibt es bei uns so wenig Gorkij-Leser? – und steht in einer 1922 publizierten Erzählung mit dem Titel ‹*Wie ich lesen lernte*› (zuerst ‹*Die Bücher*›), die nach einer 1918 in Petrograd gehaltenen Rede entstanden ist. Anders als bei Proust ist hier das Lesen nicht Zuflucht, sondern ein Zugang zum Leben. Auch daraus ein Zitat:

«Je mehr ich las, um so enger wurden meine Beziehungen zur Welt, um so leuchtender und bedeutsamer wurde für mich das

Leben. Ich sah, daß es Menschen gab, die schlechter und schwerer lebten, als ich zu leben gezwungen war, und das tröstete mich etwas, ohne mich mit der beleidigenden Wirklichkeit zu versöhnen; aber ich sah auch, daß es Menschen gab, die interessant und feiertagsmäßig zu leben verstanden wie niemand in meiner Umgebung. Und durch jedes Buch klang wie ein fernes Läuten etwas Beruhigendes hindurch, lockte zu unbekannten Fernen und rührte schmerzlich an das Herz ... Alle Menschen mußten so oder so leiden, alle waren unzufrieden mit ihrem Leben und suchten nach etwas Besserem, und sie alle wurden dem Herzen näher und verständlicher. Die Bücher hüllten die Erde und die ganze Welt in einen Mantel der Sehnsucht nach etwas Besserem, und jedes von ihnen war gleichsam Abdruck einer Seele, die durch Zeichen und Worte auf das Papier geprägt war, und die Zeichen belebten sich, sobald mein Auge und mein Verstand mit ihnen in Berührung kamen ... Wie die Wundervögel aus den Märchen, so besangen die Bücher die Vielfalt und den Reichtum des Lebens und die Kühnheit, die der Mensch bewies in seinem Drang zum Guten und zur Schönheit. Mit der Zeit gesundete meine Seele und faßte neuen Mut. Ich wurde ruhiger und in mich gefestigter, arbeitete sinnvoller und beachtete die unzähligen Kränkungen des Lebens immer weniger.

Jedes Buch war wie eine kleine Sprosse, über die ich vom Tier zum Menschen aufstieg. Meine Vorstellung vom besseren Leben gewann an Klarheit, und der Drang nach diesem Leben wurde wach. Erfüllt von dem Gelesenen fühlte ich mich als ein bis zum Rand mit belebendem Tau gefülltes Gefäß, und so ging ich zu den Burschen und Erdarbeitern und erzählte ihnen, indem ich alle Personen eigens darstellte, verschiedene Geschichten.

Das machte ihnen Spaß ...

Der finstere Bursche Wassilij Rybakow, ein Kraftmensch, der es liebte, den anderen schweigend einen Stoß mit der Schulter zu versetzen, daß sie wie Bälle beiseite flogen, dieser schweigsame Spaßmacher führte mich eines Tages in eine Ecke im Schuppen und machte mir einen Vorschlag: ‹Leksej, bring mir das Lesen bei, ich gebe dir dafür ein Halbrubelstück. Wenn du es mir nicht beibringst, werde ich dich verprügeln, und, bei Gott, ich schlage

dich tot, sieh her, ich bekreuzige mich darauf!› und weitausholend bekreuzigte er sich.
Ich fürchtete mich etwas vor seiner düsteren Spaßmacherei und begann nicht ohne Angst ihn zu unterrichten, aber die Sache ging von vornherein gut. Rybakow zeigte bei dieser ungewohnten Beschäftigung große Beharrlichkeit und schnelle Auffassungsgabe. Ungefähr fünf Wochen darauf rief er mich von der Arbeit heimkehrend geheimnisvoll zu sich heran, zog einen Fetzen Papier aus seiner Mütze und stammelte aufgeregt:
‹Schau her! Das habe ich vom Zaun gerissen, was steht da geschrieben, wie? Warte mal. ‚Ein Haus zu verkaufen' – stimmt das? Wird es verkauft?›
‹Ja, das stimmt.›
Rybakow riß seine Augen entsetzlich auf, Schweiß trat auf seine Stirn, er schwieg eine Weile, dann packte er mich bei den Schultern, schaukelte mich hin und her und redete leise auf mich ein: ‹Stell dir vor, ich sehe den Zaun an und plötzlich scheint es mir, als flüstere mir jemand zu: ‚Ein Haus zu verkaufen!' Der Himmel sei mir gnädig, bei Gott, es war wirklich, als hätte mir jemand zugeflüstert! Höre, Leksej, habe ich denn wahrhaftig lesen gelernt, stimmt es?›
‹Na, lies mal weiter.›
Er steckte seine Nase in das Papier und flüsterte: ‹Ein zwei ... ist das richtig? – Ein zweistöckiges Haus auf Stein ...› Sein Gesicht zerfloß zu einem unwahrscheinlich breiten Lächeln, er warf den Kopf hoch, machte sich durch ein kräftiges Schimpfwort Luft und begann schmunzelnd das Papier sorgfältig zusammenzufalten. ‹Das werde ich als Andenken aufbewahren, da es doch das erste ist ... Ach, du mein Gott ... begreifst du das? Es war, als hätte jemand geflüstert! Das ist doch ein Wunder. Ach du!›» [23]
Genau und zu Recht unterscheidet Gorkijs Text das Lesenlernen unter pädagogischer Anleitung von jenem plötzlichen Ereignis, in dem es dem Lesenden wie Schuppen von den Augen fällt. Zum Lesen gehört die innere Bereitschaft für die Epiphanie des Gelesenen. Gewiß ist Unterweisung und Unterstützung möglich und nötig, aber das Lesen im Sinn jener überwältigenden Erfahrung von Einsicht scheint letztlich doch nicht mehr ein Vermögen zu

sein, das durch Schulung irgendwelcher Art erworben werden kann. Als Rybakow das Gelesene erstmals selbst versteht, ist er allein und ohne seinen Mentor, wie es wohl auch bedeutungsvoll ist, daß hier nicht der Erzähler sich einen Leser heranbildet, um ihn, den ungeschlachten Unmündigen, zu kultivieren, sondern daß er unter entschiedener Nötigung zum Lehrer wird in dem Augenblick, in dem der künftige Leseschüler bereit war. In der Tat: «Auch wenn man beim Lesen gelenkt, geführt oder angespornt wird, muß man es doch im Grunde immer selbst tun und erleben. Dieses Können stellt sich so plötzlich wie eine Erleuchtung ein; so kommt es über den Menschen und verläßt ihn auch wieder, wie Schau oder Begeisterung, Traum oder Spiele, Gedanke oder Frage. Es bleibt wie stets im Bereich des eigenen, persönlichen Lebens. Später wird es eine Kunst – oder kann es doch werden. Auch wenn man dies Können zunächst unter Mühe und Last sich erobert, wahrt es doch jenen auch der Kunst eigenen Zug: es tritt unmittelbar aus dem Leben des einzelnen Menschen hervor.»[24]

Das bleibt gültig auch, wo es um das massenhafte Lesen geht. Es ist eine Masse von Einzelnen.

Gorkijs Erzählung begleitet die revolutionäre Alphabetisierungskampagne in der Sowjetunion, in deren Verlauf während eines Zeitraums von 15 Jahren 40 Millionen erwachsener Menschen Schreib- und Lesekurse besuchten. Doch seine Emphase ist auch unabhängig von ihrem historischen Anlaß immer wieder nachvollziehbar, ob in China oder Kambodscha, auf den Philippinen oder erst jüngst in Nicaragua, wo die Soldaten ihre militärische Auseinandersetzung mit der Konterrevolution unterbrachen, um an der friedlichen Front der Alphabetisierung zu kämpfen. Aber es ist nicht einmal nötig, die Lust an der Aufklärung in sentimentalen Exkursionen nach rückwärts oder in historische rückständige Kulturen aufzufrischen. Jedes einzelne Kind, das bei uns lesen lernt, ist ein neuer Wassilij Rybakow, jedes Buch, das wir in hektischer Selbstvergessenheit ausgelesen haben, läßt uns die Lebenskraft wieder fühlen, von der Gorkij spricht.

Vielleicht ist auch der Gegensatz zu Proust nicht gar so tief, wie es den Anschein hat. Denn wenn wir angesichts der allgegenwärtigen Versuche, unsere Lektüre zu vereinnahmen, dennoch mit dem Erzähler Prousts in das Gartenzelt emigrieren und den Nutzen der Lektüre für das Leben entschieden bestreiten möchten, dann doch in verschwiegenem Nachdenken über eine Wendung in den ‹*Tagen des Lesens*›, die das Buch als einen Engel bezeichnet, der «unverzüglich entfliegt, sobald er die Tore des himmlischen Gartens geöffnet hat».[25] In diesem Garten versammelt sich der Leser mit seinesgleichen, und hier erlischt denn auch die Absonderung und Einsamkeit, die das Exerzitium der Lektüre ihm auferlegt hat. «Bücher sind keine Menschen, sie sind Mittel, um zu den Menschen zu gelangen. Wer sie liebt und die Menschen nicht liebt, gehört zu den Oberflächlichen oder zu den Verdammten.» Cesare Pavese hat in diesen strengen Worten das Leselaster des gebildeten Bürgers verurteilt, der über der Lektüre seelenlos und unzugänglich wie ein Toter werde, «verkrustet und verhärtet im Egoismus seiner Kaste».[26] Er hat recht damit, wenn wir das Mißverständnis ausschließen, demzufolge das Buch durch seine instrumentellen, seine informativen und kommunikativen Funktionen bereits definiert wäre. Als Kuppler sind Bücher ersetzbar; viel schwerer als Eröffner der Räume und Zeiten, in denen sich die Menschen «als ein Gespräch» erkennen können.

Als Mittler beanspruchen die Bücher je mehr Autorität, desto seltener sonst die Zugänge zu den himmlischen Gärten werden. (Nie ist so viel über das Lesen geschrieben worden wie kurz nach dem Zweiten Weltkrieg.) So fieberhaft ist dann das Lesen, als gelte es das Wörtchen Mutabor zu finden, das irgendwo zwischen den zahllosen Seiten der ungezählten Bücher verlorengegangen zu sein scheint. Wir wissen, daß selbst Wesire sich vielmals nach Osten verneigen können und doch Störche bleiben müssen, wenn dieses eine Wort nur unauffindbar bleibt, das Schlüsselwörtchen der Verwandlung. – André Kertész hat in seiner großen Fotoserie ‹*On Reading*› (New York 1971 und 1975) die Bevölkerung ganzer Metropolen auf der Suche nach diesem Wort gesehen, in fieberhafter Konzentration und in allen Lebenslagen. Wir verdanken ihm ein Bildporträt des Lesers, in dem die Gegensätze, die wir in den Texten von Proust und Gorkij bemerkt haben, als verschiedene Ausdrucksvarianten desselben Charakters erscheinen. Fast trotzig bleiben diese Leser bei der Sache, als sollten sie vorzeitig von ihrer Lektüre weggerufen werden und ohne daß sie schon an den entscheidenden Punkt gekommen wären. Ist das nicht die Situation der Leser dieser letzten Jahrzehnte, die gegen alle erdenklichen Widerstände anlesen und bei den Büchern ausharren im Gefühl, ihnen noch längst nicht gerecht geworden zu sein?

Besonders faszinierend ist diese Sequenz von über sechzig Aufnahmen durch die doppelte List, mit der sie einer Schwierigkeit jeder Physiognomik wie erst recht jeder sozialen begegnet, das Gesicht ihres Gegenstandes zugleich mit historischer Tiefenschärfe und einem so weiten Winkel zu zeichnen, daß noch die unterschiedlichsten Zustände und Situationen zugleich erfaßt werden. ‹*On Reading*› umfaßt Aufnahmen in einer Spanne von über fünfzig Jahren. Die früheste ist von 1915, noch bevor der gebürtige Ungar sein Land verließ; die letzten sind 1970, ein Jahr vor ihrer Publikation aufgenommen worden. Weit auseinander liegen auch die fotografischen Orte: die Alte und die Neue Welt; Europa, Amerika und Asien; Esztergom in Ungarn, Paris, Buenos Aires; Washington und New York, Manila und Tokio. Dergestalt muß der Fotograf nicht der einzelnen Aufnahme aufbürden, das Porträt *des* Lesers zu zeigen, ohne darauf verzichten zu müssen, diese bedrohte Spezies in der Stunde ihrer historischen Gefährdung doch eben noch ihrem allgemeinen Sinn nach zu charakterisieren. Dieses Porträt entsteht vor unseren Augen wesentlich virtuell, nicht als Summe dieser einzelnen Lesenden, sondern aus den Bedeutungen, die wir, die selbst sich als Leser dieser Fotos bewähren müssen, an ihnen – und an den geistigen Spannen, die zwischen den Bildern liegen, entziffern können. Kontinente mögen zwischen den Orten liegen, noch schwerer ermeßlich sind womöglich die verschiedenen Bedeutungen des Lesens für den Tramp auf der Bowery [27] und den französischen Trappisten-Priester mit dem Psalmen-Buch [28], den Studenten am Seine-Quai [29] (s. Abb. 1) oder gar den Käfer, den Kertész ertappt hat, wie er sich über das Titelblatt einer Voltaire-Ausgabe tastet.[30] Und doch markieren sich hier jäh die wichtigsten Anhaltspunkte, erkennen wir Anfang und Ende der Lesekultur: buchstabierende Kinder, barfuß zum Teil, mit zerschlissener Kleidung, dürftig die Umgebung, in hoher Spannung zu dritt über dasselbe Buch gebeugt, eine Aufnahme aus dem ländlichen Ungarn[31] (s. Abb. 2). Sie ist die früheste dieser Bilderfolge. Aber in der historischen Ordnung datiert sie eher, beginnt mit ihr die Aufklärung, so wie mit Rybakow bei Gorkij. Den dreien, die da ein Buch teilen, kontrastiert der einsame Leser vor den Bücherwänden bis zur Decke: ein spiritueller Völler und Prasser aus dem Überfluß, Genießer eines Reichtums, der sich ad absurdum führt in der «Bibliothèque de l'Institut», Paris 1929[32] (s. Abb. 3). Dann finden wir fast unwillkürlich, zusätzlich zu der Brücke, die das Thema von einem Bild zum nächsten einschlägt, von einem Motiv zum anderen, von dieser Geste zur nächsten Assoziation, die uns immer tiefer in die Lesewelt verführen, über Worte, über Bilder. Das Kind auf der Straße, das sich nach den Papierfetzen bückt und sie *aufliest*, hat schon gelesen, ehe es draufguckt: Das Aufgelesene als Zugefallenes.[33] *Erlesen* ist dagegen bereits, was eben eine zu lesen sich erst anschickt – wie soll es denn anders sein in diesem präzisen Ambiente Neu-Englands?[34]

So gleiten wir vollends über die Metaphorik des Visuellen vom Lesen zur Lektüre und damit in die Vorstellung der Welt als einem Buch – von vielen Büchern und zahllosen Lektüren, auf deren Vielfalt Blumenberg, dessen Thema hier in Reichweite rückt, zu Recht in der ‹*Lesbarkeit der Welt*› besteht. Die Interferenzen des Lichts, das durch eine gekrauste Gardine fällt, kann einen Schriftsatz in ihren Fäden erzeugen, der dem des Buches ähnelt, das aufgeschlagen auf dem Tisch liegt[35] (s. Abb. 4). Die Holzbalken an der Decke einer Pariser Institutsbibliothek formen das gleiche Ornament, das die Bände auf den Regalbrettern bilden.[36] Und die da auf der Bank nebeneinander sitzend lesen, stellen die Beine – übereinandergeschlagen, verkantet, aufrecht, ausgestreckt – zu Hieroglyphen, die wir entziffern können müßten, um zu erfahren, wie sie das Gelesene jeweils aufnehmen.[37] So bildet die Bildsequenz des Lesers eine neue Textur, eine unter

André Kertész, Paris 1963. Das Buch, in das der Leser blickt, scheint auf der Mauer der Quai-Befestigung vergrößert und wie auf einem schrägen Pult aufgeschlagen zu liegen, die Lettern als Mauersteine. Man möchte es für möglich halten, daß sie zuvor Blätter an den Bäumen waren. – Das steinerne Buch ragt quer in das Flußwasser, dessen Fließen es für den Bildausschnitt anhält, Metapher für das Buch im Leben. (Abb. 1)

André Kertész, Esztergom, Ungarn, 1915. Die Bücher sind in dieser Umgebung – gleich Hosen und Schuhen – Mangelware. Indem sich die drei Kinder eines teilen, scheinen sie sich – dank dieser Teilhabe an dem einen Buch – zu einem einzigen selbstgenügsamen friedlichen Lesekörper zusammenzuschließen, dessen lebendige Formation es mit der steinernen, die den Hintergrund bildet, aufnehmen kann. (Abb. 2)

André Kertész, Bibliothèque de l'Institut, Paris 1929. Vertikal und – durch den Spiegel an der Rückwand – in eine undeutliche Tiefe erstreckt sich dieser Bibliotheksraum. Ungezählt sind auch die Bücher, und selbst die Uhr an der Wand mißt nicht die intensiv verwandelte Zeit des selbstvergessen auf der Leiter schwebenden Lesers, sondern erinnert an die draußen zurückgelassene Zeit – ein Memento im Medaillon. (Abb. 3)

André Kertész, Conn. Oct. 17, 1959. Das Außenlicht dringt nur gefiltert – wie durch ein Zelt – in dieses Lesezimmer, so daß es bei seinem Einfall Zeilen selbst im Gardinenstoff erzeugt. Der Vogel hat in dieser genre-Szene keine andere Evidenz als die der Metapher seiner Tätigkeit: er brütet, doch gar nicht finster, vielmehr durchaus heiter und unbedrängt und eben zur Brutzeit des Lesers, im Oktober. (Abb. 4)

vielen deutungsbedürftigen: das Leben der Leser. Am Schluß eines kleinen Prosastücks von Robert Walser steht dazu eine Erwägung: «Ist nicht auch das Leben ein Buch, das man zu der und der Zeit las, worin man sich stets von neuem mit mehr oder weniger Teilnahme zu lesen bewogen sieht? Beides, Lesen und Leben, können nützlich und schädlich sein. Etwas webt, geht und lebt ganz für sich weiter und weiter: die Zeit.» [38]

Schriftbilder

> Lernt Kinderchen, lernt –
> wiederholt und vergeßt nicht,
> was ihr hier lernt ...
> Habt keine Angst,
> jeder Anfang ist schwer ...
> Ihr werdet älter, Kinder,
> dann werdet ihr begreifen,
> wieviel Tränen in den Buchstaben
> liegen und wieviel Leid ...
> Wenn ihr einmal das Los der
> Verfolgung tragen müßt,
> und voller Plagen seid,
> dann sollt ihr aus diesen
> Buchstaben Trost schöpfen ...
> So nehmt als teure Gabe,
> was ihr hier lernt und
> vertieft euch darein.[1]

Will man dem Schreiben auf die Spur kommen, sollte man sich zuerst von der verbreiteten Vorstellung lösen, der Adressat sei in jedem Fall der Leser. Freilich wurden ganze Bibliotheken unter dieser Voraussetzung geschrieben und werden noch heute bedeutende Industrien und Gewerbe damit beschäftigt, diese Fiktion lebendig zu erhalten. Im Ernst aber scheint der fromme Glaube an einen wesentlichen kommunikativen Zusammenhang zwischen Schreiben und Lesen das Jahrhundert der Aufklärung kaum überlebt zu haben.

Schon für die romantischen Philosophen der Schrift – ob Ritter oder Novalis, Baader, Friedrich Schlegel oder Brentano – spielt dieser Gesichtspunkt genausowenig wie jeder andere, unter dem seit Plato die Schrift als bloßes Abbild einer Rede zu begreifen sei, mehr eine Rolle. Ob je für einen Schreiber? Während die Verselbständigung der geistigen Verkehrsmittel seit dem

18. Jahrhundert zu einer schwindelhaften Blüte des Kommunikationsgedankens führt und Verschriftlichung ein sakrosankter Prozeß mit höchster kultureller Würde wird, weil sie – wie immer scheinhaft – die Vergesellschaftung der Menschen und die Verbindlichkeit ihres Umgangs miteinander fördert, werden die wirklichen Autoren zu schreibenden Eremiten, tritt das Geschriebene verwunschen in die Welt, kaum daß es aus der Feder fließt. Der landläufigen Vorstellung nach folgt zeitlich der Leser auf den Schreiber. Im Selbstverständnis moderner Autoren hat sich das Verhältnis eher verkehrt. Es muß geschrieben werden, weil der Leser – als Typus – auszusterben droht. Was er nicht mehr im Kopf hat, muß der Schreiber zu Papier bringen, und sei es auf Kosten ganzer Wälder; jedenfalls auf Kosten des Lebens. Um diesen Gedanken kreist etwa die Poetik Clemens Brentanos. Aus Berlin schreibt er am 21. Januar 1810 an Philipp Otto Runge mit der Bitte um Illustrationen für seine ‹*Romanzen vom Rosenkranz*›; nicht aus «typographischer Eitelkeit», wie er Runges Reserviertheit zuvorkommt, denn – so wünscht er sich vielmehr – «die Geister welche durch Ihre Feder am Rande erscheinen werden, sollen die meinen erlösen, und die Grillen des Zeichners mein wunderliches Lied umgeben, als sey es ein Aschenhaufen (es ist eine Sage bey uns, wenn die Grillen unterm Feuerherde singen, es seyen die Seelen der Vögel, die einst auf den grünen Bäumen gesungen, welche heute auf dem Herde verbrannt werden).»[2] – Der Logos des Dichters ist demnach ein unglücklich ins Wort gebannter Abgesang auf das Leben, in dem es keine Resonanz mehr findet, und die poetische Kraft daher ein Vermögen, wo «der Trieb nackt und bloß mit sich selbst ringt».[3] Auf alle Weise hat Brentano versucht, im Logos des Dichters die Erinnerung an das Lebendige wachzuhalten. So hat er die Mimesis an die unwillkürliche Assoziation, an die Evokationskraft der Klänge und die Launen der Albernheit gelegentlich selbst auf Kosten jeglicher Bedeutung so weit getrieben wie kein anderer deutscher Autor vor ihm. Diesem Widerstreben des Schreibers gegen den autoritären Primat des Logos im Geschriebenen folgt auch der Wunsch, den Text gegen seine unlebendige, bloß logifizierende Lesart durch die Einbettung in Bilder und Klänge zu

versichern. Bild und Ton, Illustration und Vertonung werden hier als Ersatz eines wirklichen Lebens der Kunst vorgestellt. Der Illustrator soll das Bildliche an der Schrift ausphantasieren. Illustration, ornamentaler Schmuck und Typographie absorbieren die Logik des Geschriebenen oder jedenfalls: sie lockern deren Bindungen. Der Illustrator und Graphiker tritt anstelle des Lesers ein, indem er – aus den Schächten seiner Imagination – die Bilder zum Geschriebenen assoziiert, die kein wirklicher Leser mehr im Kopf hat. Damit der Schreiber nicht an selbstgeschlagener Wunde verblutet, soll die bildliche Vision aus dem kulturellen Unbewußten der toten Abstraktion der Verschriftlichung eine symbolisch-sinnliche Gestalt geben und jene, dergestalt, erlösen.
Die Illustration veranschaulicht nicht etwa den Text, wie es die Ästhetik dieser Kunst im 18. Jahrhundert noch vorschrieb, sondern sie sucht nach seiner vorlogischen Bedeutung in Hieroglyphen kollektiver Phantasmen. Das gilt auch für das Schriftverständnis. Das renaissancistische Schriftideal und seine klassizistisch aufklärerische Folgetradition waren an den Maßen der sichtbaren Welt orientiert, so daß Vasaris Anekdote über Giotto, dieser habe einem betroffenen Höfling mit freier Hand einen makellosen Kreis vorgezeichnet, zur Schulmeisterfabel normativer Schreibpädagogik werden konnte. Bei Brentano geht es ums genaue Gegenteil, Beseelung durch Verinnerlichung, weshalb die menschliche Innenwelt die Vorbilder seiner kalligraphischen Phantasie stellt. Mythologie, die Religionen, die Märchen- und Sagenwelt, Naturphilosophie, spekulative Geometrie und Astronomie liefern das ikonische Material für die Ausgestaltung des *Schrift*bilds, dem alle Veranschaulichung untergeordnet ist. Den idealen Leser, auf den der Autor nicht mehr rechnet, will er in der Person des Illustrators zum Partner machen.
Wohl gibt es auch noch, nachdem die romantische Generation den Leser im Nachdenken über die Schrift neutralisiert hat, ein Verhältnis verschwiegener Art, in dem diese beiden, der Schriftsteller und der Leser, aneinander verwiesen sind, aber weit weg von aller Kommunikationstheorie. Am nächsten dürfte man der Wahrheit ihrer modernen Beziehung zueinander kommen, wenn man sich beide in einer Person verkörpert vorstellt als zwei

Funktionen desselben Organismus, die wie Ein- und Ausatmen aufeinander bezogen sind. Komplizierter nur insofern, als hier das Eingeatmete als das Gelesene in den Genuß eigener Abwesenheit bringen soll, während das ausatmende Verströmen, dem das Schreiben entsprechen könnte, ein Versuch ist, aus dieser Abwesenheit zurückzufinden. Sein Zeugnis ist die Schrift. Auch als écriture automatique, als Kritzelei oder unwillkürliche Obsession ist sie Einschreibung des Geistes ins Leben, was immer der Wortsinn des Geschriebenen sein mag. Als ein Verlangen nach Sinn können wir selbst Schriften verstehen und respektieren, die wir nicht «beherrschen», das heißt deren literaler Sinn uns verschlossen ist. Vielleicht begreifen wir an ihnen, die wir aus Unkenntnis als bloßes Ornament wahrzunehmen gezwungen sind, sogar leichter und rascher, was es mit dem Schreiben auf sich hat jenseits der pragmatischen Zusammenhänge, von denen hier nicht weiter die Rede sein soll. – Vielleicht beugen wir uns fruchtlos, doch nicht gänzlich unbefugt über die alten illustrierten Bücher Chinas, Persiens und der Türkei, in denen die Schrift gelegentlich aus dem Blattwerk eines Baumes oder dem Ornament einer Felsenformation entziffert werden muß wie aus Suchbildern, wo die Buchstaben aus Blüten fallen oder Blumen bilden, auf einer Drachenhaut als Rätsel oder in die jagenden Wolken eines großen Windes geschrieben sind.

Beschriftung ist darauf aus, die intelligible Welt noch in Bereiche hinein zu erweitern, in denen der Logos keine Bleibe hat: noch nicht, nicht mehr oder aus einer prinzipiellen Unverträglichkeit. In wenig anderen Zeugnissen sind so auch im Schriftbild einer Handschrift das Verlangen des menschlichen Lebens nach Vernünftigkeit, Berechenbarkeit, Durchsichtigkeit und Nachvollziehbarkeit einerseits, nach Besonderheit, individuellem Ausdruck und Schutz der Arcana des einzelnen Lebens andererseits dem Ideal ihrer Balance so nahe. Was ein Graphologe über den speziellen Charakter eines solchen Verhältnisses sagen mag, tritt zurück hinter dem Faszinosum als solchem: daß wir in der Handschrift – wie vergleichbar in der Lineatur eines Fingerabdrucks – eine Gestalt ahnen können, in der Leben und Geist, der Ausdruck und die Form in einer Struktur zusammengespannt

sind, in der beide sich ertragen, ja erst ermöglichen, ohne daß schon der Logos daran Anteil hat.
Auf ähnliche Weise wie eine Handschrift mag uns der Fund archaischer Inschriften berühren, auf die wir vielleicht in der Bretagne, im Bergland von Wales oder in der Inselwelt der Ägäis stoßen als auf Reste von Kulturen, deren Vorstellungswelt uns allenfalls noch Gelehrsamkeit erschließt. Der beschriftete Stein in der Wildnis einer Bergwelt oder eines Waldes ist für uns dennoch bedeutend. Die Inschrift verdichtet nämlich die Konstellation, in der etwa Meer und Mittagssonne, eine Schlucht und ein Wind miteinander stehen, oder sie bezeichnet – für uns namen- und begriffslos – eine Anordnung von Bergen, Bachläufen und Bäumen als ein Rätsel. Sein Geheimnis ist mit der Entzifferung der Schriftbedeutung keineswegs gelöst, wie gutes Recht darauf die Wissenschaft auch hat. Denn der literale Sinn der Schrift verödet die reiche Evidenz der Szene und zwingt sie in die Disziplin eines Kultes oder die Rekonstruktion einer Historie. Was uns berührt, liegt davor. Vielleicht ist es die Proportion der elementaren Gewalten oder die Geometrie einer Landschaft, in denen für uns das natürliche Leben jäh eine intelligible Gestalt annimmt; über Jahrtausende hinweg, in denen die Wahrnehmung sich verändert hat, noch immer oder wieder erkennbar. Für diese jähe Evidenz ist das Schriftzeichen zuallererst und nicht mehr und nicht weniger als eine Signatur des Menschlichen, Zeugnis wahrgenommener Schöpfung.
Der Geist ist so viel schwerer als das Leben. Er würde spurlos auf dessen Grund sinken, wenn es die Schrift nicht gäbe, durch die die Ringe fixiert werden, die sich auf der Oberfläche bilden. – Darin sind der menschlichen Schrift die Naturschriften vergleichbar, daß sie sich – der Dynamik des jeweiligen Lebens entsprechend – wie Ringe um dessen Zentrum bilden, im Schriftbild freilich vielfältiger. Schriften, die so entstehen, sind Schöpfungssignaturen – nicht des Schöpfers, der sich in ihnen verborgen hält, sondern des Geschaffenen. Die Wahrnehmung dieser Schöpfungsschrift entdeckt dem Menschen seine ursprüngliche Angemessenheit für dieses Leben, entziffert ihm die Welt insoweit, wie er an der Vernunft ihres Geschaffenseins teilhat. Indem

aber hier nicht ein transzendentales Signifikat in Frage steht, das aus dem Angeschauten herausgeheimnist werden soll, sondern Schrift vielmehr als eine Spur aufgefaßt wird, auf die der Mensch als auf einen Anteil seiner eigenen Vernunft in der ihn umgebenden Schöpfung stößt, kommen theologische Vorurteile nicht ins Spiel, bleibt die Betrachtung im Kern profan.
Gottes Namen ist nach diesem Verständnis durch den eines geliebten Menschen ersetzbar, wie Friedrich Rückerts Ghasel es vollzieht:

Du bist der Schreiber und die Schrift bist du,
Tint' und Papier und Schreibestift bist du.
Du bist die Sternenschrift am Himmel dort,
Im Herzen hier die Liebesschrift bist du.
Das Blatt, das treibt, das ausgetriebne Lamm,
Der Trieb, der Treiber und die Trift bist du.
Du bist die Ruh, die Unruh bist du auch,
Das Gift und auch das Gegengift bist du.
Du Ebb' und Flut, Windstill' und Sturm und Meer,
Schiffbruch und Schiff, und der drin schifft, bist du.
Was kann ich treffen? was kann treffen mich?
Was trifft der Sinn, und was ihn trifft, bist du.[4]

Ein früher Gewährsmann solcher Verschriftlichung der Schöpfung nach dem Bilde des Menschen könnte Paracelsus sein, der die Wahrnehmung der natürlichen Schriften in seiner Lehre ‹*De Arte Praesaga*› – über die Kunst der Prophetie – gelehrt hat. Alle Scientia wächst für ihn aus der Erfahrenheit der Augen, die sich in der Beobachtung der geschaffenen Welt üben. In der Schrift, die sich solchen Augen zu erkennen gibt, «weissagt» die Natur sich selbst. Physiognomik und Chiromantie, die Künste, mit denen Gesicht und Hände buchstabiert werden, ordnen sich für diesen Mediziner in eine allgemeine Schriftenlehre der Schöpfung ein. Die Spezialisten des praktischen Lebens: Mediziner, Bergleute, Zimmermänner, Ingenieure, Kosmo- und Geographen müssen zuallererst gute Schriftgelehrte oder «Chiromantici» sein, damit sie die Bilder und Figuren, die in die menschliche Haut und das Gestein der Gebirge, den Wuchs eines Holzes oder einer Landschaft, von Wurzelwerk oder der Gestirne eingeschrieben sind, enträtseln können. Dieses Schriftverständnis ist von der Praxis, in dem es zur Anwendung kommt, durch eine womöglich geringe, vielleicht aber entscheidende Verzögerung ferngestellt. Kontemplation weitet sie zur intensiven Ewigkeit. Der Blick der Professionalisten des tätigen Lebens ist nicht allein und nicht zuerst auf praktische Verwertung aus und von deren Interesse geleitet. Vielmehr steht dieses mit einer kontemplativen Versenkung in die Logik des Produziertseins der Welt im Gleichstand. Schriftsinn, das Organ dieser Versenkung, ist selbst kein praktischer Sinn, wohl aber dessen Voraussetzung und Bedingung. Der Differenziertheit der Lebenspraxis entspricht die Vielzahl der Chiromantien: «Und das solt ihr wissen und wol mercken, das der Chiromantien vielerley sind, und nit allein die, so in Händen der Menschen zustehen, darnach den Menschen zu urtheilen, warzu er geneigt sey, und was ihm begegnen, und guts und böß widerfahrn werde: Sonder es seind der Chiromantien noch mehr: Ein Chiromantia der Kreuter, ein Chiromantia des Laubs an den Bäumen, ein Chiromantia des Holtzs, ein Chiromantia der Felsen und Bergwerck, ein Chiromantia der Landschafften, durch die Strassen und Wasserflüß. Dergleichen ist noch Ein Chiromantia, die sich in Erdtbidmen und in dürren, heissen Sommern erzeigt, durch Aufkliebung des Erdreichs, die da auch nit ohne sondere Prophecey geschicht. Dieses soll nun alles erkennt und wol verstanden werden: Und ein Artzt aber soll die Kreuter und Laub in ihrer und nach ihrer Chiromantia erkennen, und dardurch ihr Krafft und Tugendt erfahrn: Die das Holtz arbeiten als Zimmerleuth, Schreiner und dergleichen, sollen das Holtz an seiner Chiromantia erkennen, warzu es taugt und gut sey: Also ein Berckmann soll das Berckwerck an seiner Chiromantia erkennen, was für Ertz und Metall da zu suchen, und wie tieff oder hoch es lige. Also ein Cosmographus die Chiromantiam der Landtschafften, Länder und Wasserflüß erkennen soll: Also auch ein Geographus die Chiromantiam der Erden und Erdbidmen erkennen soll. Dann ihr solt wissen, das die Chiromantia ein Anfang ist der Magica: Und keiner kan vollkommenlich Magiam lernen, er wisse und lerne dann zuvor die Chiromantiam. Dann die Chiromantia ist der Magica

A B C: Das muß nun ein jeglicher erstlich lerne, will er anderst Schrifftgelehrt werden: Also da auch. Und Chiromantia ist ein geringe, leichte Kunst zu lernen, doch aber hoch nützlich und löblich, und mags ein jeglicher grober Baur lernen, der keinen Buchstaben lesen kann, und in Egypten noch ein gemeine, wolbekannte Kunst, und bey allen Zigeunern in gutem Wissen.» [5]
Magie, die höhere Weltweisheit, und Scientia, die wirklichkeitstüchtige Wissenschaft, sind ohne das kontemplative Schriftwesen nicht möglich. Zigeunererfahrung und Buchgelehrsamkeit sind darin freundlich vermählt. – Als eine Reprise auf diese Schriftphilosophie des Arztes Paracelsus läßt sich der Eingang der *‹Lehrlinge zu Sais›* des Bergbauspezialisten Novalis lesen. Die darin sich aussprechende Weltfrömmigkeit sollte gegen die restaurative Anstrengung, mit der der Autor ihr mittelalterlich-christlich heimleuchten wollte, in Schutz genommen werden: «Mannigfache Wege gehen die Menschen. Wer sie verfolgt und vergleicht, wird wunderliche Figuren entstehen sehen; Figuren, die zu jener großen Chiffrenschrift zu gehören scheinen, die man überall, auf Flügeln, Eierschalen, in Wolken, im Schnee, in Krystalle und in Steinbildungen, auf gefrierenden Wassern, im Innern und Äußern der Gebirge, der Pflanzen, der Thiere, der Menschen, in den Lichtern des Himmels, auf berührten und gestrichenen Scheiben von Pech und Glas, in den Feilspänen um den Magnet her, und sonderbaren Conjuncturen des Zufalls, erblickt. In ihnen ahnet man den Schlüssel dieser Wunderschrift, die Sprachlehre derselben; allein die Ahnung will sich selbst in keine feste Formen fügen, und scheint kein höherer Schlüssel werden zu wollen.» [6] Auch hier aber dringt «der Erfahrene» tiefer, und so klingt es wie eine Parole gegen die Versuchung von bloßer Theorie, wenn in diesem Sinne auch die alte Magie rehabilitiert erscheint: «Alle Erfahrung ist Magie, und nur magisch erklärbar», heißt es in den *‹Fragmenten›*, und ferner: «Der Physische Magus weiß die Natur zu beleben, und willkürlich, wie seinen Leib, zu behandeln.» [7]
Die Poetik, die hieraus folgt, nimmt die Schöpfung als einen Leib, und sie bildet den Roman aus zu dessen Anatomie. Nicht bloß im Œuvre des Novalis und anderer romantischer Autoren,

sondern seitdem bis in unsere Tage ist der Roman diejenige Kunstform, durch die wir – außerhalb von Bestimmungen des äußeren Lebens – erfahren, was Verschriftlichung bedeutet; nirgends sonst so exzessiv wie bei seiner Lektüre. Die Aufmerksamkeit für die Naturschriften ist in unserer städtisch geprägten Kultur weitgehend erloschen. Gewiß, auch unser urbaner Alltag wird von Schriftzügen durchfahren, so wie die Städte ihre Struktur durch Straßenzeilen und Häusertypen erfahren, und von der Morgenzeitung bis zum Schlafmittelrezept am Abend buchstabieren wir uns durch den Tag. Doch die großen Romane, in die wir uns für Stunden, Tage, manchmal wohl gar Wochen vertiefen, sind der schriftliche Niederschlag des Lebens schlechthin und – ohne praktischen Nebensinn – seine prinzipiell totale Verschriftlichung. Denn seit ihren frühen Anfängen sind Poetik und Philosophie des Romans eifersüchtig darauf bedacht, daß sich nichts der Schrift entzieht. Neben den aufgeklärten Wissenschaften, die das Leben aus der philosophischen Theorie und in der Logik und Disziplin der jeweiligen Branche konstruieren, gewinnt der Roman seit der Aufklärung zunehmend dadurch Bedeutung, daß er die Spuren erfahrenen Lebens festhält; zu Anfang noch theologisch und moralisch in die Pflicht genommen, doch noch im 18. Jahrhundert immer souveräner nur noch dem Verschriftlichungsgebot, seinem immanenten ästhetischen Imperativ, verpflichtet. Stellvertretend für die vielen Chiromantien, die Paracelsus noch als Schwesterkünste jeder Einzelwissenschaft verteidigen wollte, wird diese eine, die Romankunst, zu einer allgemeinen Chiromantie des Lebens; übrigens mit einer erstaunlichen Integrationskraft auch für die Materialien der Wissenschaften, wie die Romanessais etwa Musils in unserem Jahrhundert zeigen. Den Befürchtungen, die Brentano für seine Lieder hatte, entgeht aber auch der Roman nicht ohne weiteres. – Im Bleisatz ist das Leben festgesetzt. Nicht zwar auf den Begriff gebracht, aber doch wie aufgelaufen und fixiert. Wir wissen, daß das nicht immer schon so war; daß früher die großen Geschichten, deren Erbe die Romane sind, erzählt wurden, und es ist darüber auch schon vieles – und viel Sentimentales – gesagt worden. Es mag sich aber trotzdem lohnen, noch ein weiteres Mal und immer wieder darüber nachzudenken, was sich mit dem Lebendigen eigentlich vollzieht, wenn es verschriftlicht wird, was sich abspielt zwischen dem Dahinfließen des Stroms der Ereignisse, der Gedanken, Empfindungen, Assoziationen und dem Erstarren dieses Lebens in Typographie. Nicht weil darüber nicht schon gründlich und belehrend genug nachgedacht worden wäre – gerade eben erst haben ja Derridas Arbeiten über die Schrift unseren Sinn für deren logos-unabhängige, eigenständige Funktion geschärft –, sondern um zu wissen, was Verschriftlichung für den Bereich unserer eigenen Erfahrung bedeutet, die wir Leser und Schreiber sind. Das nämlich erfahren wir bei niemand anderem als durch eine Anfrage bei uns selbst. Was fällt uns ein, wenn wir den Blick vom Leben abwenden und dem Buch zu, oder wenn wir ihn erheben – vor Augen noch die tanzenden Zeilen – und uns wieder im Alltäglichen orientieren? Was geht in uns vor, wenn wir selbst zu Schreibern werden? Wer sind wir als Leser und Schreiber, Liebhaber entweder mit dem liebenswürdigen Status von Amateuren, oder – problematischer, weil von den Verzerrungen des Berufslebens überschattet – gar professionals? Was geschieht mit uns und in uns, wenn wir lesen und schreiben, und wer sind wir, wenn wir womöglich zu der kleinen radikalisierten Minderheit gehören, die das Lesen und Schreiben so manchem anderen vorzieht, vielleicht ja auf Kosten lebendigen Lebens?

Ich möchte – anstelle dieser Selbstbefragung – lieber noch einen weiteren Umweg nehmen; nicht fragen: wer bin ich, der Leser und Schreiber, sondern was spielt sich ab bei der Verschriftlichung, zunächst bei dieser provozierend vereinnahmenden, deren Produkt der Roman ist.

Aus den Poetiken dieser Form, angefangen bei den frühesten aus dem letzten Drittel des 18. Jahrhunderts – der Blanckenburgs etwa, deren erste Auflage die Romansensation dieser Jahre, den ‹*Werther*› noch nicht berücksichtigen konnte – bis zu den jüngsten Äußerungen von Autoren und Kritikern, ist darüber nicht allzuviel zu erfahren. Oder vielmehr: in ihnen steht die Lebensnähe des Romans im Mittelpunkt, seine Quasi-Lebendigkeit durch Nachahmung, als Ähnlichkeit, Typisierung etc. – Das ist aber ein Aspekt, über den wir von unserer Frage nach dem Geschehen bei der Verschriftlichung offensichtlich weit fortgeführt werden. Denn ist das Ablagern und Ausbreiten des Lebens im Schriftsatz nicht gerade der massivste Einspruch der Sache gegen die Theorie, nämlich gegen die Poetik der imitatio naturae durch Anpassung der Kunst an den Lebensrohstoff? Wenn Stendhal in ‹*Le Rouge et le Noir*› sich den Roman als einen Spiegel vorstellt, der durch die Straßen wandert, freilich, dann wollen wir uns schon fast für überzeugt halten, daß nicht viel mehr als eine große Spiegelfläche und ein sauberes Glas genügen, um einen poetischen Reflex in sauberen und klaren Bildern zu garantieren. Schon die Verwendung des Bildbegriffs läßt uns aber zögern. Aus verschiedenen Gründen. Keine Kunstgattung wie die Prosa des Erzählens scheint so weit weg vom Bild zu sein! – Der Dramentext – so könnten wir uns vorstellen – sei doch eher eine Partitur und Gedächtnisstütze für die Aufführung, dergestalt, daß erst auf der Bühne die Kunst zum Ereignis wird und die verschriftlichten Rollen nur ein Notbehelf sind. Und für die Lyrik möchte gelten, daß erst der gesprochene Vers seine Bedeutungen und Sinnenreize ganz freisetzt, wie denn eine der einflußreichsten und gewichtigsten Schulen dieses Jahrhunderts, die des George-Kreises, auf dem mündlichen Vortrag von Gedichten als ihrer angemessenen Darbietungsform und Aufnahme bestanden hat. – Jeder, der noch Dylan Thomas oder Paul Celan ihre Verse hat vortragen, nein eher vorsingen hören, wird diese Behauptung für bedenkenswert nehmen. Brentanos Lyrik zählt als älteres Beispiel. Der lyrische Klangreichtum ist da gar nicht anders zum Tönen zu bringen als durch die menschliche Stimme, und je stärker das Gedicht – wie etwa bei Jandl – als Klangereignis konzipiert ist – das der siebziger Jahre allerdings eher abnehmend –, desto größer ist auch die Bedeutung der Stimme für das Auffinden gewisser Sinnschichten.

Das heißt aber: Hier wie auch beim Drama ist der menschliche Körper als Mittler, als ästhetisches Medium, mindestens genauso wichtig wie das Buch, in dem der Text steht. Drama und Gedicht bedienen sich zwar des Mediums als einer praktischen Form der Konservierung, doch bleibt die Schrift hier instrumentell. (Von einer besonderen Ausprägung in der Tradition, die man die manieristische zu nennen pflegt, will ich hier absehen.) Anders die Prosa des Romans. Sie verschmilzt gänzlich mit dem Medium, in dem sie dargestellt ist, mit dem Buch. Die Körperlichkeit seines Autors und Lesers ist unerheblich. Die Schrift des Romans ist ein Teil seiner Botschaft, so können wir in der Sprache der Kommunikationswissenschaft sagen; sie ist nicht das Abbild einer Rede.

Die großen Romane der Weltliteratur lassen sich unter keinen Umständen mehr als erzählt vorstellen, und zwar nicht in erster Linie aus dem praktischen Grund, weil sie zu lang oder zu kompliziert wären, um im Gedächtnis aufbewahrt zu werden. Der Erzähler der Blütezeit dieser Überlieferungsform ist ein kollektiver Autor mit dem Gedächtnis vieler gewesen, an dem der einzelne empirische Erzähler lediglich teilhat mit mehr oder weniger Gedächtnis oder fabulierendem Vermögen. Entscheidend ist vielmehr, daß dem schriftlich Erzählten des Romans nichts abgeht, wenn es stumm auf dem Papier bleibt, wenn es nicht zum Tönen gebracht wird. Kinder, Liebende und intime Geselligkeiten mögen das laute Vorlesen residual noch bewahren. Aber da ist es dann doch eher ein Anlaß erotischer oder freundschaftlicher Verbindung, Verführung durch die Stimme und die konzentrische Einkreisung von Mutter und Kind um das Gelesene als Mittelpunkt. Doch dieser ist auswechselbar und nur ein Anlaß wie auch bei Paolo und Francesca oder anderen sympathetisch Empfindenden.

Prinzipiell verstummt in der Prosa des Romans die Sprache zugunsten ihrer Auslieferung an ein Medium, das die Stimme ersetzt, die Schrift. Wie stets, so bedeutet aber auch hier die Dazwischenkunft eines Mediums Distanzierung vom Körper. Bei Lyrik und Drama, unseren Kontrastbeispielen, erhalten die poetischen Bedeutungen noch eine Verkörperung, erhalten sie Körperbilder – nicht mehr in der Schriftprosa. Im Theater stellt der Schauspieler stellvertretend diese Bilder nach, und beim lauten Gedichtlesen – und es wird in der Tat auch heute meist laut sein müssen, wenn es angemessen bleiben soll – sind wir selbst der Klangleib, in dem und durch den der Vers wirklich wird. In der

Geschichte der Rhetorik ist diese Ablösung der Schriftprosa von der körperbezogenen mündlichen deutlich markiert. Die rhetorischen Musterbücher von Quintilian bis in die Folgetradition noch des frühen 18. Jahrhunderts behandeln neben den einzelnen Redefiguren die Körpergesten prinzipiell ohne Unterscheidung; erst mit der Durchsetzung der Schriftprosa als der letztlich gültigen Norm verschwindet dieser Teil aus den Rhetoriken: etwa im späten 18. Jahrhundert. In eben diesem Zeitraum wird der Roman zur zentralen Form der Literatur. – Aus gutem Grund hat man von den Auswirkungen dieser modernen Verschriftlichung auf den ganzen Menschen gesprochen, «denn beim Sprechen und Zuhören ist beiderseits der ganze Mensch in seiner ganzen Sinnlichkeit beteiligt, während bei der geschriebenen Sprache ein nur sehr eingeschränkter Gesichtssinn vonnöten ist: Das Sehen dient lediglich dazu, Druckerschwärze auf weißem Papier richtig einzuordnen bzw. beim Schreiben die Schreibspur korrigierend zu beobachten. Schriftsprachliches Gestalten und Verstehen erfordert die volle Konzentration des Menschen auf den entstehenden oder vorliegenden Text, so daß sämtliche anderen sinnlichen Wahrnehmungen stark eingeschränkt werden müssen.» [8]

Wenn die Theoretiker des Romans und die Autoren selbst von Bildern des Lebens sprechen, die wie das Leben selbst sein sollen, so sind wir gegenüber dieser Redeweise angesichts der fundamentalen Entsinnlichung, die sich im Akt der Verschriftlichung und beim Lesen vollzieht, erst einmal mißtrauisch. Das Leben findet im Schriftbild des Romans eine so abstrakte Spiegelung, daß wir als konkrete sinnliche Menschen mit unserem Körperdasein überflüssig sind. Unsere Mitwirkung ist nicht erforderlich. Zur Realisierung sind wir kaum mehr nötig. Wenn wir lesen, dann allein unseretwegen, denn lesend fügen wir dem Geschriebenen nichts hinzu, ergänzen wir keinen Mangel wie bei den anderen, historisch älteren Gattungen. So eröffnet der Roman eine Phase der Verschriftlichung – wie generell der Medienkultur –, in der das Medium sich von seinen Erfindern und Benutzern ablöst und ihnen gegenüber ganz selbständig wird.

Die Verschriftlichung des Lebens im Roman steht zu unserer Vorstellung, daß die Kunst sich Bilder des Lebens mache – ich

hatte sie aus der Poetik Stendhals zitiert –, noch in einer weiteren spannungsreichen Beziehung. Nicht nur, daß der menschliche Leib zur Vervollständigung dieser Kunst überflüssig ist – wie weit her müssen wir nicht des Paracelsus' Vorstellung von der Chiromantie des Lebens holen! –, sie selbst, die Romankunst, bewahrt in ihrer äußeren Gestalt kaum noch irgendein Bildzeichen an etwas Lebendiges. Wenn wir von Schriftbild sprechen, so ist das ein Euphemismus für jeden Bilderfreund, denn was bildet denn das Schriftbild ab? Nichts als sich selbst.
In welchem Sinne man immer vom Bildcharakter der poetischen Realität des Romangeschehens sprechen mag: die Poesie des Romans ist eine Fata Morgana unserer Einbildungskraft in einer Bleiwüste.
Stendhals freundliche Metapher des wandernden Spiegels täuscht über die latente Gewalttätigkeit des schrift-stellerischen Geschäfts; denn was war nicht alles nötig, um diese Wüste zu erzeugen! Vom Leben mußte das Lebendige abgelassen werden. Die Empfindungen und Vorstellungskräfte mußten voneinander abgesondert, sortiert und bewertet werden; Ereignisfolgen aufgelöst, Ursachen und Konsequenzen auseinandergerissen, Triebe entkleidet werden. So ist gewiß: Zum Handwerkszeug des Autors gehört neben dem Spiegel gewiß ein scharfes Messer, mit dem Ereignisse und Personen aus ihren Zusammenhängen herausgerissen und zergliedert werden. Das geschriebene Wort ist erst das letzte – und abstrakteste – Resultat einer wahren Orgie destruktiver Vermögen. Der Autor dekomponiert das Leben, zerteilt und präpariert es. Joyces ‹*Ulysses*› läßt gleich am Anfang keinen Zweifel daran aufkommen, und Musils frühestes Tagebuch fingiert bereits – eine Metapher Valérys aufnehmend – einen Monsieur Vivisecteur als den Verfasser. Er ist dieser Vorstellung dann zeitlebens – zeitschreibens – treu geblieben.
Daß die Wirklichkeit erst zerlegt und zerkrümelt werden muß bis in die Elementarzeichen der Lettern, ist seit Mallarmé ein vertrautes Denkbild der schriftstellerischen Arbeit. Gedichte werden aus Worten gemacht, nicht aus Gedanken, so hat er konstatiert. Das zielt gegen die Gedankenübervölkerung in der Kunst des 19. Jahrhunderts, die vor Wald die Bäume nicht mehr

sehen ließ. Aber das Geschäft der Dekomposition und Konstruktion ist an gar keine bestimmte historische Poetik gebunden. Es ist der Beruf des Autors als eines Schrift-stellers, das heißt, seitdem die Schrift der Literatur wesentlich wurde. Ist doch die Verwandlung in den Bleisatz hier nur die äußerste Konsequenz eines umfassenden Abstraktionsprozesses. Die Fachworte, mit denen wir die Formen des Geschriebenen bezeichnen, erinnern nur noch euphemisch an die Unmittelbarkeit des Abbildverhältnisses, wenn wir von Schriftbildern und Satzspiegeln sprechen. Die Komposita stehen immer im Sinne des Genitivus objectivus: Bild der Schrift, Spiegel des Satzes. Auf die selbstgestellte Frage, was dem Leben durch seine Verschriftlichung geschehen ist, angetan wurde, können wir fast richtiger sagen, nachdem wir uns die Gewalttätigkeit der zerstückelnden Akte klargemacht haben, auf diese Frage können wir jetzt antworten: Das Leben ist in eine Wüste versetzt worden, der die Schriftzeichen und -zeilen keine andere Ordnung geben als diejenige des Ornaments.
Verschriftlichung bedeutet Ornamentierung.
Das Ornament objektiviert. Das Subjekt des Schreibenden kommt darin nicht vor – so wie es als Subjekt der Schriftsprache den wirklich körperlich Sprechenden ersetzt. Das wird anders deutlich daran, daß die Handschrift sich am Gedruckten orientiert. Gutenberg markiert den Beginn der Wende. Er selbst formte seine Druckschrift nach Handschriften, doch nivelliert er deren individuelle Dynamik von Druck und Zug im Rahmen eines Satzspiegels, der seitdem seinerseits als Norm der Handschrift empfohlen wird: «wie gestochen» schreiben.[9] – Körperreste waren ehedem noch Schreibutensilien gewesen: Pergament und Galle. Auch ihr Verschwinden signalisiert die Schwelle. Alles Körperhafte am Schreiben erhält eine neue Form. – Das Schriftornament kennt dementsprechend keine Unterscheidung von Subjekt und Objekt. Das Subjekt des Schreibenden ist auf das Schriftbild insgesamt zerstäubt. Es ist flächig geworden wie alles, was ins Buch aufgenommen wird. Die Schrift ist vor dem Geschriebenen da und vor dem Schreiber, dessen Unterwerfung sie erzwingt. In dem, was das Geschriebene bedeutet, mag es

triumphierende Helden geben, nicht aber in der Schrift als einer symbolischen Form. – Ist diese Trennung nicht etwas künstlich? Ganz gewiß. Doch mir scheint, wir kommen noch einigen wichtigen geschichtlichen Vorgängen auf die Spur, wenn wir an dieser chemischen Operation, durch die Zeichen und Bezeichnetes bzw. Zeichen verschiedener Ordnungen voneinander isoliert und jeweils für sich betrachtet werden, noch einen Augenblick festhalten.

Die Auslöschung des Subjekts in der Ordnung des Ornaments – hier des Autor-Subjekts im Schriftbild des Buches – ist zu der Zeit, in der sie den eigentlichen Beginn der Buchkultur anzeigt, also im Lauf des 17. Jahrhunderts, eine Einlösung des Objektivitätsanspruchs, den die Literatur – wie alles Geschriebene – beansprucht. Was bloß gespielt, gesungen, getanzt, erzählt wird, vergeht wie die Körper, an denen es jeweils haftet, ohne sich dauerhaft ablösen zu können: das heißt hier zugleich sich ablösen, um dauerhaft zu werden. Im Geschriebenen ist die Autorität, die vormals der Erzähler beansprucht hat – wie sie der Tänzer, Sänger usf. noch heute beansprucht –, auf die Objektivität des Schriftornaments übergegangen. Was geschrieben steht – vor allem mit der Autorität des Gedruckten –, darauf läßt sich pochen. Das Faksimile wird zum musealen Kuriosum. Nur in Geheimzirkeln unserer Kultur wachen noch Editoren und Autographen-Sammler als Priester einer zweifelhaft gewordenen Würde. Der Text löst sich ab von allem Persönlichen. – Die Dichter mögen Lügen schreiben, dann kann ich sie auch Lügner nennen. Vor allem aber verwerfe ich dann ihre Schriften. Der geschriebene und gedruckte Text wird überliefert, und er ist verantwortlich. – Wie denn, der Text? und nicht vielmehr der Autor? – In der Tat, der Text. Kopernikus und Galilei können mündlich widerrufen, und die Ketzer mögen abschwören; was richtig oder falsch geschrieben steht, gilt aber für sich. Das Subjekt ist ins Geschriebene zerstäubt, das heißt auch: es ist als empirisch-körperliches Individuum minder bedeutend. Was im Schriftsatz steht, benötigt nicht mehr die Standhaftigkeit von Märtyrern. Es steht oder fällt mit seiner eigenen Wahrheit.

Das Zeugnis des Körpers ist damit historisch überholt. Lessing bereits kann sich lustig darüber machen als über eine Eitelkeit der Heiligen. Was der Schreibende gemeint hat und was er für einer war – Moralist oder Libertin – ist bedeutungslos neben der Wahrheit oder Unwahrheit des Geschriebenen, an das wir uns als das einzig Verläßliche halten können und müssen. So bringt die Subjektlosigkeit der Schrift und des Geschriebenen dem Individuum Entlastung. Schreibend produziert das Ich Sätze, von denen es sich – indem es sie setzt – zugleich absetzt, sie aussetzt wie Flaschenpost, die ihren Weg selbst finden muß, Testament vielleicht für irgendeine Nachwelt.

Je mehr übrigens diese Objektivität des Schriftsatzes den Autoren selbst ins Bewußtsein drang, desto häufiger wird das Bemühen, das Ornament des Geschriebenen bedeutend zu machen. Flauberts «blancs» sind ein Beispiel, die Komposition eines Satzspiegels mit so vielen Absätzen nach oft nur wenigen Sätzen, gar nach einem einzigen, daß der Satzspiegel wie ein Flußtal aussieht, aus dem je mehr Grund und Geröll, je mehr die Untiefen sichtbar werden, desto spärlicher das Wasser rinnt. Wenn das Leben abgeflossen ist, bleiben nur wenige Sätze stehen.

Flauberts Schriftbewußtsein ist im 19. Jahrhundert nicht vereinzelt. Es hätte im Erzählten schlechthin kein Pendant. Denn mit der Erzählpause haben die Effekte dieser «blancs» gar nichts zu tun. Kunstpausen nennt man zwar auch die Augenblicke der Stille, die der Erzählende einhält vor einer Pointe, oder um einer Bewegung Raum zu geben, und üblicherweise werden ja auch die Absätze als Nachahmung dieser subjektiven Darbietungsform gesetzt: so als wäre das Geschriebene einem Erzählten nachprotokolliert. Nicht aber hier, wo nach dem Willen des Autors wie jeder Satz, so auch die Pausen zwischen den Sätzen dem Impersonnalité-Ideal verpflichtet sind. Die «blancs» sind hier eher dem Ausfall des Schußfadens in einem Teppichgewebe vergleichbar. Das Kettgarn tritt dann deutlich hervor; die festgezurrten Haltefäden des bürgerlichen Lebens, das fadenscheinig geworden ist, löcherig, so daß sich nichts Farbiges mehr darüber sagen läßt.

Man kann es auch so sagen: Was über den Helden zu sagen ist, muß abgelesen werden am Ornament des Schriftbildes; nämlich nichts Nennenswertes; Beschreibung eines Vakuums. Indem dergestalt das Schriftbild bewußt in die poetische Komposition einbezogen wird, ist doch nur eine Bedeutung eingelöst und ins Bewußtsein gehoben, die stets latent im Geschriebenen ruht: der plastische Leib spielt für das Menschenbild keine Rolle mehr. Was der Mensch ist, muß aus dem Schriftbild zusammengelesen werden, aus dem wir erfahren, was er war, und was er sein soll. Seine Gegenwart ist ein corpus von Schriften, auf die er – wie auf die Flächen der Buchseiten zer- und verteilt ist. – Kein Romancier, ein Lyriker war es übrigens, der in der großen Regressionsbewegung der Jahrhundertwende diesen abstrakten Schriftleib in Natur rückzubilden versucht hat: Stefan George, indem er die Druckschrift des Bleisatzes derjenigen seiner persönlichen Handschrift nachbilden ließ, die er ihrerseits renaissancehaft stilisiert hatte.

Alles an der großen neuzeitlichen Verschriftlichung des Lebens – und dies ist der Sinn des bisher Ausgeführten – deutet auf ein Zurücktreten des Ich in eine symbolische Ordnung, in welcher die Wahrheit im Zusammenhang von Geschriebenem zum Erscheinen kommt; eine Feststellung, die zu aller Geschichte und Theorie jenes neuzeitlichen Ich zunächst einmal im Widerspruch zu stehen scheint. Ist nicht der moderne, der bürgerliche Roman als eine Form des reif werdenden Individuums bezeichnet worden? Tatsächlich gehört zu seinen ältesten Phantasmen der unteilbare, der Ich-sagende Mensch, wie er als Erzähler-Ich in Frühformen des Romans wie den Schelmenroman und den Briefroman eingegangen ist. Subjektwerdung und Welteroberung sind wichtige Themen des frühen bürgerlichen Romans, und auch dann noch, als – seit Goethes ‹*Werther*› – im wesentlichen von Enttäuschungen und Fehlschlägen berichtet werden muß, bleibt doch der individuelle Mensch das Maß alles Erzählten. – Doch die Schrift weiß von alledem nichts. Im Ornament sind Subjekt und Objekt, Gut und Böse erloschen. Die Ordnung der Schrift ist die eines geistigen Lebens jenseits von Subjekt und Objekt, in die das biologische wie das gesellschaftliche Leben eintritt, um sich zu verantworten. In der Schrift ist das Leben dem Geist ausgesetzt, der es auflöst und nach seinem Gutdünken wieder zusammensetzt, es dem Urteil von seinesgleichen überlassend. Hier steht das Subjektsein und das Objektsein selbst zur Disposition. Insofern ist in der Verschriftlichung des Lebens eine Tendenz angelegt, die weiter reicht als der bürgerliche Roman mit seiner thematischen Fixierung auf das Individuum und sein Subjektwerden. Das Subjektsein des Subjekts ist selbst noch der Autorität der Schrift unterworfen, die ihrerseits der Ewigkeit der Kontemplation ausgesetzt ist.

Wie der Roman uns so nahe wie kein anderes Medium an die Idee von Verschriftlichung heranführt, so auch an die Idee des Buches. – Neben der juridischen gibt nur noch die ästhetische Sphäre dem Buch eine so hohe Bedeutung: als Gesetzbuch dort, hier als Buch mit Geschichten. Denn auch, wenn die Romanciers uns überzeugen wollen, daß es Geschichten nicht mehr zu erzählen gibt – sei es, weil das Leben zerfahren und zusammenhangslos geworden ist, sei es, weil das Zusammenhängende, das ehedem der Stoff von Geschichten war, marginal geworden ist –, stets bleibt doch diese Geschichte wie eine Art regulierender Idee der Hintergrund auch noch der modernsten Entwicklung des Romans, selbst wenn sie dann nur modo negativo dem Geschriebenen eine Form gibt. Die beiden wichtigsten Grundbücher des bürgerlichen Lebens, das Gesetzbuch und der Roman, sind an die Stelle eines dritten getreten, des Buchs der Bücher nämlich, der *‹Heiligen Schrift›*, die beides in einem war: Gesetzes- und Geschichtenbuch, und gewiß wird uns vom Wesen der profanen Nachfolger des Heiligen Buches einiges deutlicher sein, wenn wir uns vergegenwärtigen, wie eng, aber auch in welch charakteristischer Weise unterschieden die säkularen Bücher neben der *‹Heiligen Schrift›* liegen.

Die Verdoppelung *des* Buches in zwei enthält eigentlich schon die Philosophie des Romans in nucleo. Philologische Beschränktheit pflegt seine Geschichte fast halsstarrig aus dem Verfall des Epos zu konstruieren. Aber dies ist doch nur die eine, die profane, antikische Wurzel der Form. In der Geschichte unserer Literatur aber ist das Heidnische mit dem jüdisch-christlichen Element der Tradition verschränkt. So auch hier. Die andere Wurzel ist das Buch des Lebens, ist die Idee des Heiligen Buches.

Man kann sagen, daß die profane Geschichte des Buches mit dem prinzipiellen Auseinandertreten von Leben und Gesetz beginnt. Die Idee des Lebens zu bewahren, ist in der bürgerlichen Gesellschaft der Kunst anvertraut, so wie die des Rechts Sache der Juristen geworden ist. Jeder Roman hat an der Idee des Lebensbuches teil. Jedes Gesetzbuch partizipiert an der Idee der Gerechtigkeit. Wie sich das moderne Bewußtsein einer Kluft zwischen dem Recht und dem Leben in der Geschichte der Gesetzestexte niederschlägt, ist jetzt nicht unser Thema, ebensowenig wie die Geschichte der Lebensbücher in der Kunst, die Geschichte der Romane.
Ich will hier statt dessen noch einen anderen Gesichtspunkt anführen, der das innere Verhältnis des Romans zu derjenigen Form des Schreibens betrifft, die für die meisten von uns die einzige ist, in der wir selbst als Autoren mit der Schrift auf vitale Weise zu tun haben: zum Brief. – Konnten wir den Roman als einen universalen Schriftleib beschreiben, der die Leben der wirklichen menschlichen Körper in sich aufnimmt, um sie in die intelligible Ordnung des Textes zu überführen, so werden wir nun den Brief als eine Nahrung dieses Leibes kennenlernen. Historisch ist er es seit der frühen Aufklärung – den Romanen Richardsons – gewesen, bis hin zu den Briefromanen Tiecks und Bettinas von Arnim. Statt dieser Geschichte interessiert mich an dieser Stelle die Konjunktion von Brief und Roman in der Logik der Verschriftlichung des Lebens.
Gewiß kann in diesem Sinne nicht von Briefen schlechthin die Rede sein. Hier geht es nicht um Geschäftsberichte, Korrespondenzen von Kaufleuten oder Diplomaten, nicht um die Briefe von solchen, die bürgerlich schon etwas sind, sondern die jemand werden wollen, und zwar brieflich. – Denn gelegentlich – und nicht selten sogar bei solch offiziellen Briefschaften – schreibt man auch Briefe, um sich als *den* zu entwerfen, der man sein will. Einer, der sonst scheu und sehr höflich mit uns umgeht, wird brieflich plötzlich barsch und energisch; jemand, den wir sonst kaum wahrnehmen, weil er nicht oft zu Wort kommt gegen die lauten Sprecher, macht sich uns plötzlich als geistvoller, ironischer oder tiefsinniger Schreiber bekannt. Kann man da

sagen, das eine *ist* er, das andere *wäre* er gern, das eine sei die Wirklichkeit, das andere Verstellung? So einfach ist es nicht. Darum nicht, weil die Wirklichkeit unserer Vorstellungen, ihre wirkliche oder mögliche Bedeutung für das Leben nicht gesehen ist. Im Briefeschreiben nehmen wir uns selbst und unseren Korrespondenten auf eine ideale Weise wahr und ernst; schreibend entwerfen wir uns als Ironiker oder Pessimisten, gleichmütige Lebenskünstler oder Depressive. Wie viele Liebschaften beginnen nicht mit Briefwechseln, und wie liebenswert sind sich da nicht die Partner! Später und sonst überhaupt pfuscht das Leben immerfort dazwischen und hindert uns, solche Selbstdarstellungen zur Deutlichkeit von Selbstbildern auszugestalten. Wo können wir uns sonst schon mal in Ruhe aussprechen. Mit Sicherheit im Brief. Da sind wir auch genötigt und bereit, uns mit dem verschriftlichten Ich unseres Korrespondenten einzulassen.
Briefe wechselnd erzeugen wir selbst und mit Bewußtsein jene Lebenslinien, deren Chiromantie sub specie aeternitatis die spirituelle summa unseres Lebens ergeben könnte. Die Generation der Frühromantiker hat sich so geschrieben, auch Clemens Brentano noch und Bettina von Arnim zeit ihres Lebens: als gäbe es für jeden einen gleich großen Schatz ausgezählter Worte, in denen er sein Leben in eine beständige Währung tauschen darf. So käme denn alles darauf an, diese kostbare Münze nicht zu vergeuden, andererseits aber auch, sie bis auf Heller und Pfennig zu nutzen. Wo es ernst wird, gilt nur das Geschriebene. Noch wo wir argwöhnen, es sei vorgetäuscht und gefälscht, mag gelten, daß die Fälschung nicht stets ärmer ist als das Original. (Nicht alles gilt überall gleich. So gibt es in Tibet die Sitte der doppelten Botschaft, mündlich und schriftlich. Fällt das Geschriebene Räubern in die Hände, so müssen sie gewärtig sein, am Ort ihrer vermeintlich sicheren Beute der Polizei auf den Leim zu gehen, denn als unzweifelhaft und einzig echt gilt nur die mündliche Botschaft.) – Der Hinweis, daß jemandes Leben mit den Briefen nichts zu tun hat, die er schreibt, wird leicht hämisch vorgebracht, wenn es in den Briefen so sehr viel zarter, einfühlsamer, sonntäglicher zugeht, als wir den Schreiber sonst erleben. Aber es muß ja nicht zu dessen Lasten, es kann auch auf

das Konto von Verhältnissen gehen, die dem Briefschreiber keine Chance eines entsprechenden Lebens geben. Und ist das Leben in den Briefen geringeres Leben? In einer Hinsicht eher im Gegenteil. Freilich, wenn die Briefe aus der Not einer Entfernung gewechselt werden, die lange währt und nicht abnehmen will, dann bewegen sich die Sätze bald so hilflos wie Fische, die auf den Sand geworfen sind, und irgendwann trocknen sie aus, und die Worte werden stumpf. – Lessing hat jahrelang eine so qualvolle Korrespondenz mit seiner späteren Frau Eva König geführt. – Anders ist es aber mit den Briefwechseln aus Überfluß, die nicht ersetzen müssen, sondern ergänzen wollen; nicht über ein versagtes Leben trösten, sondern das Leben steigern durch seine Selbstvergewisserung im geschriebenen Wort. Da braucht es gar keine Trennung als Anlaß, keine Absicht oder Benachrichtigung, nicht Geschäfte. Es genügt dann vielleicht der Wunsch, etwas klarzustellen oder ins rechte Licht zu rücken. Oft werden solche Briefe nicht abgeschickt – und sind doch noch etwas anderes als ein Tagebuch. Beim Schreiben war ja der Adressat als künftiger Leser schon gegenwärtig, und man kann das den Sätzen ansehen. Sie sprechen nicht nur von mir, sondern auch von dem, dem ich schreibe, nicht nur davon, wie ich mich und die Welt sehe, sondern wie der andere mich sehen soll und wie ich mir diesen anderen vorstelle.

Das Briefeschreiben außerhalb von alltäglich pragmatischen Zusammenhängen scheint seltener zu werden. Natürlich läuft das Telefon ihm den Rang ab, ohne es ersetzen zu können. Wenn wir uns die volle Bedeutung vergegenwärtigen wollen, die die Korrespondenzen als Selbstverschriftlichung einmal gehabt haben, so müssen wir an solche Situationen denken, in denen sie auch heute noch unersetzbar zu sein scheinen: Briefe intimer Annäherung oder im Liebesstreit unter den verschlossenen Türen getauscht; Abschiedsbriefe vor Auszug oder Tod, die eher das Gegenteil meinen; Briefe in sprachlos gewordenen Konflikten – sämtlich Inseln, auf denen unser Ich schriftlich nach Grund unter den Füßen sucht, indem es seine Individualität dem Schriftsinn aussetzt. Denn was geschrieben ist, muß allen Künsten der Auslegung standhalten können.

Briefschaften sind Romane des spirituellen Lebens, und so werden sie denn auch der literarischen Gattung entsprechend eingefüttert. Wie der im wahrsten Sinn des Wortes unbedeutende, nämlich nichts als sich selbst repräsentierende Schelm den pikarischen, den Schelmenroman bezog; wie der Insulaner als einer, der bloß von allem und ganz mit sich allein von vorn anfängt, die Robinsonade zugeteilt erhält; so wird in einer weiteren Branche des modernen Epos der Briefroman zur Provinz der Abenteurer mit der Feder.

Für die neuere Literaturgeschichte ist diese Form nachhaltig durch die drei großen Romane Richardsons geprägt worden: *‹Pamela›*, *‹Clarissa›* und *‹Grandison›*. *‹Clarissa›*, das farbigste und psychologisch differenzierteste Werk dieser Sequenz, erschien 1748. Sein Autor hat es aus über fünfhundert Briefen zusammengesetzt, manche nur ein paar Zeilen lang, andere vom Umfang einer kleinen Abhandlung von dreißig, vierzig Seiten; zusammen sind es immerhin über dreitausend. Es ist die Geschichte einer Verführung, deren eigentlicher Vollzug nur in ein paar Zeilen steht – vielmehr eher zwischen diesen –, wie überhaupt nicht die Handlungen die Aufmerksamkeit des Autors auf sich ziehen, sondern die Empfindungen der Personen und die Betrachtungen, die sie darüber anstellen. Sie selbst kommen zu Wort, fast ausschließlich. Der Autor tritt zurück. Das besagt, daß die richtende Moral über das Leben keine Macht beanspruchen will, oder vielmehr: daß ihre Autorität nicht größer ist als das begründete Urteil, das der Leser sich selbst bildet, der als Interpret, Sachverständiger des Lebens und als Philosoph zur Mitarbeit an der Wahrheitsfindung aufgerufen ist. Das Angebot der Kunstform, verschiedene Fluchtpunkte zu beziehen, will uns überzeugen, daß *die* Wahrheit nur aus einer Konstellation relativer Wahrheiten hervortreten kann. Der Leser als Chiromantiker soll allen Gerechtigkeit widerfahren lassen und lesend das in die Schrift gebannte Leben erlösen.

Daß die Wahrheit in mehreren Häusern zugleich wohnt, ist *eine* Einsicht, die der Briefroman als universelle Verschriftlichung aller auf einen Vorgang bezogenen Reflexionen und Empfindungen vermittelt. Eine andere ist die Erinnerung an das reiche unsichtbare Leben, das zugunsten des sichtbaren zurückgestaut ist. Denn das wird uns ja an dem Mißverhältnis von äußerer Handlungsarmut und dem inneren Reichtum der Briefschreiber klar, daß die handelnden Menschen miteinander wie Schatten umgehen, so flüchtig ist der Umriß, den sie jeweils aneinander wahrnehmen. Die einsame Verschriftlichung kommt dem stillen Beisichsein der Personen am nächsten. Was in der Kontemplation laut wird, ist – wenn überhaupt – nur in dieser Weise, nie als gesprochene Rede mitteilbar, denn nur in dieser Form kann sie die absolute Rücksichtslosigkeit allen Redekonventionen gegenüber erreichen, die der Wahrheit nahekommt.

Hier setzt der zweite große Klassiker dieser Form ein, Rousseau mit seiner ‹*Nouvelle Héloïse*›, mit der er der sezessionistischen Kultur der Empfindsamkeit nach der Mitte des 18. Jahrhunderts die Feder geliehen hat. Das muß man hier ganz wörtlich verstehen. Denn die wichtigste Leistung dieses Romans liegt wohl darin, daß er erstmals die Sprache – und zwar in ihrer monologisch-autistischen, ganz auf den Sprecher, nein den Schreiber bezogenen Form – als eine Gestalt vitaler Lebensbewältigung aufgefaßt hat.

Die Briefe der Liebenden Julie und Saint-Preux' sind der Vollzug einer Liebe, die – so haben wir oft den Eindruck – auch ohne Partner auskäme und in den Briefen sich genügen könnte. Der Briefwechsel selbst ist die Wirklichkeit, den sich diese Liebenden als das ihnen angemessenste Haus ihrer Wünsche bauen, von Wünschen nämlich, die sich selbst blockieren und zu ihrem Ausdruck deshalb einer Form bedürfen, die Verlangen und Verzicht, Nähe und Distanz zugleich bedeuten kann. Briefe zu schreiben ist ihre Obsession. Schreibend erfahren sie ihre Leidenschaft als Schmerz und eben darum, weil es nicht nur Leidenschaft, sondern blockierte Leidenschaft ist. Eine Briefsequenz des ersten Teils, die um ein verbotenes Stelldichein gruppiert ist, führt uns das besonders deutlich vor Augen. Julie will Saint-Preux für den Gehorsam seiner Selbstbemeisterung und seiner Opferwilligkeit belohnen. Ein Treffen während der Hochzeitsfeier eines glücklicheren Paars wird verabredet, doch wieder einmal, wie meist in dieser Liebschaft, komplizieren sich die Verhältnisse. Da schlägt Julie ein Rendezvous im Hause ihres Vaters vor, eine Begegnung unter Lebensgefahr, denn dieser will die Liaison verhindern. In allen Farben malt sie ihm aus, was geschehen würde, wenn sie entdeckt würden, und befiehlt ihm dennoch, ohne die geringste Bewaffnung zu erscheinen. Er kommt, und so ist der nächste Brief, der 54. des Romans, aus Julies Gemächern datiert, wo Saint-Preux ihn in Erwartung der Geliebten – oder des rächenden Vaters! – schreibt. Ich möchte ihn zitieren:

«An Julien

Ich lange an, voll von einer Bewegung, die beim Eintritt in diese geheiligte Freistätte noch stärker aufwallt. Julie! Hier bin ich in Deinem Kabinette, hier, im Heiligtum alles dessen, was mein Herz anbetet. Die Liebe leuchtete mir und leitete meine Schritte; ich bin glücklich hereingekommen, ohne von jemandem bemerkt zu werden. Reizender, glücklicher Ort, du hast einst gesehen, wie so viele zärtliche Blicke zurückgehalten, so viele brennende Seufzer erstickt wurden; du sahest das erste Feuer meiner Liebe entstehen und sich nähren; nun sollst du beim zweitenmal sehen, wie sie gekrönt wird! Du Zeuge meiner ewigen Beständigkeit, sei auch Zeuge meines Glückes und verbirg auf ewig die Wonne des getreuesten und glücklichsten unter den Menschen!

Wie bezaubernd ist dieser geheimnisvolle Ort! Alles begünstigt und nährt hier das Feuer in meinem Herzen. O Julie! Er ist von Dir erfüllt, und mein brennendes Verlangen erfaßt alles, was an Dich erinnert. Ja, alle meine Sinne werden hier zur gleichen Zeit trunken. Ich weiß nicht, welcher fast unmerkliche Wohlgeruch, anmutiger als die Rose, flüchtiger als die Schwertlilie, sich hier überall verbreitet. Hier glaube ich Deiner Stimme einnehmenden Ton zu hören. Jeder Teil Deines Putzes, den ich hier und da erblicke, stellt meiner feurigen Einbildungskraft den vor, den er an Dir selbst bedeckt. Dieser leichte Kopfputz, den lange blonde Haare schmücken, die er zu bedecken vorgibt; das glückliche Halstuch, über das ich doch ein Mal wenigstens mich nicht beschweren müßte; das geschmackvolle und doch schlichte Négligé, das den Geschmack derer, die es trägt, so gut bekundet; die niedlichen Pantoffeln, die ein geschmeidiger Fuß ohne Mühe ausfüllt; dieses aufgeschnürte Leibchen, das den Leib berührt

und umfängt – welch bezaubernde Taille – am Vorderteile zwei leichte Wölbungen – o wollüstiger Anblick! – Das Fischbein hat der Gewalt des Drucks nachgegeben – köstliche Spuren; laßt euch tausendmal küssen! – Ihr Götter! Wie wird es werden, wenn – Ach, schon glaube ich, dieses zarte Herz zu fühlen, wie es unter einer glücklichen Hand schlägt! Julie! Meine reizende Julie! Ich sehe, ich fühle Dich überall, ich atme Dich mit der Luft, die Du eingeatmet hast; Du durchdringst mein ganzes Wesen. Wie brennend und schmerzhaft ist Deine Behausung für mich! Sie ist schrecklich für meine Ungeduld. O komm, komm geschwind, oder ich bin verloren.
Was für ein Glück, daß ich Tinte und Papier gefunden habe! Ich suche das, was ich fühle, auszudrücken, um der Empfindung Stärke zu mäßigen; ich dämpfe meine Erregung, indem ich sie beschreibe. Mich dünkt, ich höre Geräusche. Sollte es Dein unmenschlicher Vater sein? Ich glaube nicht, daß ich verzagt bin – Wie entsetzlich aber wäre mir in diesem Augenblick der Tod! Meine Verzweiflung würde gleich heftig sein als das Feuer, das mich verzehrt. – Himmel! Nur noch eine Stunde Leben erbitte ich von dir; dann sei das übrige deiner Strenge überlassen! O Verlangen! O Furcht! O grausames Herzklopfen! – Die Thüre geht auf! – Es kommt jemand! – Sie! Sie ist's! Ich sehe sie von weitem, ich erblicke sie ganz; ich höre die Thüre sich wieder schließen. Mein Herz, mein schwaches Herz, so vielen gewaltsamen Regungen kannst du nicht widerstehen. Ach suche Kräfte, so viele Glückseligkeit, womit du überhäuft wirst, zu ertragen!» [10]

Daß der Roman über die Begegnung selbst nichts mitteilt – so könnten wir denken –, liegt natürlich daran, daß es ein Briefroman ist, so daß wir dessen Logik entsprechend immer nur von Annäherung und Entfernung lesen, nie also von Erfüllung, es sei denn von einer, die vergangen ist oder ersehnt. Das wäre aber bloß eine Deutung des gesunden Menschenverstands, der hier nicht viel weiterhilft. Denn das Verständnis der Leistung dieses Briefeschreibens für das Leben und damit des Romans als eines Briefromans wird uns erst durch die Erkenntnis erschlossen, daß es gerade dieser Umstand ist, der Rousseau und seinen Nachahmern den Briefroman empfohlen hat, nämlich als eine Form der festgehaltenen Distanz.

Seine Bedingung ist die Trennung der Körper und seine Folge die Übertragung der erotischen Wünsche der Körper auf das schriftliche Begehren, dem die Verhinderung immer eingeschrieben ist. Begegnet uns diese Situation im Leben, so sagen wir, wie soll es denn auch anders sein, wenn zwei Liebende getrennt sind und nur brieflich miteinander umgehen können. Im Roman gilt das nicht. Hier haben wir statt dessen zu fragen, warum der Autor eine Form wählt, die die Gestaltung gegenwärtig gelebter Intimität ausschließt. Denn diese Exklusivität ist ja die strenge Bedingung des Briefromans, die in irgendeiner Weise zu mildern Rousseau nicht versucht hat.

Fast widerwillig legt so der Schreibende in dem «Kabinette» die Feder aus der Hand, um sich ans Leben zu machen. Denn es ist hier kaum ein Zweifel möglich: Wenn der im Kabinett der Geliebten Wartende zu Papier und Tinte greift, statt die Kerzen anzuzünden und die Vorhänge zu schließen, so deutet sich darin über die psychische Motivierung hinaus eine Verlagerung des poetischen Gewichts weg von der Lebensrealität an zugunsten von deren reflexiver Bedeutung, nämlich im kommentierenden Briefeschreiben. Wahrhaft angemessen gegenüber dem Leben und ganz bei sich selbst fühlen sich Rousseaus Personen in der Tat erst als Schreibende. «Was für ein Glück, daß ich Tinte und Papier gefunden habe! Ich suche das, was ich fühle, auszudrükken, um der Empfindung Stärke zu mäßigen; ich dämpfe meine Erregung, indem ich sie beschreibe.» – Das Beschreiben ist in diesem Akt der Verschriftlichung soviel wie ein Besprechen im Sinne von Beschwören, denn im selben Maß wie die Strenge der Geliebten nachgibt, muß Saint-Preux die Verhinderung selbst leisten. Was ihre Aggressivität gegen ihn nicht mehr aufbringt – sie ist nun bereit, sich ihm hinzugeben –, muß er selbst sich antun, damit es dazu nicht kommen kann. Die wechselnden Situationen des Romans sind Variationen dieses Schreibspiels: des Austauschs, der Verteilung und Aufteilung der Rollen von Aggressor und Opfer. Das Schreiben aber ist Medium dieses Prozesses, nicht bloß sein beliebiges Instrument. So genügt es den

Liebenden, bei ihren Begegnungen wohl auch gelegentlich durchaus schon, sich auch nur ihre Briefe zuzustecken und wieder auseinanderzugehen. Denn in ihnen, den Briefen, steht bereits alles Wesentliche, und die Wirklichkeit könnte nicht mehr wahrer sein.

Unter der Überschrift «Die Selbstbegegnung» hat Ernst Bloch im *‹Geist der Utopie›* den philosophischen Sinn dieser Haltung jenseits ihrer psychologischen Bedeutung einleuchtend beschrieben:

«Zu nahe

Ich bin an mir.

Daß ich gehe, spreche, ist nicht da. Erst unmittelbar nachher kann ich es vor mich hinhalten. Uns selbst darin, während wir leben, sehen wir nicht, wir fließen dahin. Was also darin geschah, was wir eigentlich darin waren, will sich mit dem, was wir erleben können, nicht decken. Es ist nicht das, was man ist und erst recht nicht, was man meint. Wo ich bin. Ich aber will mich inne haben.» [11]

Und dann weiter:

«Ein anderes Davor

Zwar auch, wo wir bloß schwach sind, faßt sich nichts leicht. Kaum anders etwa sah ein Mädchen soeben ihren Freund wieder, lange mußte sie auf ihn warten. Da gab man ihr auf dem Weg nach Hause eine verspätete Karte, in dieser hatte der Geliebte seine Ankunft mitgeteilt. Sogleich ließ ihn das Mädchen beiseite, den eben Gekommenen und doch höchst Erlebbaren, las eifrig die von ihm geschriebenen Worte, die ihr wichtiger waren als die gesprochenen, als die mit dem Geliebten unmittelbar sprechbaren. So fehlte ihr die Kraft, stark und genau zu erleben; das Mädchen flüchtete sich, unfähig das Unmittelbare leisten zu können, in die Liebe als Brief. Dennoch ist nicht zu begreifen: auch in dieser Schwäche klingt noch ein Tieferes an und eines, das uns alle berührt. Das nackte Erleben, auch wenn es stark ist, hat sich nicht inne, blickt sich nicht an sich selber ins Gesicht; erst recht nicht will es sich schon mit dem Hoffen, das darin steckt, mit seinen Bildern bereits decken, und im Traum war's besser.» [12]

In Blochs Auslegung dieser Situation ist neben dem Vorwurf der

Realitätsverfehlung auch die Freiheit zur Sprache gebracht, die sich einer nimmt, wenn er auf dem Niveau seiner Ansprüche an die Wirklichkeit besteht. In die Briefkultur seit Rousseau geht beides ein. Die Verschriftlichung der Empfindungen fixiert deren Unersättlichkeit im endlosen Ornament der Buchstaben und als Rhetorik. Die vielen Worte, die die Liebenden seit Rousseau aus ihrer Liebe machen, wollen ein Gegengewicht sein gegen die Geringschätzung des Eros in der Wirklichkeit. Diese vielen Worte wollen nicht nach ihrem Mitteilungswert gewogen werden, vielmehr baden die Personen in ihren Worten als in ihrem eigentlichen Fluidum. Sie sind das Verläßliche, auch wenn alles vorbei ist oder nicht so geworden, wie es ersehnt war.

Als Goethe 1774 den ‹*Werther*› als einen Roman in Briefen publizierte, treibt er den Gedanken Rousseaus auf die Spitze. Werther braucht den Briefpartner nicht mehr. Er ist Künstler, der nach Ausdruck ringt, und ehe er noch an der Liebe leidet, leidet er an der Kunst. Bevor er noch ahnt, daß er um Lottes willen sterben muß, fürchtet er, dem Ungesagten – Ungeschriebenen – zu erliegen: «Ach könntest du dem Papiere das einhauchen, was so voll, so warm in dir lebt, daß es würde der Spiegel deiner Seele, wie deine Seele ist der Spiegel des unendlichen Gottes. Mein Freund, aber ich gehe darüber zugrunde, ich erliege unter der Gewalt der Herrlichkeit dieser Erscheinungen.»[13]

Schriftlichkeit vermenschlicht für den Helden das Leben erst, das ohne solche literarische Brustwehr vernichtend wäre. Vor der Zerstörung durch das Leben wäre das Subjekt erst sicher, wenn ihm dessen künstlerische Mimesis im Ausdruck des Geschriebenen gelänge. – Wie der Autor Goethe, nachdem ihn die Berichte von Charlottes heimlicher Verlobung mit Kestner und dem Selbstmord Jerusalems erreicht hatten, sich zurückzieht in die Einsamkeit, um «dichterischen Gebrauch vom eigenen Leben zu machen», wie er selbst berichtet hat, so geht Werther an das Verfertigen des eigenen Romans, in dem Blut und Tinte sich ununterscheidbar mischen. Das Leben hängt hier am Schreiben. Wortmächtigkeit vor dem Papier bannt erst das Überwältigende. Erst als die Worte versagen, vertauscht er die Feder mit der Pistole. Er sitzt am Schreibtisch, als er sich erschießt. Doch hat er letzte Vorsorge getroffen. ‹*Emilia Galotti*› liegt aufgeschlagen auf dem Pult. Dem Helden verschlägt es die Rede, ja die eigene Sprache – die Schrift verschlägt es ihm nicht. Denn zwar ist er als Liebender zugrunde gegangen, als Autor aber nur zum Schein. Den Abschluß seines Romans verfaßt er zwar nicht mit eigener Hand, doch hat er ihn vorsorglich an Lessing delegiert.[14]

Wie bei Goethe schon die Briefform weniger dem Austausch der Partner diente als der Demonstration, daß der Held im Grunde einsam ist, so versiegt denn auch in der Folge die Tradition des Briefromans zugunsten des inneren Monologs. – Neueste Beobachtungen von Sprachwissenschaftlern über das Schreib- und Leseverhalten sind gewiß einem der Gründe auf der Spur, warum eine Renaissance schwer denkbar ist, wenn sie einen deutlichen Rückgang der Schriftsprachlichkeit feststellen: «Im Zeitalter von Telefon und Fernsehen werde weniger geschrieben und gelesen als früher», erklärt die Kommission für Fragen der Sprachentwicklung des Mannheimer Instituts für deutsche Sprache eben erst. «Nicht nur die Zahl der Privatbriefe sei in den letzten Jahren drastisch zurückgegangen, auch im Beruf ersetzten heute Textverarbeitungssysteme individuell formulierte Briefe. Gleichzeitig würden auch weniger Briefe gelesen.»[15]

Lebendig sind aber doch bis in die aktuelle Gegenwart Bedürfnisse geblieben, auf die das Schreiben zurückgeht, denn wenn von dem vielen Briefpapier, das derzeit in den Warenmagazinen des alternativen Lebens angeboten wird – vom geschöpften Seidenpapier aus Indien mit handgedrucktem Kopf bis zum grauen Umweltschutzpapier –, auch nur ein Bruchteil verschrieben wird, dann müßte im Verborgenen jenseits des geschäftigen Alltags bereits wieder eine neue zweite Kultur der Korrespondenzen blühen – als müßte gegen das Zeitalter der totalen Reproduktion, in dem jeder Text aus selbst schon Gedrucktem zusammenkopiert ist, angeschrieben werden.

Schließlich ist das Zeitalter der Briefschreiber – wie übrigens auch die Geschichte des Romans – schon immer mal wieder angeblich endgültig zu Ende gegangen. So notiert der englische Essaiist Charles Lamb 1822, es sei doch eigentlich recht töricht, Briefe zu schreiben. Von den dreierlei Gegenständen, die darin vorkommen: Neuigkeiten, Gefühle, Scherzreden, würde keiner das Schriftliche unbeschadet überstehen. Die Aktualität des Absenders sei für den Adressaten bereits Geschichte; die heißen Gefühle des Schreibers wären längst erkaltet, wenn sie den Lesenden erreicht hätten; die Scherzreden aber seien darauf angewiesen, sich in den Gesichtern der Zuhörer zu spiegeln – was sind das aber für Spiegel, die das Bild erst zurückwerfen, wenn ich nicht mehr davorstehe. So schreibt Lamb. Wo? In einem Brief an Mr. B. F. Esquire, Sidney.[16]

IV

Die Wandlung des Reisenden

Sei's auch wider die Natur, dachte der Hausganter, wozu habe ich denn Flügel, und er erhob sich gegen die Schwerkraft seiner versklavten Art.

Der Gänserich Martin aus Selma Lagerlöfs ‹*Wunderbaren Reise des kleinen Nils Holgersson mit den Wildgänsen*› (1906/07) folgt dem Ruf der wilden Artgenossen, die zur Frühjahrszeit über den heimatlichen Hof in Schonen fliegen, und er begleitet sie nach Lappland. Die Entscheidung für die ungebärdigen Landstreicher mit dem grauen Gefieder und den schwielenhornig ausgetretenen Füßen – denn sie machen nicht gern Umwege – fällt gegen den abwiegelnden Rat seiner allzu genügsamen Stallgefährten: «Es geht uns hier ganz gut!» und «Seid nicht verrückt, Kinder, das hieße so viel als hungern und frieren!»[1]

Freilich, der Hunger dieses reiselustigen Ganters ist von anderer Art. In jedem Sinne will er hoch hinaus. Wieviel sympathischer war er für mich also auch seinerzeit schon – neun oder zehn Jahre mochte ich gerade sein – und wieviel verwandter fühlte ich ihn als die demütigen zahmen, die zurückblieben. Schneeweiß und größer als die zigeunernden wilden Gänse steigt er himmelhoch ins Frühlingsblau, und sein riskanter Aufstieg wird belohnt. Er darf mitziehen, und was er selbst sich zutraut, gelingt ihm, wenn auch nicht ohne die Hilfe der anderen. – Hier sah ich einen Verbündeten jener verborgenen Gesellschaft der Hochfahrenden, zu der öffentlich sich zu bekennen im allgemeinen untunlich schien. Kannte ich doch schon damals das Schicksal jener unglücklichen Fischerfru, die König, Kaiser, Papst, ja der Herrgott selbst sein wollte – o das wollte ich auch gern! – und die zur Strafe für ihr maßloses Wünschen am Ende wieder in ihrem Pißpott saß; verächtlicher konnte man es nicht sagen. Und doch, ich sympathisierte heimlich unmoralisch mit ihr statt ihrem alten Schluffen, der die Hosen schon immer gestrichen voll hatte, wenn sie ihn wieder zur See hinunterschickte, damit er dem Butt ihre begehrlichen Bitten ausrichten sollte. – Später mögen solche Sympathien dann zu Parolen werden, die dann klingen, als wären sie aus einer fremden Sprache übersetzt: «Nichts akzeptieren, was dich verringert»; «meiden, was niederdrückt und herabwürdigt»; oder hochmütiger: «Fliehe die Häuser, in denen die Vulgarität dich verführen kann, sie übertreffen zu wollen mit gehässiger Feindseligkeit». – Die dauernde Unruhe des Ab- und Aufbrechens geht dann ein in Maximen der Lebensführung, und aus Erfahrung weiß man schließlich, daß das Licht schmerzt, wo es am hellsten ist.

Und wirklich erhielt auch die Gesellschaft der schmerzhaft gezüchtigten und gedemütigten Stolzen aus der Kinderlektüre später noch viel literarischen Zulauf. Wenn ich sie heute mustere, fällt mir auf, daß neben den Frauen und sozial Unterdrückten gesellschaftliche Außenseiter und Aufsteiger häufig sind, die aus der ihnen zugedachten Rolle fallen, um dieses Licht zu suchen. Je auffälliger sie werden, desto übler finden sie sich am Ende zugerichtet.

Der Meier Helmbrecht etwa, den sein Autor Werner der Gaertenaere vom hohen Roß herunterholen und durch eine Meute von Bauernlümmeln verhöhnen läßt, die ihm das lange Haar ausreißen und seine schöne Federmütze erbärmlich zerzausen, zur Strafe dafür, daß er anders sein wollte als sie. (Hatten nicht auch unsere Haushähne ihre Schwanzfedern längst meiner Haube opfern müssen, die mir nur zugestanden war, wenn ich mich nicht verdrückte vom Indianerspiel?) – Ach, und war es nicht Joseph, dem biblischen Träumer, schon elend genug ergangen mit seinen Brüdern, als ihm träumte, daß die Ähren auf dem Felde, ja Mond und Sterne selbst sich vor ihm neigen würden. Denn da zogen ihm diese Brüder seinen «bunten Rock aus, den er anhatte, und nahmen ihn und warfen ihn in eine Grube». – Als in der ‹*Wun-*

derbaren Reise› eine Schar Schwäne sich auf den weißen Ganter stürzt, ihm seine Federn auszureißen zur Strafe für seine Anmaßung, wird er durch seine Reisegefährten in Schutz genommen. So wohlwollend wurden die Eitlen und Stolzen in meinen Geschichten und Märchen sonst nicht behandelt.

Kein Wunder daher, daß ich seit meiner ersten Lektüre vergessen hatte, daß Nils Holgersson – etwa vierzehnjährig ist er – die Reise mit den Gänsen nicht etwa freiwillig angetreten hatte, sondern um mit der Sorge für den Hausgänserich seine Ungezogenheit zu sühnen: daß er sonntags nicht mit zur Kirche ging und daß er beim Bibellesen einschlief; daß er das Vieh auf dem Hof schikanierte und den Eltern eine liebe Not war. Ja selbst der donnernde Paukenschlag am Beginn des großen Buches, die Verwandlung des Kleinen in einen Däumling durch einen Wichtelmann, war in meinem Gedächtnis ohne eine Spur von Erinnerung verhallt. Daß Jungen auf Gänsen nach Lappland reiten können, muß mir viel weniger anstößig erschienen sein als die hausbackene Moral der Autorin, wenn sie – darin gänzlich die Lehrerin, die sie von Beruf war – Nils' Unarten mit erhobenem Zeigefinger bestraft. Stillschweigend und nachsichtig hatte mein Gedächtnis den Mißgriff korrigiert. Meine eigenen Flugversuche vom obersten Treppenabsatz waren eben zwar wieder einmal besonders schmerzhaft gescheitert, doch im Traum der vergangenen Nacht war ich erstmals in freiem Flug durch die Luft gesegelt. Daß Nils also lachen konnte, kaum daß er die Welt von oben sah und sie ihm alsgleich so gemütlich wurde wie ein Flickenteppich, obwohl er sich doch sagen mußte, daß ihm «das Allerschrecklichste widerfahren ist, was einem Menschen begegnen kann» [2], verstand ich ohne Erklärung; der weiße Ganter übrigens auch.

Schade, daß auch zwei neuere Versionen solcher wunderbarer Kinderreisen – Marie Luise Kaschnitz' *‹Der alte Garten›* und Tamara Ramsays *‹Die wunderbaren Reisen und Abenteuer der kleinen Dott›* – der Lagerlöf gerade in deren bedenklichstem Einfall gefolgt sind, wenn sie die Reiselust als tröstliche Begleiterscheinung einer pädagogischen Straf- und Sühneaktion darstellen.

In der ‹*Wunderbaren Reise*› bleibt aber sonst das Pädagogische unauffällig. Daß Nils Holgerssons Reise ein Erdkundebuch über Schweden ersetzt, stelle ich erst heute fest. Und ist nicht auch für die große Reiseliteratur dies viel wichtiger, daß die Räume ihre bedrückende und einschränkende Einfürallemal-Solidität einbüßen, daß sie statt dessen intelligibel und vor allem mobil werden? Als gelte auch für sie, was die Wildgänse verführerisch den Hausgänsen auf den Höfen versprechen: daß sie fliegen und schwimmen lernen würden. Mit den Reisenden geraten nämlich die Räume selbst in Bewegung, wird das sonst Lastende, Sperrige, Träge leicht. Wie hoch türmen sich vor Kindern nicht schon Hügel auf, wie schicksalhaft werden nicht gar Flüsse und Seen. Und scheinen die Straßenbänder ihnen nicht oft, irgendeiner Perfidie gehorchend, den Fortschritt der laufenden Füße zunichte zu machen wie Rolltreppen, die man entgegen der Laufrichtung betritt?

Für den fliegenden Jungen ist die körperliche Unterlegenheit der Kleinen ausgeglichen. Wie ermutigend, daß das möglich wurde nicht dadurch, daß er groß, sondern daß er noch kleiner wurde; die Schwäche des körperlich Unterlegenen bis zu jenem äußersten Punkt geführt, in dem sich die Einsicht noch jedes hilflosen Reisenden herstellt, daß nur wechselseitige Hilfe den Mangel behebt. Daß solche Hilfe bedingungslos gewährt wird, ist in der Tierwelt dieses Reisenden ungeschriebenes Gesetz. So darf der Adler Gorgo wieder jagen gehen, nachdem alle Versuche, ihn als Wildgans zu sozialisieren, fehlgeschlagen sind. Das ließ mich auch für Nils selbst hoffen, der als Lohn für die Hilfe, die er dem zahmen Martin gewährt, im letzten Kapitel aus seiner Zwergengestalt befreit vor uns steht. Kein Wort jedenfalls fällt mehr von Kirchgang und Bibellesen.

Mannigfache Verwandlungen und Erziehungsprozesse geschehen auf dieser großen Reise, doch wie gerne erkenne ich heute, welchen Respekt die Autorin für das Unverwechselbare und Persönliche hat. Niemand wird hier gezwungen, den eigenen Geist aufzugeben, um das Reiseziel zu erreichen: der Ganter Martin darf weiß und groß und zahm bleiben und schließlich auch nach Hause zurückkehren. Sein Wunsch zum Abenteuer wird ernst

genommen, ohne daß ihm die Verleugnung der eigenen Identität abverlangt würde. Nils behält auch als Wichtel menschliche Bedürfnisse, ja er entdeckt sie allererst, so wie der Adler seine Raubnatur in sich erschließt, aller Gänseerziehung zum Trotz. Sowenig wie als Buch über Land und Leute Schwedens hatte ich die ‹*Wunderbare Reise*› bei meiner Kindheitslektüre als ein Hausbuch für ein richtiges Leben begriffen. Kein Zweifel indessen, daß es als ein solches beabsichtigt ist und wirkt. Als Hugo von Hofmannsthal der Lagerlöf – sie war inzwischen Nobelpreisträgerin – 1928 zu ihrem siebzigsten Geburtstag gratulierte, unterschreibt er als «einer der vielen, der seinen Kindern die ‹Reise des Nils Holgersson mit den Wildgänsen› an stillen Winterabenden vorgelesen» hat, dankt ihr «im Namen Vieler für die Freuden dieser Reise».[3] Ob er bemerkt hatte, mit welch listiger Verschmitztheit es der Autorin gelungen war, in der Himmelsschrift der Wildgänse ihr eigenes zärtlich anarchistisches Credo zu verstecken? Denn darin hält dieses Buch auch für den erwachsenen Leser, was es dem jugendlichen verspricht. Aus dem Fabulieren über den Gänserich tritt in der Lektüre des Erwachsenen Kropotkins Zurückweisung der Kränkung hervor, die Darwins Theorie über den Sieg der biologisch Stärkeren für das moralische Bewußtsein der Autorin bedeutet haben mußte. – Die profane Frömmigkeit wechselseitiger Hilfe, die der russische Anarchist als eine Rationalität des Herzens verkleidete, läßt die Lagerlöf einen der Höhepunkte der Reise in ein Friedenfest legen. Einmal im Jahr versammeln sich da die Tiere zum Kranichtanz, um in der gebotenen Gewaltfreiheit und in der Schönheit des Tanzes wie in einem Augenblick weltlicher Erlösung einen Vorschein der metaphysischen zu ahnen:
«Die Flügel anmutig erhoben, bewegten sie sich mit unfaßlicher Schnelligkeit. Es war, als spielten graue Schatten ein Spiel, dem das Auge kaum zu folgen vermochte. Es war, als hätten sie es von den Nebeln gelernt, die über die einsamen Moore hinschweben. Ein Zauber lag darin; alle, die noch nie auf dem Kullaberg gewesen waren, begriffen nun, warum die ganze Versammlung ihren Namen von dem Kranichtanz hat. Er hatte eine gewisse Wildheit und weckte doch das Gefühl einer süßen Sehnsucht. Niemand

dachte jetzt mehr daran zu kämpfen. Dagegen fühlten jetzt alle, die Beflügelten und die Flügellosen, einen Drang in sich, ungeheuer hoch hinaufzusteigen, ja bis über die Wolken hinauf, um zu sehen, was sich darüber befinde, einen Drang, den schweren Körper zu verlassen, der sie auf die Erde hinabzog, um nach dem Überirdischen hinzuschweben.»[4] In der ‹*Wunderbaren Reise*› wird auch dem kindlichen Leser der Gedanke zugemutet, daß diese Sehnsucht auf den Tod gerichtet ist.

Aber zunächst geht doch der Blick zurück ins Leben, und es muß noch viel und ganz profan herumgefahren werden. Nur selten und in ausgezeichneten Situationen und Augenblicken nehmen wir dann noch die Hinweise wahr, die auf den Tod zeigen. Dies Auseinanderfahren der Bewegungen: der subjektiv wahrgenommenen und einer objektiven, dazu noch einer natürlichen und einer mechanischen, ist das Thema der folgenden Passage, in der die Eisenbahn in diese Bilderwelt fährt:

«Am Morgen war der Wind aus Norden gekommen. Jetzt hatte er sich gedreht, die Reisenden hatten ihn im Rücken, und deshalb spürten sie ihn gar nicht. Da auch der Adler ganz gleichmäßig flog, glaubte der Junge manchmal, dieser stehe ganz still, und er schlage nur immerfort mit den Flügeln, ohne vom Flecke zu kommen. Statt dessen aber schien unter ihm alles in Bewegung zu sein. Der ganze Erdboden und alles, was darauf war, glitt langsam südwärts. Wälder, Häuser, Wiesen, Zäune, Flüsse, Ortschaften, Schäreninseln, Sägewerke, alles war auf der Wanderschaft! Der Junge überlegte, wohin alle miteinander nur wollten? Waren sie es müde geworden, so lange da droben im Norden zu stehen, und wollten sie nun südwärts ziehen?

Zwischen allem, was sich bewegte und gen Süden wanderte, stand nur eins still, nämlich ein Eisenbahnzug. Er hielt gerade unter den beiden, die da droben durch die Luft flogen, und es ging dem Zuge genau wie Gorgo! Er konnte nicht vom Flecke kommen. Die Lokomotive spie Rauch und Funken aus, der Junge konnte bis zu sich herauf hören, daß die Räder laut auf den Schienen rasselten, aber der Zug selbst bewegte sich nicht. Die Wälder glitten an ihm vorüber, die Bahnwärterhäuschen glitten vorbei, die Schlagbäume und die Telegraphenstangen glitten vorüber, aber der Zug stand still. Ein breiter Fluß mit einer langen Brücke darüber floß ihm entgegen; aber der Fluß und die Brücke glitten ohne jegliche Schwierigkeit unter dem Zuge durch. Schließlich kam ein Bahnhof dahergelaufen. Der Stationsvorsteher stand mit seiner roten Fahne in der Hand auf dem Bahnsteig und glitt langsam zu dem Zuge hin. Als er seine Fahne schwang, stieß die Lokomotive noch schwärzere Rauchwirbel heraus als vorher und pfiff jämmerlich, als beklagte sie sich darüber, daß sie nicht vorwärts kommen könne. Aber in demselben Augenblick setzte sich der Zug in Bewegung und, gerade wie der Bahnhof und alles andere, glitt jetzt auch er südwärts dahin. Der Junge sah, wie die Wagentüren aufgemacht wurden und die Reisenden ausstiegen, während doch alle beide, die Reisenden mitsamt dem Zuge, sich in südlicher Richtung weiterbewegten. Aber jetzt wendete Nils Holgersson seine Blicke von der Erde ab und versuchte geradeaus zu schauen.»[5]

Wir nicht. Statt dessen heften wir uns an den Zug, so wie auch Nils Holgersson den jugendlichen Höhenflug bald erst einmal beenden wird zugunsten irdischerer Abenteuer. – Aber werden wirklich unsere Fahrten darum weniger anspruchsvoll? Vielleicht nicht einmal, trotz Massentourismus. «Vielleicht gibt es Wünsche, ‹Wunschbilder des Reisens›, denen die Urlauber ausdauernder nachreisen als den Angeboten der Tourismusindustrie. Es könnte schon sein, daß der Reiz der Reise in dem, was wirklich und wahrhaftig erlebt werden kann, sich noch lange nicht erschöpft.»[6] Doch werden wir später schamhafter im Aussprechen unserer Wünsche und Phantasien, weniger naiv als Meier Helmbrecht, die dreiste Fischersfrau und der Junge Nils. Je weiter wir uns dann hervorwagen, desto bitterer fühlen wir am Ende die Blamage, wenn die Umstände nicht halten, was wir uns versprechen. So flüchten wir gern in die Heimlichkeit.

Man will auf Reisen gerne mehr als nur man selbst, man will ein anderer sein. Jeder wahre Reisende ist darum inkognito unterwegs. Der Name ist ja das Siegel der festgeschnürten Ich-Identität. Wer losfährt, will es lösen. Der durch keine Gewohnheit vermeidbare Schreck bei der Ausweiskontrolle an der Grenze ist der eines Ertappten. *Jeder* Blick in den Paß stellt einen Flüchtigen. Reise und Ausweiszeigen, das gehört aber zusammen, weil die enthemmte Mobilität ein Alb jedes Staates ist. Die Verfügung über das menschliche Arbeitstier scheint in Gefahr zu sein. Wer reist, ist immer fremd, also unberechenbar und unverfügbar, ein Kobold, ein Rumpelstilz, weshalb die häufigen Manöver, dem Fremden bei jeder Gelegenheit den Namen auf den Kopf zuzusagen, in einer tieferen Schicht als der polizeilich-pragmatischen, in einer mythischen im Verhältnis des Einzelnen zur Gesellschaft wurzelt.

Wer reist, gewinnt die Macht erst, deren er sich zu begeben schien, als er ins Unvertraute losfuhr. Im Namen war er definiert, und man wußte, was von ihm zu gewärtigen ist; jetzt ist er die Allegorie des Möglichen. In der Tat, dem Fremden ist alles zuzutrauen. So ist das Mißtrauen gegenüber dem Namenlosen selbst namenlos, lauernd auf Unsägliches. Weit mehr als Neugier ist die zwanghafte Unruhe mancher Abteilgenossen, irgendwie das Inkognito des Gegenüber zu lüften; weit weniger banal die abweisende Distanz von anderen, als es die Entfremdungskritiker kurzatmig mit der Zerstörung kommunikativer Intersubjektivität in den modernen Gesellschaften uns glauben machen wollen. In der Reise steht mehr auf dem Spiel: die Möglichkeit, leibhaftig ein Entrinnen zu erfahren.

Wohin? Ins Unbenannte. Der Name ist Vergangenheit, Inbegriff gelebten Lebens; letztes Glied einer langen Kette von Ahnen, an die der gegenwärtige Träger des Namens gelegt ist als ein Gefangener des Gewesenen, des geschichtlich und individuell Zurückliegenden. Wer reist, nimmt reis-aus vor der Zeit, indem er schneller sich zu sein bemüht als sie. Reisen heißt beschleunigen. Das rasende Anwachsen der Geschwindigkeit gehört dazu: mit ruhigem Puls zu erleben, der eigenen, der zudiktierten, der im Namen zugemessenen Zeit davonzueilen, so schnell, daß Spuren nicht sich bilden können. Ein Potential ungerächter Taten und begriffsloser Katastrophen. Darum ist Kaltblütigkeit und Verwegenheit auf den Gesichtern selbst derer zu lesen, denen tüchtige Agenturen alles abgenommen haben. Sie überholen die Zeit, was macht es da, daß sie nichts sehen von der Welt. Was wiegen dagegen die ideologiekritischen Verdrießlichkeiten. Reisende und die an ihnen verdienen sind insgeheim Komplizen. Die Versprechungen und vielfach ausgetauschten Versicherungen, man werde was zu sehen bekommen, täuschen die Zurückbleibenden: Vorwände, um Abschied zu nehmen, um fahren zu können.

«Wenn einer eine Reise tut, so kann er was erzählen» – klingt das nicht auch nötigend? Etwa wie: dann soll er gefälligst auch etwas zu erzählen haben, denn wozu läßt man ihn sonst reisen! Darin ist Aufrechnen von Aufwand und Gewinn; die Ökonomie von «Zeit ist Geld». Verraten die frühen großen Reiseberichte – wie sehr nicht der von Georg Forster! – nicht allzuviel Beflissenheit des Rechenschaftgebens? Schreibt da nicht auch ein Buchhalter mit schlechtem Gewissen, weil Reisezeit vertane Zeit sein könnte? Tatsächlich wollten ja oft auch die Geldgeber der großen Expeditionen aus derartigen Berichten erfahren, ob ihre Investition sich gelohnt hatte. So geraten nicht selten die Berichte zum Katzenjammer spröder Pflichterfüllung. Unterwegs war's lustiger. Wer reist, geht mit der Zeit um wie ein Herr. Er vergeudet sie skrupellos und mit vollen Händen. Das wollten die Bürger zumindest literarisch nicht wahrhaben, hier reisen sie gnietschig, Krämer auch insofern. Der wahre Reisende verhält sich wie ein Kavalier: er schweigt und genießt – mit geschlossenen Augen.

Der wahre Reisende reist inkognito und er reist mit unbekanntem Ziel. Wiederum ein Zusammenzucken, wenn die Fahrkarte abgefragt wird. Die heimliche Angst gar, der Kontrolleur, ein Eindringling in unser Intimstes wie ein Arzt, vor dem wir uns entkleiden, ein Beichtvater, dem wir uns öffnen, dieser in unser Geheimnis Eingebrochene, könnte nun auch gar den Zielort halblaut noch repetieren, ihn den Mitreisenden preisgeben, uns gemein machend mit ihnen. – Denn im Tiefsten, so wissen wir, ist doch jeder Zielort ein Irrtum, sein Name beliebig, nicht mehr als ein Alibi. Der Zwang, die Karte vor Fahrtantritt zu lösen, ist ein plumper Versuch, uns den Fluchtweg abzuschneiden, uns den Weg zu verlegen mit einem Namen. Wir sollen zermürbt werden wie der Hase im Wettlauf mit dem korrupten Igelpaar. Während wir keuchend die Zeit in Grund und Boden rennen, ist das Stachelmonster immer schon da. Wie ist das möglich? Weil

ein Monster dem anderen verwechselbar ähnelt bis in die Spitze der Stacheln. Einerlei also ob Köln oder Neukölln. Wir rasen uns zu Tode, während sich das Spießgesellenpaar ins Fäustchen lacht. Seitdem die Zielorte so ähnlich geworden sind wie Birmingham Frankfurt und Mailand diesen beiden, ist diese Erinnerung besonders dringlich: Nichtig ist das Reisen zu den Namen. Zu ver-reisen ist das Entscheidende. Im totalisierenden Präfix kommt das zu Wort: zu ver-reisen, wie sich vergessen, sich vergeben, sich vertrauen – allemal ein Vertilgen der Zeit. Chronos fraß seine Söhne. Hier wird er selbst, der Gott der Zeit, in vielerlei Gestalt: in Äpfeln, Eiern, Hühnerschenkeln maßgenommen und verschlungen. Denn so wie kilometerfressend der Zug durchs Land jagt, sitzen kauend darin die Reisenden. Kaum kommt der Zug in Fahrt, beginnt der Fraß, beileibe nicht aus Hunger. Einverleibt wird hier die Zeit, in die die Speisen sich verwandeln, sobald der Abfahrtpfiff ertönt.
Hat der Mythos wirklich abgedankt? – Streng hat man die Welt des Reisenden im Zeitalter der Eisenbahn analog der Verendlichung des unendlichen, kontinuierlich seinen Horizont erweiternden Landschaftsraums zum geographisch definierten Raum bestimmen wollen. Dem geschlossenen und zwischen seinen Orten ausgemessenen Raum der Geographie entspricht – nach einer Feststellung von Erwin Straus – das geplante und programmierte Reisen: «Wir treten eine Reise in der Erwartung an, daß die Züge pünktlich abfahren und daß sie auf die Minute ankommen. Auf welche Minute? Nun, die im Fahrplan vorgesehene einer objektiven, exakt meßbaren Zeit. Unsere Wahrnehmungswelt mit ihren festen und beweglichen Dingen, ihrem geographischen, geschlossenen, systematisierten Raum, ihrer objektiven Zeit, wird beherrscht von dem Plan, dem Maß, der Uhr. Wir leben nach der Uhr. Je strenger die Herrschaft der Uhr wird, desto ferner rückt die Landschaft.»[7]
In der Tat, das ist die Konvention. Aber wie begierig sind wir nicht nach Übertretung, wie lüstern nicht nach dem katastrophischen Zusammenbruch der Fahrpläne und Sitzordnungen, nach blockierten Strecken und neueröffneten Zielen. «Dem Glücklichen – aber auch dem Unglücklichen – schlägt keine Stunde», so

konstatiert ja auch Straus.[8] So konnte man denn nachweisen, daß das literarische Motiv der «unendlichen Fahrt» von Fliegenden Holländern und trunkenen Schiffen genauso alt ist wie die neuzeitliche Rationalität der streng geplanten Expeditionen.[9] – Übrigens ist es ja auch mit den systematisierten Räumen der fortschrittlichen Reisenden nicht allzu weit her. Es gibt sie mehr auf dem Papier, denn für die Erfahrung dessen, der in der Bahn sitzt, sind sie ungewiß und abstrakt. «Durch die Eisenbahn wird der Raum getötet», zitiert Wolfgang Schivelbusch Heine und zieht daraus den Schluß: «Auf der einen Seite schließt die Bahn neue Räume auf, die bisher nicht verfügbar waren, auf der anderen Seite geschieht dies, indem Raum vernichtet wird, nämlich der Raum dazwischen.»[10] So ist der zeit- und ortlose Reisende nicht ein selbstermächtigter Oppositioneller gegen eine herrschende Tendenz, sondern deren Produkt.

Feste sind stets die Aufbrüche, auch wenn wir uns gleichmütig geben. Da geschieht schon fast alles. Der Bahnhof ist ein Ort der Ekstase, der Entrückung aus der Zeit, bevor noch ein Zug ihn verläßt. Die «schönsten Kirchen der Welt» hat Cendrars sie genannt und Théophile Gautier «Paläste der modernen Industrie, wo die Religion des Jahrhunderts, die der Eisenbahnen, ihren Ort hat. Diese Kathedralen der neuen Menschheit sind die Treffpunkte von Völkern, Mitten, in denen alles zusammenläuft, Energiezentren gewaltiger Sterne, deren eiserne Strahlen bis ans Ende der Welt reichen.»[11] Als die Götter starben, haben sie hier Zuflucht gesucht. Merkur am Portal, schöne Unbekannte immer wieder zwischen den Verstrebungen hinabsehend auf das Treiben unter ihnen. Das Bündnis von Mythologie und Technik, das das 19. Jahrhundert schloß, hat hier seinen Tempel.

Zunächst erscheint es als ein Widerspruch. Erweitert nicht der Fortschritt der Technik den Abstand zu den Göttern? Ist Industrie nicht ein Fortschreiten aus der menschlichen Vorgeschichte, deren Mythologie die Bilder der Ohnmacht der Menschen vor der Natur anzeigt? Ist der technische Fortschritt in der Naturbeherrschung nicht den alten Göttern feind? «Mythologie und Industrie. Dieses Begriffspaar ruft verschiedene Erwartungen und Vermutungen hervor. Mythologie, heute häufig ein ab-

gerückter Bildungsstoff, scheint für eine überwundene Vergangenheit und ein irrationales Weltbild zu stehen, das den Menschen im listigen Kampf mit den Göttern seine Ohnmacht als unabwendbares Schicksal erfahren ließ. So gesehen steht Industrie für die neuzeitliche, rationale Inbesitznahme dieser Welt, für die uneingeschränkte Umsetzung von Erde, Wasser, Luft und Feuer in Produktionsprozesse, deren Endziel, ein grenzenloses Warenangebot, jedermann Wohlstand und Luxus zu verheißen scheint. Ein Gegensatz also, der das Auseinanderklaffen zweier Wertvorstellungen zum Inhalt hat?»[12] Die Zeit der Götter heißt Ewigkeit, die der Technik ist die Zukunft; stillgestellte Zeit dort, äußerste Beschleunigung im steten Vorgriff auf das, was sein wird, hier. Wie steht dies beides zueinander, wo Architektur es zusammenspannt wie in diesen Monumenten von Glas und Eisen?
Die Nervosität, die Hast, das Hecheln im Bahnhof nimmt die Beschleunigung der Zeit beim Antritt der Fahrt schon vorweg. Hier schon beginnt der Wettlauf mit der Zeit, deren Maß, die Bahnhofsuhr, majestätisch und unbestechlich über allem ist, ein gewaltiges Auge, das alles sieht. Doch hier schon, in der Bahnhofshalle, läßt sich erfahren, was Reisezeit ausmacht: der Stillstand in der Beschleunigung, den wir nur darum für gewöhnlich nicht erkennen, weil wir Akteure in dieser Orgie des Aufbruchs sind. Ein Blick aus dem Auge der Bahnhofsuhr, und dieselbe Szene, in der wir eben noch blind agierten, verwandelt sich zur Kenntlichkeit. Wir sehen nun die präzise Choreographie dieses grandiosen Balletts mit ständig wechselnden Teilnehmern, dessen Titel Aufbruch heißt. In der kopflos ausgeführten Bewegung selbstverlorener Hektik finden diese Tänzer des Abschieds wie im Traum ihren Weg. Ein Bild, in dem die Bewegung steht, aber *als* Bewegung, ein Vibrieren also, dessen Erfahrung das Glück schon ist, das die Reise verspricht. Darum hat es seinen guten Grund, daß die Bahnhöfe wie Paläste sind, in den Abmessungen die Opernhäuser noch übertreffend, an die sie in manchem erinnern. Wie umsichtig sind nicht die Galerien mit den Logen der Kioske im Hamburger Hauptbahnhof angelegt. Hier sind die besten Plätze zu haben, wenn wir – wie erhitzte Tänzer – die Bewegung in ihren Bildern genießen möchten.

Reisezeit ist Festzeit, herausgebrochen aus dem Rhythmus der Arbeit und mit despotischem Anspruch, daß kein anderes Maß mehr gelte. Ein richtiger Bahnhof ist als großes Zelt gebaut; natürlich muß er gläsern sein, wie der Schein von anderem, Illusion und Vorschein: wie ein Haus und doch fast schwebend. Die Galerien verstärken den Eindruck, übrigens schon in den Opernhäusern, in denen sie, wie vom Parkett abgehobene Gondeln, die Schwerkraft in Zweifel ziehen.

Der Bahnhof ist der Ort der großen Verwandlung. Schivelbusch hat ihn schön als eine Schleuse charakterisiert.[13] Arbeitszeit schlägt um in Reisezeit. Hier gehen die Namen verloren, werden die tausend kleinen Tode des Abschieds gestorben. Das Glück dieses Abschieds hat selbst keinen Namen, kann keinen haben. Es liegt in der Erfahrung, sich verlorenzugehen und doch noch zu sein, wiedergeboren als reine Möglichkeit. Unsere Individualität erlischt in der beschleunigten Zeit, und wir finden uns wieder als Teil eines choreographischen Arrangements, Bestandteil eines Ornaments: ein Rätsel, uns selbst zur Lösung aufgegeben. Wie bei gewissen Kreiseln und auch dem Karussell das prächtigste Bild erst bei heftiger Beschleunigung hervortritt, so auch hier das Ornament. In ihm sind, wie die Pferde und Fahrräder, Feuerwehren und Schwäne, die Individuierten in eine Bewegung gerissen, in der sie verschmelzen, um in dem prächtigen Regenbogen des Karussells, im Ballett des Abschieds wiedergeboren zu werden. Verlangsamen sich Karussell oder Kreisel, so verlöschen die Ornamente; Kreisel beginnen gar zu torkeln wie wir selbst, wenn wir nach langer Bahnfahrt wieder den festen Boden unter den Füßen haben – dann erst.

Der Stillstand in der heftig beschleunigten Zeit, den wir im Bahnhof nur erfahren durch den Wechsel der Perspektive vom Akteur zum Betrachter, wird zur spontanen Körpererfahrung, wenn wir endlich im Abteil, wenn wir unterwegs sind. Wir jagen durch die Landschaft und erleben die totale Mobilisierung; wir wissen, wieviel Zeit wir zurücklassen; die im Abteil aber ist stillgestellt, eine lange Weile in den vier Wänden eines Coupés – so drastisch und abstrakt, so entblößt von aller Ablenkung erfahren wir sonst kaum je einen Raum, ähnlich wie Gefangene.

Auch hier also Reisezeit als äußerste Beschleunigung, erstarrt in der Langeweile des kleinen Raums, wir verwiesen auf uns selbst, die wir auf dem Weg sind, uns loszuwerden.

Für uns ist diese Zeit erst gewonnen, wenn wir sie vergeuden; schamlos, enthemmt, ekstatisch; wenn wir sie erfahren als nicht genutzte Zeit, wenn wir uns weigern, ihr Bedeutungen zu geben, sie mit Namen zu belegen. Sie will genommen werden im Rausch sinnloser Verschwendung. Wozu wir die Zeit wollen? Für nichts. Lassen wir uns nicht ein aufs Rechtfertigen.

Die Chance des Reisenden, ein anderer zu sein, liegt eben hier: im *reinen* Gebrauch der Zeit. Er ist nur möglich durch ihre Vernichtung.

Dieser Anschlag auf die Zeit der bürgerlichen Gesellschaft ist nicht zeit-kritisch, will nicht einen Gebrauch der Zeit anstelle eines anderen, darum also *kein* Gebrauch: Ausstand. Bloß kritisch wäre es, einen Nutzen durch einen angeblich besseren zu ersetzen. Das ist die Gestalt der Kritik, in der sich die bürgerliche Gesellschaft selbst reproduziert, die sie deshalb als Zeit- und Gesellschaftskritik institutionalisiert hat. Sie bleibt aber deren Zeit immanent. Jean-François Lyotard hat das so zusammengefaßt: «entweder erobert die Peripherie – peripher steht die Kritik zur Gesellschaft. G. M. – das Zentrum (erstes Schicksal der Kritik: Umsturz und Machtergreifung); oder das Zentrum verortet die Peripherie und nützt sie für seine eigenen Zwecke, für seine innere Dynamik (ihr zweites Schicksal: in die Opposition gehen). In beiden Fällen also glorreicher Tod.»[14] – Das Stillstehen der Zeit in ihrer bloßen Vernichtung, das ist die Figur des Generalstreiks, wie Walter Benjamin ihn als ein Beispiel von reiner Gewalt beschrieben hat. Deshalb dürfen auf den Bahnhöfen die Götter zitiert werden, ohne wie sonst stets mißbraucht zu sein für irgendwelche Zwecke. Hier sind die Zeugen eines reinen Zwecks.

Einiges im Umgang mit Reisezeit kommt doch diesem reinen Gebrauch zu reinem Zweck schon nahe: Erzählzeit, Spielzeit, Zeit des erotischen Abenteuers. Da werden Identitäten produziert um ihrer selbst willen: mutwillig, verantwortungslos. Sie haben keine stabilere Wirklichkeit als der Regenbogen des Kreisels; geboren bei Fahrtantritt, erlöschen sie am Ende. Nichts Gutes gedeiht aus den Versuchen, was im Abteil geschieht, zur Dauer zu zwingen. Verabredungen, die hier getroffen, dürfen versäumt, Versprechungen, die hier gegeben, müssen gebrochen werden.

Reisezeit ist erfundene Zeit; wenn sie gelingt, so ist sie an und für sich; unabhängig und von ihrem Schöpfer abgelöst.

Je reiner ihre Vernunft, die der absoluten Nutzlosigkeit, zum Erscheinen kam, desto vergeblicher das Bemühen, sie willkürlich zu verlängern. Die Verlegenheit, mit der wir Reisebekanntschaften später treffen, ist nur zu begründet. Als Könige waren wir uns begegnet, souverän im Augenblick: Erzähler, Spieler, Verführer, als Bettler an der Zeit sehen wir uns wieder, unserer Armut plötzlich doppelt bewußt.

Der Eros der Reisezeit hat auch schon seinen Ort in der Mythologie des Bahnhofs: von lange her als einem Tempel der Prostitution männlicher Jugend. Während in den umliegenden Quartieren sich die Frauen anbieten, verdichtet sich das Milieu in den Hallen der Hauptbahnhöfe noch einmal und steigert sich zu einer neuen Qualität. Denn die hier locken, altern nicht, ähnlich den Reisenden, werden sie ausgetauscht, sobald sie ermüden. Draußen im Viertel der roten Laternen ist das anders. Da gibt es den Küken- und den Omastrich, ist das Laster freundlich und hygienisch ins Leben verwoben, wächst heran und altert mit ihm, kaum daß das Schummerlicht die Falten verbergen muß, denn hier findet auch das Alter noch Verehrer. Im Bahnhof selbst gilt nur die Jugend, und wo sie vergeht, verwelkt sie nicht, sondern ertrinkt heroisch – tragisch in Rausch und Suff. Im Spektrum der erotischen Mythologie sind diese Knaben weit mehr als nur ein spezialisierter Sektor: Eros selbst, der alterlose, verkörpert sich in ihnen; fast zweifelhaft gelegentlich noch das Geschlecht und Knaben deshalb vor allem, damit der Gedanke an die Folgen keinen Zugang hat. Vor ihren heiligen Rechten, mehr noch wahrscheinlich vor der Flüchtigkeit ihres Erscheinens und Verschwindens resignieren selbst die Gesundheitsämter. In diesen Knaben hat der Eros der Reise sein Ideal.

Was hier sich verändert, tut dem nicht Abbruch. So hat es die

Lockerung der geschlechtlichen Sitten mit sich gebracht, daß zu den Strichern aus Profession sich die aus Gelegenheit gesellen. Fahrschüler, die um die Mittagszeit nach Schulschluß – ihr Taschengeld zu ergänzen, ehe es heimwärts geht ins Dorf – zu dem Balanceakt auf dem Strich sich gerade eben nur verwandeln, doppelt flüchtig, doch zuverlässig im Zeitpunkt der Verwandlung aus Söhnen ihrer Eltern zu Eroten: wie die Figuren am Turm beim Schlag der vollen Stunde einmal ihre Runde drehen. – Oder die Fremden, vielleicht Arbeitsemigranten, ohne Erlaubnis womöglich zum Aufenthalt, doch mit sicherem Schritt auf dem Strich, erscheint Eros doch am liebsten als Fremdling. Wir wissen dann um so weniger, wie er im Alter aussehen wird, die Melancholie aus Ahnung des Vergehens ist leichter, oft gar fast verdrängt, anders als angesichts der jungen Profis, die die Zeit ihres Verfalls in den tiefen Schatten unter ihren Augen tragisch ahnen lassen.
Zwar ist Reisezeit Festzeit, doch auch als solche bleibt sie eingelassen ins Leben, festgespannt zwischen vorher und nachher. Gewiß besteht alle Kunst dieser Feier des Augenblicks darin, dessen Vergänglichkeit vergessen zu machen, also eine Ewigkeit in ihm zu stauen. Doch je eifriger dieses Bemühen, je steiler der Aufwand gesteigert ist, um den Augenblick des Festraums herauszusprengen aus dem Ablauf der Arbeitszeit, zu desto größerer Erhabenheit findet sich auch die Melancholie verdichtet, die allem ein Ende droht. Über die der Bahnhöfe finden sich einige Reflexionen bei Proust. Der Held der ‹*Recherche du temps perdu*› berichtet von seiner Abfahrt ins Seebad Balbec. Reisen beschreibt er als tiefe Zäsuren in der Kontinuität des Lebens, «indem sie uns von einem Namen zu einem anderen führen».[15] In den Bahnhöfen werden sie zum Ereignis, «jene besonderen Orte ... die nicht eigentlich einen Teil der Stadt bilden, sondern ihr Wesen nur noch insofern enthalten als sie auf einer Signaltafel ihren Namen tragen ...»[16] Tragisch aber sind diese Bahnhöfe, weil jede Zäsur auch Abschied und Tod bedeutet: «Über der offen in ihrer Blöße vor ihr liegenden Stadt», so beschreibt der Dichter den Blick von der Gare St. Lazare, war einer «jener ungeheuren rohen und von dramatischen Drohungen trächtigen Himmel aufgerollt, ähnlich gewissen Himmeln von fast parise-

risch anmutender Aktualität bei Mantegna und Veronese, ein Himmel, unter dem sich einzig ein Akt von furchtbarer Feierlichkeit vollziehen kann wie eine Abreise mit der Eisenbahn oder die Kreuzerhöhung.»[17]
Abfahrt und Tod aber sind – wie am Kreuz – Geschehnisse der Verwandlung, und je tiefer das Dunkel über der Zukunft liegt, liegen muß, wenn die Konstellation des reinen Einstands gewahrt bleiben soll, desto dichter die Melancholie. Adorno, der die angeführte Passage in seinem Essai *‹Valéry Proust Museum›* in Benjamins Übersetzung ebenfalls zitiert, hat darauf aufmerksam gemacht, in wie engem metaphorischen Zusammenhang bei Valéry und Proust Bahnhof und Museum gebracht sind.[18] Die Bedingung der Metapher ist der Ausdruck von Abschied. Valéry hat ihn für das Museum darin gesehen, daß wie nach dem Tode reicher Leute, exzessiv und darum unverwertbar, ein Kapital brachliegt als ein großartiges Chaos. Es wird ihm zum Gleichnis «für die Anarchie der Warenproduktion in der entfalteten bürgerlichen Gesellschaft».[19] Das Überakkumulierte werde zum Fluch derer, die nichts mehr damit anfangen können. Denken wir diese Interpretation für den Bahnhof zu Ende, so ist in ihm freie Zeit gestaut, ohne mehr ausgegeben werden zu können, weil angeblich die Menschen über dem Überangebot die Fähigkeit sinnvollen Gebrauchs verlieren. Zu Recht hat Adorno hier die Versuchung zum Kulturkonservatismus gesehen: die Konsequenz zu ziehen, «die Kultur zu kündigen, um ihr die Treue zu halten».[20] Selbst hat er sich davon nicht immer und nie eindeutig distanziert. Vielleicht auch darum nicht, weil er vom Begriff der Kunst den der Kritik nicht hat lösen wollen. Für die Oper hat er bekanntlich kaum ein gutes Wort gefunden. Tatsächlich ist sie ein radikal unkritisches Genus. In ihr wird alles aufgeboten, was das Arsenal der Künste zu bieten hat, und es wird inszeniert ad absurdum; auch dies eine Ostentation im Spannungsfeld von Überfülle und Vernichtung, in dem wir die Feste des Abschieds im Bahnhof angesiedelt finden. Adorno sieht hier nur das Überangebot, das Verramschen der Tradition zu Billigpreisen – zu Unrecht. Denn hier, wie überall, wo das geschichtlich Überlieferte sich zerschlagen findet und neu zusammengesetzt zur Or-

namentik von Rätselbildern, die Zeit gestaut in der Konstellation des Abschieds: im Bahnhof, im Museum, in der Oper herrscht der selige Wahnsinn des Spiels ohne Nutzen.

Melancholie war seinem Ausdruck schon immer beigesellt. Sei es, daß die Reise selbst als ein Bild des Sterbens genommen wurde und insofern von Tragik umgeben, sei es, daß das Reisen als ein Mittel gegen die Melancholie empfohlen wurde, wie in der *‹Anatomy of Melancholy›* des Renaissance-Autors Robert Burton. Wie viele der großen Reisenden, der literarischen und jener des wirklichen Lebens, sind nicht aus Weltschmerz und Liebeskummer unterwegs. Die bereiste Welt leiht dann die theatralische Staffage für die Selbstdarstellungen der Trauer. Deren Tiefe und Intensität finden ihr Maß in Weglänge und Reisezeit, und über den Stationen des Dramas, die der Trauernde in seinem Innern durchläuft, spannt sich der teilnahmslose Himmel fremder Szenen, als wollte er unerbittlich die Verlorenen und Verlassenen in ihrer Einsamkeit bestätigen. Und doch eröffnet wunderbarerweise gerade diese Steigerung des Schmerz- und Verlustgefühls in der Ferne die Aussicht auf die heilende Wandlung. Denn ganz so, wie der ablenkend oder tröstend gemeinte Zuspruch uns reizen mag, nur immer mehr Argumente zu ersinnen, die unserer Trauer recht geben, während eine gelassene Bestätigung des erlittenen Unglücks durch einen lebenserfahrenen Freund unsere Lebenskräfte zum Widerspruch spornt, so mag auch das Reisen heilen: ähnlich jener homöopathischen Therapie, die auf der Mobilisierung der Widerstandskräfte durch die dosierte Zufuhr von entzündenden Mitteln beruht.

Ist nicht Seumes *‹Spaziergang nach Syrakus›*, wie er – euphemistisch oder sarkastisch – diesen soldatisch disziplinierten Gewaltmarsch durch halb Europa überschreibt, ein Beispiel solcher Selbsttherapie? – Von einem Fußleiden spricht er, dessen Schmerzen er gewissermaßen mores lehren zu wollen scheint, aber der tiefere Schmerz sitzt ihm im Herzen, eine Feder, so drängend gespannt, daß sie ihn bis nach Sizilien treibt. An einem Abgrund sitzend, fingert er dort eines Tages an einem Elfenbein-Amulett am Hals, in das das Bild einer Ungetreuen geschnitten ist. Hier endlich zerdrückt er es und wirft es – statt sich selbst – in die Tiefe, während der Himmel die Umkehr als eine Wandlung verklärt: «die rötlichen Wölkchen vom Ätna her flockten lieblich mir vor den Augen. Ich vergaß das Gemälde, möge es dem Original wohlgehen!»[21] – Schluß mit Liebe – denn Seume war ein konsequenter Mensch.

Die Rastlosigkeit des Reisenden steht in einem gespannten Verhältnis zur Neigung des Melancholikers, sich anzuhalten und zu erstarren, weil doch ohnehin nichts denkbar ist, was anders wäre. Es ist zugleich ein Verhältnis der Komplementarität. Denn die topische Verbindung, in der Melancholie und Reisen miteinander stehen, liegt doch in einer inneren Verwandtschaft ihrer beider Zeiterfahrung begründet.

Bis in die neueste psychologische Literatur zur Phänomenologie manisch-depressiver Verstimmungen hält sich die Verbindung von Beschleunigung und Retardierung, auf die wir für die Reisezeit gestoßen waren. In seinem Aufsatz über ‹*Das Zeiterleben in der Psychiatrie*› hat W. A. Stoll dasjenige des Manischen als «enorm beschleunigt» beschrieben: «Der manisch Kranke denkt sehr rasch, sein Tätigkeitsdrang überquillt und er ist der Umwelt so sehr zugewandt, daß er in seiner ungeheuren Daseinsausweitung alles und jedes bemerkt und einen unnennbaren Erlebnisreichtum erreicht.»[22] Derartige Phasen wechseln mit melancholischen: «Der Fall, in dem die Ereignisse nicht bemerkt werden und in dem deshalb das Zeiterleben verlangsamt ist, liegt vor im Gegenstück der Manie, in der Depression, deren Abglanz die gewöhnliche Traurigkeit ist. In der schweren Depression, der Melancholie, ist neben tiefster Trübsal das Denken verlangsamt und die Aktivität liegt darnieder. Es kann nur noch trauriges gedacht werden; der Kranke ist völlig in sich gekehrt. Er registriert nicht mehr, was um ihn herum vorgeht; er empfängt keine Ereignisse, die Zeitmarken setzen. Die Zeit scheint sich nur noch dahinzuschleppen.»[23]

Was der Psychopathologie an der Oberfläche der Symptome als Abfolge erscheinen will, der Wandel von Manie und Melancholie, Sturz der Zeit und deren Stillstand, ist, wie man bemerkt hat, im selben Grund verschränkt. In der melancholischen Antizipation des Endes verfällt erst der Manische darauf, das Leben im

Gewaltstreich an sich reißen, die Zeit überholen zu wollen, um ihr zuvorzukommen. Manische und depressive Phase stehen in einem inneren Spannungsverhältnis. Je heftiger die eine, desto schlagender die Gewalt der anderen. «Die Tat ist eine kurze Tollheit», läßt Valéry eine «Kürze» überschriebene Notiz beginnen.[24] Genau das weiß der Melancholiker und desto pathetischer führt er sie aus.[25] Jede von ihnen unterbricht die langen Zeiten der Gewohnheit, in welcher wir uns mit unseren Umständen arrangieren. Streng ist deren Fessel und desto gewalttätiger und dramatischer der Ruck, mit dem wir sie in kurzer Tollheit sprengen. Valéry hat den Vergleich zur Fallsucht gezogen: «Das Kostbarste des Menschen», so fährt er in der zitierten Notiz fort, «ist eine kurze Epilepsie. Das Genie hängt an einem Augenblick. Liebe entsteht auf einen Blick; und ein Blick genügt, ewigen Haß zu erzeugen. Und wir sind nichts, wenn wir nicht imstande waren und imstande wären, einen Augenblick außer uns zu sein. Dieser kurze Moment, da ich außer mir bin, ist ein Keim oder drängt wie ein Keim hervor. Die übrige Zeit läßt ihn sich entwikkeln oder zugrundegehen. Eine zum Erstaunen mächtige Spannkraft drängt sich in den Samen und in einzelnen Minuten zusammen. Es gibt Teilchen der Zeit, die sich von einander wie ein Pulverkorn von einem Sandkorn unterscheiden. Nach außen sehen sie fast gleich aus, doch ihre Bahnen sind nicht zu vergleichen.»[26]

Reisezeit ist solche Tollheit, in der ein Augenblick die Ewigkeit faßt. Als schmerzhaft wird dieser jähe Selbstgewinn durch Selbstpreisgabe der alten Identitäten übrigens auch bei Prousts Schilderung der Abfahrt nach Balbec beschrieben; als «um den Preis eines Leidens erkauft», das in der nervösen Auflehnung des Körpers am Abend vor der Abreise nach außen tritt. «Das alte Ich stirbt schwer. So wie es war, ein Minister der Dumpfheit, war es auch ein Agent der Sicherheit», hat Beckett in seinem Proust-Kommentar geschrieben, aus dem ich noch weiter zitiere: «Leben ist Gewohnheit. Oder besser, Leben ist eine Folge von Gewohnheiten, da das Individuum eine Folge von Individuen ist; da die Welt eine Projektion des Bewußtseins des Individuums ist ... muß der Pakt ständig erneuert, der Schutzbrief auf den neuesten Stand gebracht werden. Die Erschaffung der Welt hat nicht ein für allemal stattgefunden, sie findet jeden Tag statt. Gewohnheit ist außerdem der allgemeine Begriff für die zahllosen Verträge, die zwischen zahllosen Subjekten und ihren zahllosen korrelativen Objekten geschlossen werden. Die Übergangsperioden, die aufeinanderfolgende Anpassungsformen auseinanderreißen ... stellen die Gefahrenzonen im Leben des Individuums dar, gefährlich, willkürlich, schmerzlich, geheimnisvoll und fruchtbar, wenn für einen Augenblick die Langeweile zu leben durch das Leiden zu sein ersetzt wird.»[27] Wiederum ist Reisezeit der Augenblick zwischen den Gewohnheiten.

Die Versprechungen des Bahnhofs, die Verlockungen der Ware, das Zeiterleben des Epileptikers und der Vorschein von Glück im Augenblick des Einstands der Zeit sind in einem Text des Epileptikers Dostojewskij zusammengezogen, der mit einer orientalischen Legende aus dem Leben des Epileptikers Mohammed schließt. Ich will ihn als komplexeste literarische Engführung meines Themas ausführlich zu Wort kommen lassen; es handelt sich um eine Passage aus ‹*Der Idiot*›: Vom Fürsten ist die Rede, und geschildert wird die Aura eines Anfalls: «Gegen sechs Uhr fand er sich vor dem Bahnhof der Strecke nach Zarskoje Selo. Die Einsamkeit wurde ihm bald unerträglich; ein neuer heißer Trieb erfaßte sein Herz, und für einen Augenblick durchstrahlte ein grelles Licht die Finsternis, in der seine Seele sich härmte. Er nahm eine Fahrkarte nach Pawlowsk und wartete mit Ungeduld auf den Augenblick der Abfahrt; aber unzweifelhaft verfolgte ihn etwas, und das war Wirklichkeit, keine Phantasie, wie er vielleicht geneigt war zu glauben. Schon im Einsteigen, warf er plötzlich die eben gekaufte Karte weg und verließ den Bahnhof verlegen und nachdenklich. Nach einiger Zeit, auf der Straße, schien ihm auf einmal ein Gedanke zu kommen: er begriff etwas sehr Seltsames, das ihn schon lange beunruhigt hatte. Er hatte sich plötzlich bewußt bei einer Beschäftigung ertappt, der er sich schon länger hingegeben hatte, ohne es bis zu diesem Augenblick bemerkt zu haben: schon seit einigen Stunden, noch in der ‹Waage›, ja anscheinend sogar noch früher, hatte er immer wieder angefangen irgend etwas um sich herum zu suchen. Er

vergaß es oft, mitunter sogar für lange Zeit, für eine halbe Stunde. Dann aber sah er sich wieder unruhig um und suchte.
Kaum aber hatte er an sich diese krankhafte und bisher ganz unbewußte Bewegung bemerkt, die ihn schon so lange beherrschte, da stieg vor ihm auch noch eine andere Erinnerung auf, die ihn ungemein interessierte: es fiel ihm ein, daß er in dem Augenblick, da er bemerkte, daß er nach etwas suche, auf dem Trottoir vor einem Schaufenster gestanden und mit großer Neugier die dort ausgestellten Waren betrachtet hatte. Und nun wollte er durchaus sich selbst kontrollieren: hatte er wirklich eben erst, vielleicht vor fünf Minuten, vor diesem Schaufenster gestanden, war es keine Täuschung gewesen, hatte er nicht irgend etwas verwechselt? War dieser Laden und diese Ware wirklich vorhanden? Er fühlte sich heute tatsächlich in einer besonders krankhaften Erregung, fast in der gleichen, die früher über ihn kam, wenn die Anfälle seiner einstigen Krankheit begannen. Er wußte, daß er in den Augenblicken vor einem Anfall ungewöhnlich zerstreut war und oft sogar Gegenstände und Gesichter verwechselte, wenn er sie nicht mit äußerst gespannter Aufmerksamkeit betrachtete. Er hatte aber noch einen besonderen Grund, warum er so dringend feststellen wollte, ob er vorhin wirklich vor dem Schaufenster gestanden hatte. Unter den ausgestellten Gegenständen befand sich einer, den er betrachtet und sogar auf sechzig Kopeken taxiert hatte: dessen erinnerte er sich trotz seiner Zerstreutheit und Erregung. Wenn also der Laden wirklich vorhanden war und der bewußte Gegenstand wirklich im Schaufenster lag, so war er eben dieses Dinges wegen stehengeblieben. Folglich hatte dieses Ding ein so großes Interesse für ihn, daß es seine Aufmerksamkeit sogar auf sich lenkte, als er sich unmittelbar nach dem Verlassen des Bahnhofs in einer so schweren Verwirrung befunden hatte. Er ging zurück und blickte fast kummervoll nach rechts, und sein Herz klopfte vor ruheloser Ungeduld. Aber da war ja der Laden, er hatte ihn gefunden, endlich! Er hatte sich also fünfhundert Schritte von ihm entfernt, da war es ihm plötzlich in den Sinn gekommen, wieder umzukehren. Da war auch der Gegenstand, der sechzig Kopeken kostete. – ‹Natürlich sechzig, mehr ist er nicht wert!› stellte

er jetzt nochmals fest und lachte. Aber sein Lachen war krampfhaft, es war ihm sehr schwer ums Herz. Er erinnerte sich jetzt deutlich, daß er eben hier, vor diesem Schaufenster, sich plötzlich umgewendet hatte wie vorhin, als er Rogoschins Blick auf sich gerichtet fühlte. Als er sich überzeugt hatte, daß er sich nicht getäuscht hatte (übrigens war er auch schon vor der Nachprüfung völlig davon überzeugt), ließ er den Laden Laden sein und ging eilig von ihm fort. Alles das mußte schnell überlegt werden, unbedingt; jetzt war es ihm klar, daß es auch auf dem Bahnhof keine Täuschung gewesen war, sondern daß sich wirklich etwas mit ihm begeben hatte, und zwar etwas, das mit seiner ganzen bisherigen Unruhe zusammenhing. Aber ein gewisser innerer unüberwindlicher Abscheu gewann wieder die Oberhand: er wollte nicht überlegen, er fing gar nicht an zu überlegen; er dachte schon an etwas ganz anderes. Er dachte daran, daß es in seinem epileptischen Zustand eine Pause unmittelbar vor dem Anfall gab (wenn der Anfall ihn im Wachen überraschte), wo plötzlich, mitten in allem Kummer, aller seelischen Finsternis und Niedergeschlagenheit, sein Hirn für Momente aufloderte und alle seine Lebenskräfte in ungestümem Drang mit einemmal angespannt wurden. Das Lebensgefühl, das Selbstbewußtsein wurde in diesen blitzartig auftretenden Momenten beinahe verzehnfacht. Geist und Herz wurden von einem ungewöhnlichen Licht erhellt, alle seine Erregungen, alle Zweifel, alle Unruhe wurden mit einemmal besänftigt, lösten sich in eine heitere, von klarer, harmonischer Freude und Hoffnung erfüllte Ruhe auf. Aber diese Momente, dieses Aufblitzen war nur eine Vorahnung jener endgültigen Sekunde (es war nie mehr als eine Sekunde), mit welcher der eigentliche Anfall begann. Diese Sekunde war allerdings unerträglich. Wenn er später, schon in normalem Zustande, über diesen Augenblick nachdachte, sagte er oft zu sich selbst: dieses Aufblitzen und Aufflammen eines höhern Selbstempfindens und Selbstbewußtseins, also auch eines ‹höhern Seins› sei nichts anderes als Krankheit, Störung des normalen Zustandes; wenn dem aber so sei, dann sei es auch durchaus kein höheres Dasein, sondern müsse im Gegenteil zum niedersten gezählt werden. Und doch kam er zuletzt zu der höchst paradoxen

Schlußfolgerung: Was tut es denn, daß es eine Krankheit ist? Was kümmert es mich, daß diese Spannung unnormal ist, wenn das Resultat selbst, wenn der Augenblick des Empfindens, schon in gesundem Zustande betrachtet, sich als höchste Harmonie und Schönheit erweist, wenn er eine bisher unerhörte und ungeahnte Empfindung von Fülle, Maß, Versöhnung und ekstatischer anbetender Verschmelzung mit der höchsten Synthese des Lebens bietet? Diese unklaren Ausdrücke schienen ihm selbst sehr verständlich, wenn auch noch viel zu schwach. Daran aber, daß es wirklich ‹Schönheit und Gebet›, wirklich die ‹höchste Synthese des Lebens› war, konnte er nicht zweifeln, konnte er auch keinerlei Zweifel zulassen. Es erschienen ihm doch keine Visionen in diesem Augenblick, wie nach dem Genuß von Haschisch, Opium oder Wein, die den Verstand herabsetzen und die Seele verunstalten, die unnormal und unwirklich sind? Darüber konnte er nach dem Schwinden des krankhaften Zustandes ganz nüchtern urteilen. Diese Momente waren nur eine ungewöhnliche Anspannung des Selbstbewußtseins – wenn man diesen Zustand mit einem Wort hätte bezeichnen können –, eines im höchsten Grade unmittelbaren Selbstbewußtseins und gleichzeitig auch Selbstempfindens. Wenn er in jener Sekunde, das heißt im letzten bewußten Augenblick vor dem Anfall noch Zeit fand, sich selbst klar und bewußt zu sagen: ‹Ja, für diesen Moment kann man sein ganzes Leben hingeben› – so war gewiß dieser Moment an sich auch ein ganzes Leben wert. Übrigens stand er für die dialektische Partie seiner Schlußfolgerung nicht ein; Stumpfsinn, seelische Verfinsterung, Idiotie standen als grelle Folgeerscheinung dieser ‹höchsten Augenblicke› vor ihm. Ernsthaft würde er darüber auch selbstverständlich nicht gestritten haben. In der Schlußfolgerung, das heißt in seiner Bewertung dieses Augenblicks, steckte unzweifelhaft ein Fehler, aber die Realität der Empfindung brachte ihn doch einigermaßen in Verlegenheit. Was sollte man in der Tat mit der Wirklichkeit anfangen? Es war doch wirklich so, er hatte doch wirklich Zeit, sich in dieser nämlichen Sekunde zu sagen, daß diese Sekunde angesichts des grenzenlosen Glückes, das er mit seinem ganzen Wesen empfand, am Ende ein volles Leben wert sein könnte. ‹In diesem Moment›, hatte er einmal zu Rogoschin in Moskau bei einer ihrer Zusammenkünfte gesagt, ‹in diesem Moment wird mir das ungewöhnliche Wort, es werde keine Zeit mehr geben, gewissermaßen verständlich. Wahrscheinlich›, hatte er lächelnd hinzugefügt, ‹ist das die nämliche Sekunde, innerhalb deren der umgestürzte Wasserkrug des Epileptikers Mohammed nicht auslief, während dieser doch in der einen Sekunde alle Wohnungen Allahs zu beschauen vermochte.›»[28]

Ich habe lange zitiert. Der Text dieser Schilderung einer profanen Erleuchtung ist Erzählzeit, gedruckte Zeit, Zeit, die verschriftlicht ist und geronnen in der typographischen Arabeske. Sie ist selbst Produkt einer Verwandlung. Zeit des Autors zunächst, doch schon mehr: des Subjekts, auf die Spitze einer tanzenden Feder gestellt und zum Kreisel geworden. In dessen Spur im Tintenfaden trocknet die verflossene Zeit: Schreibzeit.

Vorgestellte Reisen – REISEVORSTELLUNG

«Hör aber gut zu. Nicht meinen Worten, sondern dem Tumult, der sich in deinem Körper erhebt, wenn du dir zuhörst.» (René Daumal: ‹*Poésie noire, poésie blanche*›)

Auf dem Weg zum Konfirmandenunterricht und zur Kirche hatte ich als Kind zweimal in der Woche über einen ziemlich steilen Hügel zu gehen, auf dessen Scheitel ich meist außer Atem anlangte; bis ich lernte, die Wirklichkeit mit den Bildern meiner Einbildungskraft zu überlisten. Ich legte nämlich für die Anschauung meiner inneren Augen einen Film ein, in dem ich leichten Fußes eine weite Ebene zu durchwandern hatte. Um dieser Fiktion Stabilität zu geben, war es nur nötig, den Blick – statt auf den steil ansteigenden Weg – seitwärts auf dem waagerecht laufenden Zementsockel eines Drahtzaunes entlanggleiten zu lassen. Alle zwanzig Meter mußten meine Augen lediglich jenen Hüpfer aufwärts nachvollziehen, den in diesem Rhythmus auch der Sockel des Zaunes ausführte, um nach dem Ausgleich der Steigung wieder ungestört in der Waagerechten fortlaufen zu können. In meinem inneren Film war dieser kleine Sprung nur eine geringe Bildverzögerung und minimale Irritation meiner Illusion, nicht gewichtig genug, um diese ernstlich zu verhindern, gerade ausreichend, um den harmlosen Selbstbetrug noch zu genießen. – Wie oft sind wir nicht darauf angewiesen, im Innern zu verreisen, um dem wirklichen Dasein gewachsen zu sein, so wie mein schwerer Körper Auftrieb durch die Bilder erhielt, denen ich Raum in meinem Innern ließ.

Da brauchte später Huysmans' Des Esseintes für mich auch

nicht viele Worte, um zu erklären, warum er auf dem Weg zum Zug nach London zu der Ansicht gelangen konnte, er habe das Beste von England nun eigentlich hinter sich. Die Kutschenfahrt in Nebel und Regen, den Besuch eines englischen Restaurants im Bahnhofsviertel und das Blättern im Baedeker hatte er zu einer kompletten Reisephantasie montiert, hinter deren reicher Ausstattung jede Wirklichkeit zurückbleiben mußte. Nahm seine Koffer, kehrte um und fuhr beruhigt nach Hause. – Oder Pierre in Tolstojs ‹*Krieg und Frieden*›, dessen Reisephantasie nach der Aufnahme in die Petersburger Freimaurerloge – anstelle der ästhetischen wie bei Des Esseintes – neue moralische Welten erschlossen sieht: «Die Sitzung war zu Ende, und als Pierre wieder zu Hause war, schien es ihm, als wäre er eben von einer Reise zurückgekehrt, auf der er etwa zehn Jahre zugebracht, sich ganz verändert und sich seines früheren Lebens – weise und seinen früheren Gewohnheiten entfremdet hatte.»[1]

Nicht immer wird man sich wie Des Esseintes mit der vorgestellten Reise anstelle einer wirklichen begnügen wollen, und auch Pierre muß bald schmerzhaft erfahren, wie wenig sich seine Imagination mit der Wirklichkeit verträgt. Doch muß nicht diese Kraft zur Vorstellung des Anderswo und Einstmals am Anfang jedes Reisens – im buchstäblichen und übertragenen Sinne – stehen? Es ist die Kraft zur Unterbrechung des Gewohnten. Die imaginäre Reise ist nicht bloß Ersatz der wirklichen oder das, was noch bleibt, wenn einer aus Not oder Überzeugung aufs wirkliche Reisen verzichtet. Sie ist vielmehr eine wichtige – vielleicht sogar notwendige – Ergänzung. Das wirkliche Reisen ist ein Verschleiß: der Orte, deren unbekannte Lockung wir vertilgen (mit jeder Stadt, in der wir ankommen, sind wir um ein Ziel ärmer), und ein Verschleiß unserer ermüdenden Kräfte. Reisend verbrauchen wir die Ziele unserer Wünsche, verzehren wir unsere Lebenskräfte. Und tatsächlich gibt es nur dies eine Reservoir, aus dem die Reiseenergie sich erfrischen kann; es ist eben dieser innere Raum unserer Vorstellungskraft, in den wir schweigend eingehen, wenn wir über Berge keuchen oder uns in der giftigen Luft der großen Städte erschöpfen.

In einer Meditation über «die innere Unermeßlichkeit» teilt Bachelard in seiner ‹*Poetik des Raumes*› einen Bericht des enthusiastischen Tauchers Philippe Diolé mit, den dieser über seine Reiseerfahrungen in einer Wüste gibt («Le plus beau désert du monde»): «In der Phantasie überschwemmte ich den Raum, der mich umgab und in dessen Zentrum ich dahinschritt. Ich lebte in einer erfundenen Überschwemmung. Ich bewegte mich im Zentrum einer flüssigen, leuchtenden, tragfähigen, dichten Masse, die das Meerwasser, die Erinnerung an das Meerwasser bildet. Dieser Kunstgriff genügte, um eine Welt abstoßender Trockenheit für mich zu humanisieren, er versöhnte mich mit dem Felsen, dem Schweigen, der Einsamkeit, dem geschmolzenen Sonnengold, das vom Himmel herabfiel. Sogar meine Müdigkeit fühlte ich dadurch erleichtert. Meine Körperschwere ließ sich träumend von diesem imaginären Wasser tragen.»[2] Bachelard deutet diese Bilderphantasien als eine «psychologische Technik» – es ist zugleich eine ästhetische –, mit der wir das Gefängnis des Hier aufbrechen, und er besteht darauf, ihre Bilder nicht als bloße Illusionen abzuwerten. Und in der Tat: Sollten das Anderswo und das Einstmals nur darum schon Illusionen heißen, weil sie gerade eben nicht hier und nicht jetzt sind?

Auf mannigfaltige Weise werden uns die Räume des Innern auch durch andere Menschen erschlossen und gestaltet, und auch dann sind sie wirklich für uns, obschon in gewisser Hinsicht Fiktionen. Durch die Forschungen der Psychoanalytiker sind wir unterrichtet, in wie hohem Maße unsere Raumwahrnehmung selbst im unscheinbaren Alltag durch die Wünsche und Ängste des Unbewußten bestimmt sind. Geistesabwesenheit für stille Exkursionen ins Abseits ist bloß ein gelegentlich auffälliger Sonderfall der allgemeinen Relativität der Raum- wie auch der Zeitwahrnehmung, eine psychosoziale Relativität im Unterschied von der ästhetisch-phänomenologischen, wie sie etwa in den Forschungen von Erwin Straus zum Thema wird. – So hat man in Fällen von Hysterie drastische Veränderungen der Raumausmaße in der Vorstellung der Erkrankten feststellen können. Von besonderer Bedeutung sind entsprechende Modifikationen auch bei Angstneurosen: «Bei typisch angstneurotischen Patienten ist der Raum zwischen dem Liebesobjekt und der Person selbst der einzig reale

Raum. Wenn das Liebesobjekt weit entfernt oder außerhalb des Gesichtskreises ist, wird der Raum unermeßlich groß.»[3]
Zwischen den Räumen, die sich im Innern des Menschen auftun, und denen, die sie um sich herum wahrnehmen, besteht ein direkter Zusammenhang. Die primäre Raumerfahrung bildet sich um die Körperöffnungen, Passagen, durch welche innere und äußere Räume in Korrespondenz treten: «Bei Phobien, die mit dem Gehen zusammenhängen», berichtet Schilder, «träumen die Patienten gelegentlich, daß ihre Füße nicht den Boden berühren. Das symbolisiert die Entfernung ihrer Genitalien von der Mutter.»[4]
Die Phantasien innerer Reisen, von denen die Analytiker berichten, stellen sich allemal unwillkürlich ein. Es sind Reflexe des berüchtigten Es, die sich nicht ohne weiteres steuern lassen. Von ihnen war hier nur erläuternd und gleichnishaft die Rede, denn die Reiseimaginationen, um die es in diesem Kapitel geht, könnte man im Blick auf die Eskapaden des Es am ehesten als Simulation von psychischen Reflexen bezeichnen. Sie entstehen in jenen Vorstellungsräumen, die unordentlich mit Erinnerungsstücken aus alter Religiosität, neuerworbener Privatmythologie und Kunst ausgestattet sind. Es braucht Experten, um hier genau zu trennen, vielleicht auch nur Pedanten. Warum man reist und wohin, wird hier entschieden, nicht am grünen Tisch der Planung und Rechtfertigung. Denn hier ist das geheime strategische Zentrum, in dem die Einbildungskraft des Reisenden ausgestattet wird, die in Wahrheit über Glück oder Mißlingen mit größerer Gewißheit entscheidet als das Ensemble äußerer Umstände. Sie unterwirft sich die planende Rationalität mit stiller Hartnäckigkeit. Es ist das Arsenal der fixen Ideen und Obsessionen, auf die die Wirklichkeit sich beziehen muß, wenn sie vor uns bestehen soll. Hier glänzt das letzte Geheimnis der Reise-Alchimie, das Blickgold.
Reisen zu können erfordert mehr als Zeit und Geld. Es ist eine Kunst, und wir müssen zweifeln, ob sie erlernbar ist. Zeit, Geld und Gelegenheit mögen stimmen, und die Fahrt geht auch los, aber die Rechnung ist ohne den Reisenden nicht zu machen, wie sich spätestens bei der Rückkehr zeigt. Man kann abfahren, ohne wahrhaft auf Reisen zu gehen, und wieder ankommen, ohne fort gewesen zu sein. – Zum Reisen braucht es den Reisenden, und

eben dieses scheinbar Selbstverständliche ist in Wahrheit das Schwerste. Es erfordert die Kunst, abwesend zu sein, und wie soll man die erlernen? Seit Sternbald und Heinrich von Ofterdingen müssen die Dichter ihre Helden im Schlaf überlisten, um sie losschicken zu können. Erst träumend überwinden sie die Trägheit ihres bürgerlichen Lebens, eine innere Schwerfälligkeit, denn das äußere Leben wird ja eben sogar von der umfassendsten Mobilisierung seit dem Beginn der frühen Neuzeit ergriffen. Wenn überhaupt, so lernen wir seit den Zeiten von Tieck und Novalis allenfalls noch von den Träumern und Schwärmern, den Ekstatikern und Besessenen etwas über die Bedingungen des Reisens, von Emily Brontës Catherine Earnshaw etwa, wenn sie in ‹*Wuthering Heights*›, einem Roman mit vielfachen Anspielungen auf den Zusammenhang von inneren und äußeren Reisen, bekennt: «I've dreamt in my life dreams that have stayed with me after, and changed my ideas; they've gone through and through me, like wine through water, and altered the colour of my mind.»[5] Ein alchimistisches Protokoll auch dies.
An allem Anfang steht aber erst einmal das Vermögen, Abschied zu nehmen. Der Reisende muß tausend Tode sterben können, ohne verlorenzugehen, ja daß er sie stirbt, ist gar die Bedingung von Aufbruch sowohl wie glücklicher Wiederkehr. Wie literarische Traumreisen ein Indiz sind für die Gefährdung des wirklichen Reisens, so sind Symptome für dessen Niedergang in unserem Jahrhundert das Verstecken des Abschieds und Scheidens, die Tilgung der Todeszeichen, deren Wahrnehmung, ja Bejahung doch jeden Aufbruch, wenn er nicht nur fingiert sein soll, begleiten müssen.
Wer früher sich auf Reisen machte, bestellte sein Haus, als könnte es endgültig sein. Hängt nicht aber das Glück, etwas wie als erster oder zum erstenmal zu sehen, vom Bewußtsein ab, es vielleicht auch letztmals gesehen zu haben? Freilich verzichten wir gern auf die Zeiten, in denen es tunlich war, vor einer Reise nach Rom sein Testament zu machen, weil die Fahrt durch die männermordenden Abruzzen ging. Für den Reisenden bleibt indessen der Tod ein Wegelagerer und Gefährte, auch wenn die Straßen sicher und die security instructions lückenlos sind.

Es ist der Tod der Gewohnheit.
Ob wir diesen Tod bestehen, dafür ist das Reisen eine Probe aufs Exempel, weil hier ungewöhnlich sinnfällig die vertrauten Umstände verlöschen zugunsten von unbekannten und fremden, verheißungsvollen oder bedrohlichen – jedenfalls galt das vor Neckermann. *Eine* Probe aufs Exempel nur, mehr nicht. Mag seitdem der Tourismus zu dieser Probe nicht mehr taugen, so sind wir als Reisende doch nicht nur unterwegs, vielmehr – und womöglich radikaler – in allen Situationen gefordert, in denen uns der Abschied vom Gewohnten zugemutet wird: Reisen also nicht bloß als zeitlich begrenzte Tätigkeit, sondern als eine Einstellung zum Leben. Das Reisenkönnen veranschaulicht in diesem Sinne die Vorstellung eines Lebens, das den Tod in sich aufnimmt. In dieser Bedeutung gehört es zu den archaischen Bildern unserer Kultur, so wie es denn bereits in deren ältesten Ritualen und Mythen neben dem Echo wirklich stattgefundener die imaginären Reisen gibt. Beredter und bedeutungsreicher als die Sozialgeschichte des Reisens von der Völkerwanderung bis zum Massentourismus unserer Tage und vielfältiger als deren Literatur sind für die Geschichte des Bewußtseins die Dokumente jener imaginären Reisen, aus denen wir von den inneren Bedingungen der Möglichkeit alles Reisens erfahren.
Zu den ältesten Reisenden solcher Art gehören die Schamanen. Ihre Spuren reichen bis in unsere Tage. Die jüngsten Berichte aus den zwei letzten Jahrzehnten stammen aus Tibet und der Sozialistischen Volksrepublik Mongolei sowie aus dem westlichen Zentralhimalaja. – «Der Schamane», so hat man definiert, «stellt sich als ein Ekstatiker dar, welcher im Dienste einer Gemeinschaft in Trance eine Über- oder Unterwelt zu betreten imstande ist, wobei er sich der Hilfe von ... Geistern bedient.»[6] Derartige Reisen haben verschiedene Zwecke. Bei den Tinkit und Haida, zwei nordwestamerikanischen Indianerstämmen, dienten sie noch in unserem Jahrhundert medizinischen Zwecken. Wenn ein Mensch krank ist, berichtet Ernst Fuhrmann, «so führt man das auf den Seelenraub zurück, und der Schamane muß die Seele wieder holen. Dazu begibt er sich in die Unterwelt. Es wird aus Brettchen ein Boot vor ihm abgesteckt, und er macht darin

scheinbar die Fahrt in die Unterwelt, das heißt: er fällt in einen todähnlichen Zustand, in dem ihm das Jenseits zugänglich ist, und fährt der Sonne und der Seele nach. Die Seele bringt er in einem hohlen Knochen zurück und gibt sie dem Kranken wieder.»[7] – Solche Seelenreisen unternehmen stellvertretend für Kranke auch die Schamanen Tibets, die ihre Fahrt auf Trommeln reitend antreten, mit deren Lärm sie die Dämonen beschwören. Michael Oppitz hat noch neuerdings entsprechende Séancen aus dem tibeto-birmanischen Sprachbereich in Texten und Bildern dokumentiert. Ihren Lebensraum nennen die «nördlichen Magar», der Stamm, bei dem Oppitz sich aufgehalten hat, das «blinde Land»; das ist zugleich der Begriff für das vierte, das schlechteste historische Zeitalter, in dem die Menschen das Gesicht verloren haben und Krankheit und Unglück herrschen. In den vielfältigen Ritualen zur Abwehr der Kräfte des Bösen schlägt der Schamane – einer anstelle aller – in der Dunkelheit die Augen auf. Die Metapher der Aufklärung auch hier, aber in wie anderer Bedeutung![8]

Zu den ärztlichen Aufgaben der Schamanen treten die des Orakels. Zumindest vor dem Konflikt mit der Volksrepublik China hielt sich die tibetanische Regierung noch ein Staatsorakel. H. Harrer, durch den wir darüber Genaueres wissen, erzählt von seiner Irritation, wenn er diesem Staatsorakel im Alltagsleben begegnete: «Ich konnte mich nie ganz daran gewöhnen, mit ihm an einem Tisch zu sitzen und ihn genauso wie alle übrigen Adeligen seine Nudelsuppe schlürfen zu hören. Wenn wir einander auf der Straße begegneten, zog ich den Hut, und er lächelte mir mit höflichem Nicken zu. Sein Gesicht war das eines netten jungen Mannes seiner Altersstufe (neunzehn Jahre) und erinnerte in nichts an die rote, aufgedunsene Fratze der Ekstase.»[9]

Die Reise der Schamanen in die Unterwelt wird gelegentlich von Gesten begleitet, die ihn von der profanen Umgebung distanzieren – das Abschirmen der Augen – und den Eingebungen der unsichtbaren Welt öffnen – die trichterartig ans Ohr gelegte Hand. Sie hat ihren Höhepunkt in einem Zusammenbruch, dessen Symptome dem epileptischen Anfall ähneln – wir denken an Valéry und Dostojewskij –, und findet ihren Abschluß in einer

Ohnmacht. Nur unbegabte Medien benutzen dazu Rauschmittel wie Haschisch und roten Pfeffer. – Zur Rüstung gegen die Gefährdungen der Trance gehört häufig ein übermenschlich schwerer silberner oder goldener Helm und ein Schwert. Der Helm, wie überhaupt die Kopfbedeckung birgt und verbirgt, wie seit je in der Mythologie, und stets als ein Privileg von Ausgezeichneten. «Verschwinden», so hat Jacob Grimm auch aus germanischen Quellen zusammengetragen, «ist also sich freiwillig entrücken, ein vermögen der götter und geister, zuweilen auch der helden, die im besitz einer larve (grima) oder eines hehlenden helms sind.»[10] – In Sibirien hat der Schamane auch Eingang ins Heldenepos gefunden, wo seine geistigen Abenteuer wie militärische Eroberungszüge beschrieben sein sollen. Hier waren die Schamanen bis zu ihrer sozialistischen Umerziehung häufig Intellektuelle, die – gemeinsam mit einem militärischen Anführer, dem besten Jäger und dem Schmied – eine Art «Funktionärsregiment» über ihre Sippe führten.[11] Besondere Autorität genossen die Schamanen – an sich eine erbliche Würde –, sobald sie die erste Reise durch den Tod hindurch hinter sich hatten, der drastisch als Zerstückeln, Auskochen, Auskratzen, Zerlegen usf. beschrieben wird. – Grimm, auf den Spuren des Idiomatischen, berichtet ebenfalls sehr körperbezogene Phantasien aus der deutschen Mythologie: «ungeduldige sehnsucht nach entrückung geben wir durch die redensart zu erkennen: ich möchte in die erde schliefen, aus der haut fahren.»[12] – Die Zurückgekehrten – nach einer Überlieferung halten Drahtschlingen die ausgehöhlten Knochen zusammen – führen nun ein zweites oder mehrfaches Leben als Wiedergeborene, manchmal mit besonderem Ansehen als Transvestiten. – In Sibirien war der Glaube weit verbreitet, daß Christus ein Bruder der Schamanen gewesen sei. – Nach allen Berichten erreichen die Schamanen aufgrund ihrer großen Anstrengungen kein hohes Alter. Bei ihrem Tod gerät die Gemeinde in Krisenstimmung, die erst nach der Bewährung des Neuberufenen dem alten Geborgenheitsgefühl weicht.

Es gibt ein paar Gründe, die zögern lassen, den Schamanismus in Bausch und Bogen als ein unzeitgemäßes Relikt eines alten Aberglaubens und ein Zeugnis der verderblichen Herrschaft des Irrationalismus abzutun. Gewiß, hier werden dämonische Mächte beschworen, Wahnsinn und Besessenheit, Krankheit und Todesangst. Aber nicht sie triumphieren in den Dramen dieser Séancen. Denn stellvertretend für die Sippe, das Dorf, den Stamm behauptet sich der Schamane letztlich gegen die Gewalten der Unterwelt. Seine Kräfte zur Rückkehr von der inneren Reise erweisen sich als stärker denn die zentrifugalen Trance-Energien. So wehrt er die Einbrüche ab, die Krankheit, Wetter oder sonstwie feindliche Mächte ins Gewohnte erzielt haben. Praktisch-technisch mag ihm das glücken durch medizinische Kenntnisse, Erfahrung, Lebensklugkeit, Intelligenz, also im Bündnis mit der Rationalität der Aufklärung. Doch anstößigerweise ist deren Verständigkeit hier mit einer Autorität ausgestattet, die nicht auf diesem Bündnis mit der instrumentellen Vernunft beruht, sondern auf der sinnfällig vor aller Augen zelebrierten Todeserfahrenheit des Mediums. In deren Überzeugungskraft gründet die besondere Mächtigkeit des Schamanen.

Durch ihn, den imaginären Reisenden als Institution, blickt die Sippe den Mächten der Auflösung und des Todes ins Auge; nicht ein für allemal, sondern in einem rituell wiederholten Kräftemessen. Die Dämonen sind stets und allgegenwärtig, aber die Menschen sind ihnen gewachsen, wenn nur einer da ist, der ihnen entgegentritt.

Durch seine Vermittlung erleben auch die, die bloß zusehen, was es heißt, Nicht-Ich zu sein, ergriffen und entführt zu werden aus der gewohnten Welt des Bewußtseins und des Vertrauten. – Die wirklichen Reisen pflegen terminiert zu sein. Das Datum des Aufbruchs und der Rückkehr mit irgendeinem Verkehrsmittel stehen gewöhnlich mehr oder weniger fest. Anders bei diesen imaginären Fahrten. Einer, den es ergriffen hat, kann «wegbleiben». Es gibt Berichte von Schamanen, die sich im Zustand der Besessenheit das Schwert in den eigenen Leib stießen. So birgt das dramatische Spiel der Trance stets die Gefahr des Ausgleitens in den wirklichen Tod. Das Ritual ist durchaus nicht nur harmlose Folklore zum Andenken an die alten Götter, vielmehr ein Spiel mit dem Feuer, in dem die äußerste Geistesgegenwart gegen den Sog des chthonischen Vakuums aufgeboten werden muß.

Übrigens sind in Sibirien die wandernden Barden, Epen-Sänger auf Reisen von Dorf zu Dorf, den Schamanen verwandt gewesen in der Art ihres Auftretens und im Gebrauch gewisser Gesten und Attribute. Ihre Gesänge fixieren die «Gesichte» der schamanischen Medien. Die Kunst dient dann als Magd der prophetischen Medien, so wie nach anderen Berichten Priester mit Schreibzeug das Stammeln und Lallen der verzückten Ekstatiker belauern, um den Rezepten, Anweisungen und Prophezeiungen eine verwendbare solide Gestalt zu geben.
Keine marginale Aktion, wenn wir bedenken, wie wichtig die schriftliche Fixierung von Erfahrungen für die Geschichte unserer westlichen Aufklärung gewesen ist. Der Augenblick, in dem die halluzinierend gestammelte Erfahrung die seriöse, jederzeit überprüfbare Form des Schriftsatzes erhält, der Moment, in dem Lebens-(und Todes-)Erfahrungen sich in Reisejournalen ablagern und zitierbar werden, ist der Umschlagpunkt, jenseits dessen die Aufklärung zuerst als Empfehlung zur Verallgemeinerung nahegelegt, dann als Regel und Gesetz kanonisch wird. – Auch hier bewahrt das schamanische Ritual eine Lebensklugheit, an die sich zu erinnern lohnt. Die Auffassung des Lebens als Reise, und das heißt seine Deutung aus dem ständigen Kampf mit dem Tod, erlaubt kein Ein-für-allemal. Mindestens schärft sie das Mißtrauen gegen den Optimismus der Gesetze. Was von den Verlautbarungen der schamanischen Medien zur Botschaft und Anweisung ausgeschrieben in Umlauf gerät, ist deshalb nicht mehr als ein Deutungsvorschlag und Interpretationsangebot. Die Institutionalisierung der imaginären Reisenden schafft insofern nicht allein eine Instanz der stetigen Auseinandersetzung der Lebenden mit dem Tod; sie ist darüber hinaus auch ein Vorschlag, wie man das Erfahrene gegenwärtig halten kann, ohne es in Regeln erstarren zu lassen. Die Ästhetik der schamanischen Rezepte und Orakelsprüche zielt in die Richtung einer dynamischen, sich aus gegebenen Anlässen ständig aktualisierenden Aufklärung.
Ein Prüfstein für das Gelingen von Aufklärung scheint zu sein, ob es glückt, die Erfahrung des Todes lebendig zu halten, weder sie hygienisch zu verdrängen noch schweigend zu tabuieren bzw. – was auf dasselbe hinausläuft – sie in den verschiedenen Fachspra-

chen der theologischen und medizinischen, chemischen und biologischen Wissenschaften wortreich zu neutralisieren.

In Opposition zu diesen, vor allem aber aus aktueller historischer Erfahrung hat 1919 Ernst Fuhrmann in einem lyrischen Drama den Mythos des Minotaurus neu gedeutet. Das Ungeheuer droht hier als eine Allegorie von Schmerz, Leid und Sorge, die die Menschen aus ihrem täglichen Leben verbannt haben. All das Gemiedene, das im Alltag hätte bezwungen werden können und müssen, hat sich zur Übergewalt geballt und droht nun als mythisches Unheil von draußen. Minotaurus, das ist die Gewalt der geschmähten Leiden und versäumten Sorgen, die mit der Zeit so riesenhaft gewachsen ist, daß sie ein Recht auf jegliches Leben erworben hat – daß sie jedes Opfer fordern zu können scheint. Die Schuld der Menschen an diesem Unglück liegt in der Mißachtung der vielen kleinen Anteile, die dem Tod in jedem individuellen Leben gehören. Das Selbst, das glaubt, sich gegen den Schmerz in den Rüstungen von Technik und Medizin verstecken zu können, muß für diese prekären Sicherheiten teuer bezahlen: mit dem Machtgewinn des Mythos. – Jünger beschreibt das später ähnlich und bejaht es als Vorbereitung auf das Erscheinen eines Unnennbaren durch Magie (vgl. Kap. II). Anders Fuhrmann, der zur Einkehr mahnt.

Er mag die Todessucht vor Langemarck im Auge gehabt haben, als er einen Helden erfand, der – statt sich wie unzählige vor ihm dem großen Feind auf Kreta als ein Opfer entgegenzuwerfen – das Labyrinth in seinem Innern aufsucht, um dort den Mittelpunkt der Angst aufzuspüren. Teilhabe des Menschen am Leiden der Kreatur, so heißt hier die Lehre, ähnlich wie – Dostojewskijs Helden vor Augen – beim jungen Lukács (vgl. Kap. V). Theseus, so verkündet dessen Priester zum Schluß, ist jeder, und wenn auch hier eine Philosophie des Opfers formuliert wird, so ist nicht die Selbstpreisgabe in Stahlgewittern gemeint, sondern frenetische Güte ohne Gewinn:

> Ihr allein, ihr alle allein könnt Theseus sein.
> Ihr allein habt den Minotaurus entstehen lassen, ihr habt ihn gesät, ihr habt ihn wachsen lassen, ihr habt ihm alle Fruchtbarkeiten gegeben in jedem Labyrinth von

Wüste, von Oede, von Grauen, Armut, Hunger und Durst.

Ihr allein könnt den Minotaurus wieder klein werden lassen. Bringt euch selbst zum Opfer. Nehmt Leiden, nehmt Krankheit, nehmt Hunger, Armut, nehmt Alles, was ein Opfer leiden kann.

Könnte ich Worte finden, daß Jeder sich selbst als Opfer bietet, daß hier Jeder alle Leiden eines freiwilligen Opfers erduldet: Alle, euch Alle würde ich heil und herrlich wieder ausgehen lassen von der Opferstätte.

Jeder von euch kann herrlicher sein als unser Gott Theseus, wenn er in sich diesen Feind vernichtet, wenn er bis in die letzten Tiefen seiner Labyrinthe vordringt und mit diesen Lämmern, mit diesen Zickeln leidet, was der Kreatur zu leiden möglich ist.[13]

Minotaurus, so erfahren die Entdecker labyrinthischer Innenwelten, ist als Bedrohung von außen ein Phantom und in Wahrheit der Name für das Rätselhafte im eigenen Selbst, für das, was das Ich gefährdet und bedroht mit den Kräften der Verneinung. Fuhrmann huldigt nicht bloß einer expressionistischen Stilgeste, wenn er von ihnen in der leidenschaftlich überhitzten Pathossprache des Priesters spricht. Das Problem der Versprachlichung des Unbewußten berührt die Frage unmittelbar, in welcher Gestalt die chthonischen Kräfte für das soziale Leben zugelassen werden sollen.

Wie läßt sich angemessen über diese Erfahrung des gänzlich Fremden sprechen, wie soll Ich die Erfahrung des Nicht-Ich, hier des schlechthin Negativen mitteilen? In der Sprache des Ich? So wird das Andere sogleich auf Vertrautes bezogen, heimisch gemacht, in seiner Ferne und Fremdheit gerade nicht mehr wahrnehmbar. Im Grunde bedürfte es also einer neuen Rede, einer Sprache, die das Fremde nicht vereinnahmt. Die Verlautbarungen des schamanischen Orakels werden denn auch nur gegen den heftigsten Widerstand des Mediums herausgewürgt, eines doppelten Widerstands, wie man annehmen darf: des Fremden, das sich in die Sprachform nicht fügen will, und des ordnenden Bewußtseins, das vom Gurgeln und Röcheln der Ekstase förmlich erschüttert wird. Den Priestern obliegt dann die Übersetzung in die Sprache des Alltags.

Wiederum scheinen es in unserem Kulturkreis zuerst die Dichter der frühromantischen Generation gewesen zu sein, denen die Versprachlichung des Nicht-Ich problematisch geworden ist, auch bei ihnen immer wieder im Zusammenhang mit dem Reisen als wirklichem Anlaß oder als Vorstellungsform. Die Sprachordnung Hölderlins löst sich nach einer Reise auf, und Henze hat wohl die spätesten Versfragmente aus der Zeit der Umnachtung richtig gedeutet, wenn er sie im Sinne einer imaginären Reise in der Begleitung des Todes vertont hat.

Tiefsinniger als der lockere Ton nahelegt, in dem er vorgebracht wird, ist auch Jean Pauls Vorschlag «peripathetischer Privatdozenten» aus dem ‹*Siebenkäs*›. Da will er, daß nicht die Dinge bei den Gelehrten vorsprechen müssen, um zu Wort zu kommen, sondern die Gelehrtenschaft soll mobilisiert und ihre Sprache ausgespannt werden zwischen den Dingen wie ein Gespinst, das Zusammenhänge und Verflechtungen herstellt. Jean Pauls Reisende – auch sie unterwegs in einer labyrinthischen Welt – sollen «als lebendige Weberschiffe zwischen den Städten auf- und niederfahren und den Faden der Ariadne, wenigstens der Rede, überall aufhängen und zu etwas verweben» wollen, wie denn auch die Professoren der Physik die Sonne selbst umkreisen müßten, um über sie zu unterrichten.[14] Dieser Phantasie zufolge ist das Reisen sowohl eine Bedingung lebendigen Wissens als auch in imaginärem Sinn ein Bild für die Ausbreitung dieses Wissens in der Sprache. Der Gedanke ist, daß die Dinge nicht in die schon fertige Sprache eingesammelt werden, sondern diese soll – wie ein Teppich, an dem die Sprechenden immer fortweben – über die terra incognita fernster Kontinente gezogen werden. – Noch ein weiteres steckt in dieser Konjunktion von Sprechen und Reisen: das Entdecken des Fremden in der Bedeutung des Offenlegens, so daß wir das Bild des Sprachgewebes, das der imaginäre Reisende herstellt, nur paradox begreifen können: das Bedecken mit Sprache ist zugleich ein Entdecken und Offenhalten des Sinns. – Spätestens hier sollten wir uns aber nach einem anderen Gewährsmann umsehen, zumal Jean Paul doch eher ein

Plädoyer für eine ambulante Pädagogik formulieren wollte als eine Philosophie des Reisens.
Den Zusammenhang zwischen dem Reisen und einer neuen Sprachangemessenheit hat ausdrücklich Nietzsche in einer Notiz von ‹*Menschliches, Allzumenschliches*› hergestellt:
«Wir modernen Menschen müssen alle viel unserer geistigen Gesundheit wegen reisen: und man wird immer mehr reisen, je mehr gearbeitet wird. An den Reisenden haben sich also die zu wenden, welche an der Veränderung der allgemeinen Ansichten arbeiten.
Aus dieser bestimmten Rücksicht ergibt sich aber eine bestimmte Form der Mitteilung; denn dem beflügelten und unruhigen Wesen der Reise widerstehen jene lang gesponnenen Gedankensysteme ... Es müssen Bücher sein, welche man nicht durchliest, aber häufig aufschlägt: ... Allmählich entsteht aus dem solchermaßen angeregten – ächten, weil nicht erzwungenen – Nachdenken eine gewisse allgemeine Umstimmung der Ansichten: und mit ihr jenes allgemeine Gefühl der geistigen Erholung, als ob der Bogen wieder mit neuer Sehne bespannt und stärker als je angezogen sei: Man hat mit Nutzen gereist.»[15]
Es soll geschrieben werden, als wäre man fortwährend unterwegs und als schriebe man in erster Linie für Reisende. Es geht gegen die Seßhaftigkeit auf Gemeinplätzen, die Ermattung im allzu Vertrauten, auch gegen die abhandelnde Langatmigkeit, statt dessen: philosophische Reiselektüre. – Das Verabschieden und Scheiden, die Todesdrohung, ist hier positiv in ein Versprechen neuen Lebens gewendet. Die Zwangsordnung langgewohnter Ansichten kann durch die Unruhe, die der Reisende im Blut hat, in produktive Bewegung geraten. Reisen heißt Sichvorstellen, daß die Dinge anders sein können, als sie gegenwärtig sind, heißt Aufbrechen in ein geistiges Anderswo oder ein Nicht-mehr oder Noch-nicht. Reisen erholt. Für das imaginäre Reisen hat die Phrase ihren Sinn bewahrt.
Von Orten, zu denen die Reise gehen soll, ist hier aus guten Gründen nicht die Rede. Denn Nietzsches ideologiekritischer Radikalismus braucht das Reisen nicht als ein Mittel zu bestimmten Zwecken, sondern als eine Vorstellungs-, Denk- und

Sprachform. Keine touristische Empfehlung also – weder buchstäblich noch in ideologisch übertragener Bedeutung –, sondern die Therapie eines müden Patienten durch die Anregung seiner Vorstellungskräfte; ein ästhetisches Kurieren, für welches das wirkliche Reisen nur ein Beispiel ist.

Zarathustra, der trunkene Tänzer, Wahrsager, Träumer und Traumdeuter, philosophiert als ein imaginärer Reisender, dessen Abstieg aus dem Gebirge dem Lauf der Sonne folgt: ein «Untergang» in die dunkle Menschenwelt, der er einen Abglanz seiner Erleuchtung bringt. Sein Reden ist Stammeln, Lallen und Singen oder auch ein ekstatischer Ritt zur Wahrheit – nicht zwar auf Trommeln wie die Schamanen –, doch in der Sprache ihrer Orakel: ‹auf dem Rücken der Gleichnisse› («Die Heimkehr»). Als Erlöser kann Zarathustra zu den Menschen kommen, weil er die Kunst beherrscht, abwesend zu sein. Wenn er «heimkehrt», dann in die einsame Ferne des Gebirges. Dergestalt ist das Verhältnis zwischen Heimat und Fremde provozierend umgewertet. Der Ort begeisterter Entrückung ist sein Zuhause, die menschliche Gegenwart ist die gespensterbevölkerte Unterwelt, deren Versuchungen und Prüfungen er bestehen muß. Die Umstände der Gegenwart sind nur für den imaginären Transit-Reisenden erträglich, unter der Bedingung nämlich, sie als ein erlösungsbedürftiges Schattenreich zu bereisen. Die Wirklichkeit ist für diesen Reisenden eine Herausforderung, weil er in ihr verneint sieht, was ihm das Leben ausmacht. So kann er sie allein «als ästhetisches Phänomen» für gerechtfertigt halten. – Sein und Schein sind vertauscht, ähnlich wie für den Reisenden der Boden schwankt, wenn er nach langer Seefahrt den Fuß an Land setzt; auf dem Schiff war er fest gewesen. Länger noch hebt und senkt sich der Horizont. –

Auch Zarathustra, dieser umgepolte Schamane, braucht Kraft zur Rückkehr, nicht Rückkehr *aus* der, sondern *in* die Trance. Deren lösende Gewalt eröffnet das Unwillkürliche. Doch da hinein fällt das Ich nicht wie in ein weiches Bett, das stets schon bereit wäre, um mit dem Wirklichkeitsmüden in die Paradiese archaischer Traumphantasien davonzufahren. Denn weil unser Bewußtsein auf Geistes*gegenwart* dressiert ist, braucht es viel

Entschlossenheit und Erfahrung im Umgang mit sich selbst, um diesen allzu gegenwärtigen Geist zur Abwesenheit zu bringen – nicht nur Selbstaufgabe wohlgemerkt, einer Regression ohne Wiederkehr –, sondern zu jenen Absencen Zarathustras im Gebirge oder des Orpheus in der Unterwelt, der Schamanen im Jenseits und der Dichter in den paradis artificiels. Wie seit je die Aufbruchsstunde zu den großen Reisen aus Knochenorakeln oder Vogelgedärm, wenn nicht unmittelbar aus der Konstellation der Sterne bestimmt wird, so auch bei den imaginären Exkursionen, wo es sich darum handelt, durch die Wahl des günstigsten Augenblicks die Gewohnheit zu überlisten – bis hin zu Alice's «Adventures» oder der *‹Reise zum Mittelpunkt der Erde›* bei Verne. Bei Zarathustra ist es die schattenlose Mittagsstunde – der Wanderer wirft sein Bild weder mehr zurück noch voraus, und die Zeit scheint davongeflogen zu sein –, die das schwerelose Glück einer reinen Absence gewährt. («Mittags»)
Die Lockerung des Ich im Aufbrechen seiner Verschalungen geschieht hier auf eine der Sucht und Zerstreuung entgegengesetzte Weise, nicht nach außen gewendet und im Rück- oder Vorgriff auf vergangene oder zukünftige Dinge, sondern im Erschließen des «Weltinnenraums», in dem das Zeitbewußtsein sich sein Maß nicht an den vergehenden oder erhofften Ereignissen nimmt, sondern an der Stärke des Erlebens. So kann das reale Reisen auch gar nicht als ein Irrtum und Mißverständnis erscheinen und ein Gegenbild abgeben zur Erschließung innerer Räume durch Ekstase oder Kontemplation. Bei-sich-wohnen-können ist eine Metapher für das geistige Abenteuer der Selbsterschließung wie in Pascals Kritik an den «divertissements»: «Un homme, qui a assez de bien pour vivre, s'il savait demeurer chez soi avec plaisir n'en sortirait pas pour aller sur la mer ou au siège d'une place.»[16] – «Meine Nebel- und meine Schönwettertage sind in mir», heißt es an anderer Stelle.[17] – Voll Mißtrauen gegen alle weltliche Mobilität und Unrast – «eine Flucht ohne Ende» – gibt Pascal seiner Philosophie dennoch eben die sprachliche Form, die Nietzsche dem Denken auf Reisen anempfiehlt: Fragmente, Sentenzen und Aphorismen. Wie diejenigen Nietzsches sind es Reisenotizen von einem spirituellen Feldzug, unterwegs

zu neuer Gegenwärtigkeit, einer anderen als der profanen alltäglichen. Von dieser behauptet Pascal, sie sei im Grunde – alles andere als Geistesgegenwart – Ausflucht in Zeiten, die nicht unsere sind, oder eitles Hoffen auf eine Zukunft, die nicht in unserer Macht stehe. So würde die Gegenwart des Lebens verfehlt: «Que chacun examine ses pensées. Il les trouvera toutes occupées au passé ou à l'avenir. Nous ne pensons presque point au present, et si nous y pensons ce n'est que pour en prendre la lumière pour disposer de l'avenir ... Ainsi nous ne vivons jamais, mais nous espérons de vivre, et, nous disposant toujours à être heureux, il est inévitable que nous ne le soyons jamais.»[18] – Pascals kontemplative Reise geht tief in das gegenwärtige Sein des Menschen. In sich selbst trage er die Abgründe, «das Chaos», «den Tumult», die er fälschlich – in ewiger Flucht vor der Selbsterkenntnis – ins Kosmische streunend erkunden will. Doch während er sich in den Weiten des Kosmos wie ein Sandkorn verliert, vertut er die Chance, die eigene Seele als eine unermeßliche Welt zu entdecken. Die ‹*Pensées*› geben – diesem Entwurf folgend – eine Topographie jener inneren Landschaft.

Die Vorstellungen der Schamanen über ihre Reisen in die Unterwelt unterscheiden sich womöglich nur äußerlich von diesen Expeditionen in das eigene Selbst. Zwar verwandelt der Schamane den Körper des unscheinbaren Dorfgenossen gänzlich in den ekstatischen Leib, bzw. er verläßt ihn in der Trance seiner Reise, denn der metaphysische Raum liegt außerhalb der stabilen Intimität der Sippen- oder Dorfgemeinschaft; Pascals Seelenforscher dagegen wendet sich gänzlich ab von den Zerstreuungen nach draußen, und seine Reise ist Einkehr. Aber diese gegenläufigen Richtungen ergeben sich doch wohl nur aus der Differenz der geschichtlichen und sozialen Milieus, durch die hindurch das identische Phantasma sichtbar wird. Aus der Perspektive des Dörflers liegt die latent gegenwärtige bedrohliche oder vielversprechende Gegenwelt außer- und unterhalb seiner selbst. Er projiziert sie in die unerschlossenen Weiten, über die man nur vom Hörensagen der Barden weiß. Für Pascal ist dieser äußere Raum prinzipiell erschlossen. Er ist besetzt durch die mannigfachen Aktivitäten selbstvergessenen Lebens, die Jagd, die Expe-

dition, den Feldzug. So muß das ekstatische Ich den engen Augenblick des «divertissement» anhalten und zur Langeweile weiten, durch deren Tor er die Innenwelt betreten kann.
Der sich so leidenschaftlich dem verstellten Gegenwärtigen zuwandte und dabei vielleicht als erster dessen innere, die intensive Zeit entdeckte, trug übrigens um das linke Handgelenk eine Uhr geschnallt, eine Art Armbanduhr, von der er gelegentlich nicht ohne Stolz berichtet.[19] Ein Anachronismus der Art, wie man ihn gelegentlich für einen flüchtigen Augenblick bei einem saumseligen Komparsen früher Historienfilme wahrnehmen kann? Gewiß ein Widerspruch, doch nicht aus Nachlässigkeit. Objektive und subjektive Zeit verrinnen zugleich, wenn auch nicht gleichzeitig, nicht gleichmäßig. Wir erfahren immer beides, so wie wir zugleich Punkt im All und im Denken und Erleben allumfassend sind.
Daß wir in zwei Welten wohnen, ist uns heute durch die Denkspiele vor allem der Freudschen Psychologie vertraut. Die imaginären Reisen allerdings, die deren Logik folgen, bleiben doch immer Erinnerungs- und Wunschreisen, und ihr vernünftiges Maß und Ziel ist die Überführung des Erinnerten und Erhofften in eine unproblematische Wirklichkeit. – In Kiplings *‹Brushwood Boy›* zum Beispiel, ein Märchen, in dem Ernst Bloch die Poesie des Prinzips Hoffnung fand, macht der brushwood boy die Bekanntschaft seines brushwood girl als Knabe in einem Traumland, in das er – mit dem Finger auf der Landkarte entlangfahrend – entschlummert, bis Policeman Day ihn vertreibt. Viele Jahre später finden die beiden sich dann wirklich – und kannten sich doch schon lebenslang. Da gebiert also der Traum das Leben aus sich heraus, und das Leben kann erst bestehen, Policeman Day zum Trotz, wenn es so wirklich geworden ist, wie es sich träumte. Bei Kipling kommt dann aber das Träumen zur Ruhe, indem es vom Leben restlos ausgeschöpft wird. – So auch in der durch Freud berühmt gewordenen imaginären Reise des Doktor Norbert Hanold, Dozenten der Archäologie aus Wilhelm Jensens Novelle *‹Gradiva›* (1903). Ihr Wegweiser ist das Relief einer Antikensammlung, auf dem der Archäologe ein Mädchen entdeckt, in das er sich verliebt. Halluzinierend reist er

zurück ins antike Pompeji – realiter als Tourist in die Ruinen – und begegnet dort der Verehrten. Die er in der Pansstunde des schattenlosen Mittags aus der Antike aufgestiegen glaubt, ist in Wahrheit eine Jugendgeliebte von nebenan, deren Bild der Archäologe zugunsten der Altertumswissenschaft verdrängt hatte. Nun findet er sie, auf dem Umweg über Pompeji, wieder. «Daß jemand erst sterben muß, um lebendig zu werden», meint das Mädchen. «Aber für einen Archäologen ist das wohl notwendig.»[20] Der Ansicht war Freud auch. Für ihn allerdings war jeder Patient ein Student der Archäologie.

Als Erfolg der Erinnerungsarbeit liegt dann das Ausgegrabene zutage, und die Analyse kommt mit diesem Ergebnis zur Ruhe, wenn auch nicht gleich zu einem happy end wie Jensens Norbert Hanold. Tatsächlich ist aber das Ausgraben nicht unbedingt ein Freischaufeln, sondern lediglich ein Offenlegen – und sinkt Pompeji nicht eben gar zurück in die Natur? – Wo die imaginären Reisen im Sinne einer psychologischen Archäologie verlaufen, münden sie am Ende ein in die reale, die taghelle Lebensreise. Das ist nicht nur darum so wenig überzeugend, weil der Optimismus solcher endgültiger Aufklärungen uns mittlerweile als wenig begründet erscheinen will. Wir wissen inzwischen außerdem, daß das Vergrabene oft besser aufgehoben ist als das Eröffnete. Wer schützt die Unterwelt vor den Archäologen?! – Das Hervorgeholte kann zerfallen, wenn es mit Luft und Licht in Berührung kommt – ist es darum weniger wirklich gewesen? –, und es kann gestohlen werden, jeder Art von Barbarei preisgegeben bis zu völliger Zerstörung. Fast möchten wir nicht so sehr die Menschen vor den Abgründen als diese vor den Menschen bewahrt sehen, so wie es wohl genügen mag, sie gewiesen zu finden statt beschrieben: Hinweise und Umrisse anstelle von Schrift.

Für die Documenta 1977 hat Jochen Gerz eine Reise mit dem Transsibirien-Expreß von Moskau nach Wladiwostok und zurück unternommen: 16 Tage und Nächte, 16000 km; bis ans Ende Eurasiens in einem Abteil mit verhängten Fenstern, die Füße auf täglich ausgewechselte Schieferplatten gestellt. Alle Dokumente und Indizien dieser Reise bis auf diese Schiefertafeln wurden danach verbrannt. Nichts blieb fixiert, was nicht im Innern des Reisenden aufgehoben war als Gedächtnis an ein Einstmals und Anderswo. Das Abteil war bei der Ausstellung markiert, die Schiefertafeln die einzigen Exponate.

Ein Attentat auf die Medienkultur.

War Gerz wirklich fort gewesen? Die Antwort weiß nur er selbst, das lebendige Zeugnis: «Den Raum habe ich weniger erfahren als den Kerker oder als ein Gefängnis oder im mittelalterlichen Sinn daß man sich einschließt und abschließt, nur einfach als nen Raum den man füllen kann mit sich selbst, ich hab mich selbst gespürt. Das ist ganz schön so, die Reise geht ja in den Osten rein, das heißt ja jeden Tag verändert sich die Zeit, also die objektive Uhrzeit und außerdem spricht man die Sprache der Russen nicht ich kann sie noch nicht einmal lesen, den Fahrplan kann ich noch nicht einmal lesen, also daß also die Geländer, die wir so nötig brauchen also die ganzen Sprachen, die visuellen Geländer, daß alle mit der Zeit abgefahren sind, daß man also in einer Situation war, die relativ keine Anhaltspunkte mehr gab also in denen man nicht wußte ob man müde war, oder ob es sinnvoll war aufzustehen oder im Bett zu bleiben oder etwas zu tun oder nicht. Es ist also ne Reise ein bißchen aus unserem westlichen Kulturverständnis heraus einfach in ne Situation wo du keine Medien mehr hast, wo du nur noch selbst bist und einfach rauskommst aus dem Koordinatensystem von unserem Denken, unserem Empfinden ...»[21]

Was dieses «selbst» ist, steht damit so deutlich vor Augen wie der dunkle Umriß auf den Schieferplatten.

Man könnte solche Reisen – und so manche der zuvor geschilderten – für naheliegende und im Grunde auch seit länger schon vertraute Variationen auf ein kunsttheoretisches Thema halten, das so alt ist wie der Zerfall der antiken Polis-Kultur: die Reise der Kunst ins Innere. – Erich Heller hat unter diesem Titel eine Tradition aufgerufen, die von den Kathedralen des Mittelalters bis in unsere Tage reicht.[22] Es ist die gestaltenlose Kunst eines Gemüts, dem – mit Hegels Worten – kein Äußeres mehr entspricht. So überwältigend ist der Nuancenreichtum des Innern, daß jede äußere Eindeutigkeit, wie sie ein Merkmal der klassischen Skulpturen war, ihm Gewalt antun würde. Das Verborgene mag sich aufdecken und demonstrieren lassen, ins Leben tritt es nicht mehr über, es sei denn durch verinnerlichende Erfahrung.

> Sichtbar
> wollen wirs heben, wo doch das sichtbarste Glück uns
> erst zu erkennen sich gibt, wenn wir es innen verwandeln.

heißt es in der 7. Duineser Elegie Rilkes. Der realistische Code, in der anderen Sphäre der Kunstwelt, ist hierzu kein Gegenargument, sondern nur eine Verschiebung ins Mittelbare. Ihr zufolge empfängt Jan van Eycks Hochzeitsbild der Arnolfini – so energisch wirklichkeitsgerecht die Szene ausgeführt zu sein scheint – seine Deutung erst aus dem nach innen gekehrten Blick des Mannes, «der nicht seine Frau sieht, sondern eine Landschaft der inneren Seele» [23]. Der Kontrast dieses Blicks zur differenzierten imitatio der dinglich szenischen Welt weist auf den Sinn des Bildes als auf ein arcanum. Ebenfalls aus Rilkes 7. Elegie zitiert Heller später Zeilen, die nach seiner Deutung geradesogut schon auf das Bild van Eycks passen könnten:

> Nirgends. Geliebte, wird Welt sein, als innen. Unser Leben geht hin mit Verwandlung und immer geringer schwindet das Außen.

Selbst Walt Whitman, wenn er einen Hymnus auf die Freuden des Lebens anstimmt, rüstet letztlich für spirituelle Expeditionen: «A swift and swelling ship full of words, full of joys», das Schiff der Kunst, dessen kostbarste Fracht die Worte sind. Die Außenwelt ist Anlaß und Material für die Genüsse eines spirituellen Lebens:

> O the joy of my soul leaning pois'd on itself, receiving identity through materials and loving them, observing characters and absorbing them,
> My soul vibrated back to me from them, from sight, hearing, touch, reason, articulation, comparison, memory, and the like,
> The real life of my senses and flesh transcending my senses and flesh,
> My body done with materials, my sight done with my material eyes,

Proved to me this day beyond cavil that it is not my material
eyes which finally see,
Nor my material body which finally loves, walks, laughs,
shouts, embraces, procreates.[24]

Das Leben draußen liefert nur noch Stichworte für die inneren Monologe der Kunst, und je routinierter auch diese Monologe wiederum zur Konvention veräußerlicht werden, desto tiefer geht die Flucht ins Dunkle, desto geheimnisvoller, hermetischer werden die Wegmarken, an die das Auslegungsbedürfnis sich halten kann.

Werner Heisenberg hat Hellers Diagnose mit Marginalien zur «Reise der Naturwissenschaft in die Abstraktion» ergänzt.[25] Am Ziel dieser komplementären Reisen, so Heisenberg, sei nicht der Gewinn von mehr Leben und mehr Welt zu erwarten – wir denken an Kipling und Jensen –, «wohl aber Verständnis und Klarheit im Hinblick auf die Ideen, nach denen die Welt konstruiert ist. Aber da zu einem lebendigen Verstehen auch immer die Anschaulichkeit dazugehören muß, ergibt sich am Ziel der Reise eine unerbittliche Klarheit über die Grenzen, die dem rationalen Verständnis überhaupt gesetzt sind ...»[26] – Ein Wiedergewinn von Anschaulichkeit, so lautet hieraus die Konsequenz, müßte mit einem Verlust von Verständnis erkauft werden, wie aber andererseits dieses Verständnis, wo es seinerseits der anschaulichen Welt den Rücken kehrt, indifferent gegen das Leben bleibt, auf alle Weise unproduktiv, tot; offensichtlich eine Aporie.

Durch Entschiedenheit in der einen oder anderen Richtung ist sie mit Sicherheit nicht auflösbar. Sie ist vielmehr als solche darstellungsbedürftig, weil an ihr vorbei sowenig ein Weg zu sehen ist wie über sie hinaus. Immer ist die Sorge um die Möglichkeit zur Umkehr berechtigt und nötig, sei es aus dem Innern, dem kein Äußeres, sei es dem Äußern, dem kein Inneres mehr entspricht. – Die Expedition nach Sibirien mit verklebten Abteilfenstern, hin und zurück, ist – wie andere unserer Beispiele imaginärer Reisen – nicht einfach nur eine Fortsetzung der romantischen Tradition von Reisen der Kunst ins Innere, sondern eine drastische Exegese der beschriebenen Doppelbindung. Durch Anschauung ist nichts Wesentliches mehr zu haben – und doch muß die Reise losgehen; sie führt aus unserer Kultur heraus – mit Rückfahrkarte; ihre Dokumentation beweist nicht Realität und Bedeutung der Reise – sie zeigt auf die einzige Wirklichkeit, die zweifelsfrei ist, den Reisenden. Er hat die Geschichte des Reisens, die möglicherweise zu ihrem Ende gekommen ist, weil ihre gegenwärtigen Formen unter dem alten Begriff nicht mehr zu fassen sind, transzendiert. Während die wirklichen Reisen in die abstrakten Elemente auseinanderfallen, die ehemals im Begriff des Reisens ideal zusammenfielen: Initiation und Entdeckung, Einbildungskraft und Geschwindigkeit, Auslöschen und Erinnern[27], bewahrt der Reisende die gesamte Komplexion als ein Denkmal: als Reisevorstellung.

V

Rausch und Nüchternheit

Nüchternheit und Rausch pflegen wir so streng wie Tag und Nacht zu scheiden. Natürlich gehört die Nacht dem Rausch und Nüchternheit dem Tag, dessen helles Licht den Dingen Farbe und Kontur verleiht, wie andererseits die Dunkelheit die Unterschiede tilgt. Das Ich wird schwach in der Nacht – ob es sich trunken dem Wein oder der Liebe ergibt –, und es ermächtigt sich, wenn es die Hähne krähend beim Namen rufen, den Rausch ernüchternd vor dem dritten Schrei.

Das ist die eine Version. Ihr Gewährsmann ist der Nüchterne. Es gibt eine andere, für die zuallererst die Etymologen Pate stehen.

Eine Hypothese der Sprachwissenschaftler bringt «nüchtern» nämlich mit lat. «nocturnus», «nächtlich», in Verbindung. Nüchternheit wird hiernach also durch Dunkelheit und Stille gefördert. Die Geschäfte und Verrichtungen ruhen dann, und der Körper nimmt nichts zu sich, weder Getränk und Nahrung noch Sinneseindrücke, die ihn zerstreuen könnten. Mit Anbruch des Tages verliert sich das Ich dann wieder an den Rausch des bewegten Lebens.

Merkwürdig genug aber ist ein kleiner linguistischer Widerhaken, an dem es sich lohnt, hängenzubleiben. Das Vorläuferwort von nhd. «nüchtern» nimmt, als es um 1000 n. Chr. unvermittelt als ein Klosterwort auftritt, ein «uo» und ein «h» in die Wurzel auf. Spätalthochdeutsch heißt es «nuohturn», worin – neben lat. «nocturnus» – ein Quereinfluß von «uohta» (f.), «Morgendämmerung» wirksam zu werden scheint.[1] – Spiegelt nicht die historisch-linguistische Zweideutigkeit – gehört nun die Nüchternheit dem Tag oder der Nacht, der Rausch ins Helle oder Dunkle? – eine Eigenart im anthropologischen Charakter dieser Affekte selbst?

Ich meine die jähe Morgendämmerung klarer Einsichten aus der Tiefe des Rausches und den Eintritt des Rausches in die nüchtern überwach verbrachte Nacht. Wie unsicher gleitend sind doch die Zuschreibungen:

> Träumt die taube Nüchternheit, sie lausche,
> Wie der Traube Schüchternheit berausche.[2]

Wie in Brentanos Vers gleiten dem Rausch-Erfahrenen, will er sich Rechenschaft geben, die Zustände von Ekstase und Besinnung ineinander. Nie sieht einer klarer als im Zenit der Selbstvergessenheit, wenn er jäh sich als den Berauschten erkennt. Und wiederum geht jede Nüchternheit hochschwanger mit dem Rausch, den sie aus sich gebiert wie der Durstige die Halluzination und der Ermüdete jenen Furor von Produktivität, den wir den Schaffensrausch nennen. Noch die totale Besoffenheit birgt dieses Versprechen des lichten Augenblicks aus der tiefsten Umneblung, so daß ein Stratege im Umgang mit dem Alkoholismus wie Ernst Herhaus die Sternstunde der Ernüchterung von der Erfahrung des Deliriums abhängig sieht. (Doch redet er selbst nicht wie in visionärer Trunkenheit, seitdem er trocken ist?)

Von Aufklärung sollte nicht reden, wer die Wildnis nicht kennt, von Rausch nicht, wer die Nüchternheit nie als eine Leidenschaft erfuhr. – Nur ideologiegesättigte Ahnungslosigkeit und Unerfahrenheit kann Rausch und Nüchternheit in einen kahlen Gegensatz der Art versetzen, wie er dann als Opposition von Abstraktion und Sinnlichkeit, Rationalismus und Irrationalismus, Aufklärungskultur und Wiederkehr des Körpers die Wahrnehmung zu gängeln droht. Der Gegensatz ist in diesen Formulierungen kaum mehr als eine spätromantische Fiktion, die eine bequeme Handhabe für politische Austreibungsaktionen darstellt: ob der Teufel nun verstandeskalt oder bekifft auftritt.

Die Bedürfnisse nach Berauschung und Ernüchterung gehören zu demselben Leib, und wie eines aus dem anderen hervorgeht – oder zumindest doch als ein Mangel und ein Verlangen des jeweils anderen empfunden werden kann –, so ist es auch kaum möglich, eines selbst in Worten hinzustellen, ohne daß sogleich das andere mit zur Sprache kommt. Dies nicht nur so, daß eines durch Ausschließung des anderen definiert wäre. Denn beide Wünsche teilen sich in einer wesentlichen Intention. Gleicherweise ist ihr Verlangen darauf gerichtet, den Körper in einen Zustand – des Verlangens zu versetzen. Wohlgemerkt, nicht ihn zu diesem oder jenem Begehren, sondern ihn zu einem einzigen Verlangen zu stacheln. Der profane sinnliche Körper soll bis zur äußersten Bereitschaft und Empfänglichkeit gesteigert werden. Einem Verlangen wonach? Nach etwas, was nicht Ich ist. Darum ist dieses Verlangen ohne ein Objekt, ist wesentlich namenlos, denn mit jedem Namen, den es erhielte, wäre ein Anteil am benennenden Ich bezeichnet. So ist dies also eine Versessenheit nicht auf ein Begehrtes, sondern auf das Begehren. Was ankommen will, soll das Ich in reiner Bereitschaft finden. – Das Erlöschen der Objektbeziehung im Rausch ist eine Voraussetzung der unbefleckten Empfängnis. Der nächtliche Bräutigam will nicht gesehen werden. Mit dem Morgengrauen verblaßt auch die Erinnerung. Was ankam, war mehr als Ich, aber Ich hat daran teil. – Woran? Das ekstatische und das ernüchternde Verlangen teilen sich dieselbe Absicht, den profanen Körper in metaphysische Bereitschaft zu versetzen – denn was wäre wahrhaftig anders als das Ich, wenn es nicht metaphysisch wäre? –, ihre Intentionsrichtung ist aber verschieden. Vielmehr, es ist nötig, die Fliehkraft und Wirbelsucht der Ekstase einzupflocken ins nüchterne Diesseits, ist auch andererseits nötig, den Leib durch Ernüchterung dergestalt auszuhöhlen, daß sein Vakuum das Namenlose heftig ansaugt. (Sprachgeschichtlich ist der «Rausch» übrigens mit dem engl. «rush», «sausen», «rauschen», «stürmen» verwandt. Ist das der Wirbelwind, der durch den Sog entsteht?) Der profane Körper, aus dem ein übersinnlicher Leib werden soll, ist zwischen die Emphasen der Ernüchterung und der Rausch-Begeisterung gespannt wie eine hoch gestimmte Saite. Ohne die Arbeit der Nüchternheit am Rausch, das Reißen der Rausch-Kräfte an der Nüchternheit, wäre diese wenig mehr als eine bedenkliche Neigung zur Pedanterie, jener eine dumme Bewußtlosigkeit mit einem kläglichen Echo im Katzenjammer.

In der Rausch-Propaganda unseres Jahrhunderts kommt dieses Spannungsverhältnis selten zur Sprache. Schon möglich, daß auch die neuere Ekstasen-Chemie einen Berauschten neuen Typs produziert, für den die alte Fügung neutralisiert oder erloschen ist. Dafür mag ein Indiz sein, daß die vorläufig letzte Aktualisierung der Drogen-Popularität mit der modischen Hypertrophie der Ethnologie in einer kaum zufälligen Gleichzeitigkeit einhält. Es ist eine Konstellation im Zeichen des kulturellen Exodus. Er wird schwächlich und energielos selbst als Aussteiger-Bewegung bleiben müssen, wenn die Kräfte der Aufklärung ihre Wirksamkeit einbüßen.
Merkwürdig genug fällt an der aktuellen Sympathie für das Imaginative und die mythenbildende Phantasie, für die archaischen Seelenkräfte und ekstatischen Absencen in den Blick, daß noch das Exotischste näher zu liegen scheint als die eigene Tradition. Der Taoismus, Castaneda oder indische Meditationslehren finden deutlichere Resonanz als die eigene Vergangenheit, zumal die metaphysischer Reflexion. Ganz zerschämt und geniert verschließen wir gewisse Teile der Vorgeschichte unseres Denkens, als wären es Pubertätsgeheimnisse. So ist der Exotismus, durch den vielfach Eigenes auf Umwegen und ins Bizarre verstellt zur Sprache kommen muß, auch ein Indiz für ein unfreies, unmündiges Verhältnis zu uns selbst. – Davon ist zumal jener Anteil des metaphysischen Denkens betroffen, der bereits bei den historischen Zeitgenossen den Verdacht der Brunnenvergiftung und Häresie sowie den Vorwurf unreinen Denkens auf sich gezogen hat, die mystische Theologie. Während die Erfahrungsseelenforschung pietistisch beeinflußter Autoren des späteren 18. Jahrhunderts in ihrer Bedeutung für die Frühgeschichte der Anthropologie und Psychologie schon häufiger gewürdigt worden ist, haben die Schriften der Mystiker unter diesem Gesichtspunkt – als unterlägen sie einem Berührungsverbot – noch kaum Beachtung gefunden. (Ihre neuerliche Lektüre durch Lacan und in dessen Nachfolge verfolgt ein anderes Interesse, sie sucht nach Zeugen «weiblicher» Kultur.) Ich möchte in diesem Kapitel ein paar Beispiele anführen, in denen mir die eben gezeichnete Figur einer energiegeladenen Balance ekstatischer und reflexiver Kräfte

zu besonderer Deutlichkeit ausgebildet zu sein scheint. Es handelt sich dabei allemal um Erfahrungen mit dem heiligen Rausch, der visionären Entrückung.
Für sie alle gilt, was Ernst Benz, dem wir die eingehendste Darstellung von «Erfahrungsformen und Bilderwelt» der Mystiker verdanken, über das Verhältnis von Vision und Askese – das ist die emphatische Form der heiligen Nüchternheit – ausgeführt hat. Der visionäre Rausch verneint zwar in der Form der Ekstase die Nüchternheit, doch sowohl seine Voraussetzung wie die Inhalte, die sein imaginatives Volumen ausmachen, verdanken sich hoher intellektueller, psychischer und leiblicher Selbstkontrolle: «Die Vision ist dem Seher nicht wesensfremd, sie steht in einer geheimnisvollen Beziehung zu der geistigen Struktur des Sehers, zu der Prägung seiner Imagination, zu der Bildsamkeit seiner Phantasie, zu der Tiefe und Reaktionsbreite seiner Gefühle, zu der gerade vorherrschenden Stufe seines Bewußtseins und zum Stand seiner geistlichen und weltlichen Bildung. Die Spontaneität der Vision steht in einem eigentümlichen Spannungsverhältnis zu der Tatsache, daß auch die visionäre Erfahrung durch die Tradition geprägt ist und eine eigene Methodik entwickelt. Sie ist nicht nur an bestimmte Bedingungen und Voraussetzungen gebunden, sondern hat eine bestimmte geistige, seelische und leibliche Disziplin entwickelt, um das Auftreten visionärer Erfahrungen zu ermöglichen und vorzubereiten. Dabei geht es nicht darum, durch ein solches methodisches Training die visionäre Erfahrung herbeizuzwingen, sondern darum, eine bestimmte geistige, seelische und leibliche Atmosphäre zu schaffen, in der die visionäre Erfahrung eintreten kann. Es ist offenbar vorausgesetzt, daß die visionäre Erfahrung – oder wenigstens ein bestimmter Typus dieser Erfahrung – von sich aus auf Wiederholung drängt und die Bedingungen für eine solche ersehnte Wiederholung zu schaffen sucht. Diese visionäre ‹Atmosphäre› ist charakterisiert durch ein strenges System geistlicher, seelischer und leiblicher Zucht, deren Erhellung von elementarer Bedeutung für das Verständnis der Phänomene der visionären Erfahrung ist.»[3]
Das asketische Fasten, geschlechtliche Enthaltsamkeit und die

Kasteiung zur Abtötung des Fleisches sind solche Mittel geistlicher Zucht, durch die das Körper-Ich auf seine visionäre Wiedergeburt zum spirituellen Leib vorbereitet wird. Benz erzählt zum Beispiel die Geschichte jenes unglücklichen Johannes Tennhardt aus Nürnberg, der einen nimmersatten «Freß-Wolff» in sich zu besiegen hatte, der es auf immer neue Zufuhr von Sauerkraut und gebratenem Hering abgesehen hatte, bis der Herr ihn nach einer entsprechenden Orgie ernsthaft vermahnt: «‹Bald wärest du mir zu einer Saue geworden.› War eine Warnung, daß ich hinfüro nicht in die Schüssel, wie die Saue in den Trog fallen soll und begierig fressen, sondern alles mit Furcht und Zittern genießen.»[4] – Im unmittelbaren Zusammenhang mit Askese stellt sich die erste Vision bei Heinrich Seuse ein, der sich «mit großer Selbstbezwingung» aller Gesellschaft entzogen hatte und dafür, während der Konvent zu Mittag aß, in der Einsamkeit einer Kirche den Lohn empfing: «Und wie er so trostlos dort stand und niemand bei ihm noch um ihn war, wurde seine Seele verzückt in dem Leibe oder aus dem Leibe heraus. Da sah er und hörte, was allen Zungen unaussprechlich ist: es war formlos und erscheinungslos und trug doch aller Formen und Erscheinungen freudenreiche Lust in sich. Das Herz war gierig und doch gesättigt, der Wille lustig und wohl gelenkt; ihm war Wünschen entschlafen und Begehren vergangen. Er starrte nur immer in den glanzreichen Widerglast hinein, in dem er zu einem Vergessen seiner selbst und aller Dinge gelangte. War es Tag oder Nacht, er wußte es nicht. Es war eine ewigem Leben entquellende Süßigkeit mit gegenwärtigem, stillstehendem, ruhigem Auskosten. Er sagte danach: ‹Ist dies nicht Himmelreich, so weiß ich nicht, was Himmel ist ...›»[5]

Seuses von ihm selbst mitgeteilte Lebensbeschreibung ist ein Dokument geistlicher Selbstermächtigung. Die profane Erleuchtung, nach der sein Verfasser so begierig ist, benötigt den sakralen Raum nur noch als einen Schauplatz, dessen traditionelle Würde den unerhörten Vorgang legitimieren soll. Tatsächlich hat der Visionär sich emanzipiert. Den eigenen Körper breitet er hin wie ein Versuchsfeld, mit Nägeln abgesteckt für das kühne Experiment, mit dem er die Verklärung des Madensacks erzwin-

gen will: das Erscheinen der Seele vor dem Anblick der Ewigkeit. Denn um diese Seelenerfahrung geht es hier eigentlich; zu beweisen, daß Etwas ist, wenn das Fleisch fühllos wird, wenn es gar abgestorben ist, dieses Etwas als ein metaphysischer Grund des Selbstwerts, der in keiner anderen Quelle gefunden werden soll als in eigenem Erleben.
Ob nicht auch noch gegenwärtig der Fortbestand des Lebenswillens – den es doch nicht nur noch als feuchten Schimmel auf historischem Gemäuer gibt – von Erfahrungen solcher Art abhängt? Und ob nicht erst ihr Verkümmern und völliges Vergessenwerden jene epochale Zeitenwende ankündigen würde, die die Kulturphilosophie an weniger gewichtigen Symptomen bereits seit Generationen immer von neuem ablesen zu können meint? Von der Seele zu reden ist obsolet – die als Psyche Gegenstand der Wissenschaft und Therapie wurde, verleugnet ja ihre metaphysische Herkunft –, und doch würde wohl nicht leicht einer zu behaupten wagen, ohne sich dazu erst forcieren zu müssen, er hätte keine. – «Der Mensch wäre nicht der Vornehmste auf der Erde, wenn er nicht zu vornehm für sie wäre», notiert Goethe im Alter.[6] Im Hochgefühl des metaphysischen Rausches, von dem ein Abglanz noch auf den profansten fällt, vergewissert er sich dieser Auszeichnung. Als eine Batterie scheint sie auch uns verblieben zu sein, ein zu keusches Geheimnis, um noch einen Namen zu haben. –
Seuse hat sich die Wiederkehr der ekstatischen Gesichte durch die unbarmherzigste Askese regelrecht abgepreßt. In exorzistischen Exzessen hat er den eigenen Körper wie einen Acker geeggt, gepflügt und bestellt, um aus ihm die Visionen wie Traumblumen wachsen zu lassen. In jungen Jahren hatte er sich schon den Namen Jesu unauslöschbar mit einer spitzen Nadel in die Brust über dem Herzen gestochen, tätowiert zu ewigem Gedächtnis. Dreißig Jahre hielt er dann strenges Schweigen bei den gemeinschaftlichen Mahlzeiten des Konvents. Er ließ sich ein Unterkleid fertigen, auf dessen Innenseite hundertfünfzig spitzgefeilte Messingnägel staken, gegen das Fleisch gekehrt. Zur Nacht schloß er die Arme fest an ein ledernes Halsband, die Hände in nägelbesetzten Handschuhen, und zwang sich so zur

Gelassenheit dem Ungeziefer gegenüber, das den blutenden und schwärenden Körper bevölkerte; tagsüber trug er ein mannshohes Kreuz auf dem Rücken, wiederum mit Nägeln besteckt, das er sich recht fühlbar machte, indem er zweimal am Tag mit der Faust auf das Holz schlug, daß die scharfen Stifte in das Fleisch drangen und darin staken, «daß er sie mit dem Gewande herauszerren mußte».[7] – Ich übergehe die Abhärtungsübungen durch harte Lager und Frost, den Verzicht auf das Waschen und «wie er sich den Trank am Munde abbrach». – Solche marternden Übungen trieb er um zwanzig Jahre. «Als dann seine Adern und seine Natur erkaltet und verwüstet waren», so schreibt er später (um 1360) als sein eigener Chronist, «erschien in einem Gesichte am Pfingsttage ein himmlisches Gesichte und verkündete ihm, Gott wolle es nicht länger von ihm haben. Da ließ er davon ab und warf alles in ein fließendes Wasser.»[8]

Die Reinigung, ja Abtötung des Ich erschöpft sich nicht in der Austreibung der Wünsche des Fleisches zugunsten des *einen* Verlangens. Seuse war Lektor seines Ordens, also zuständig für die wissenschaftlichen und theologischen Studien der Mönche, später auch Prior eines Dominikanerklosters. So ergänzte der Schüler Meister Eckarts die Disziplinierung des Fleisches durch die des Geistes. Eine wütende, eine rasende Nüchternheit, gegen die sich die Beschreibung der visionären Berauschung kontemplativ ausnimmt: die Ekstase ist ein Stillstand reiner Gegenwärtigkeit in ruhigem Auskosten.

Die Figur der Balance von Rausch und Nüchternheit zeichnet sich ab, keine allerdings des maßvollen Ausgleichs, wie durchaus nicht von Versöhnung. Eine Balance, die der Erfahrung gar nicht zugängig ist, denn Rausch oder Nüchternheit werden ja gerade durch die Abwesenheit des jeweils anderen erst möglich; ein Verhältnis wechselseitiger Ermöglichung der leidenschaftlichen Extreme also, das nicht mit dem Bild einer ausgewogenen psychischen Harmonie verwechselt werden kann. Das Verhältnis ist psychologisch auch überhaupt nicht zu erschließen, denn die Logik, nach der in der Ödnis des ernüchterten Fleisches die ekstatische Seele erblüht, gehorcht keineswegs der Kompensations- oder Surrogaten-Mechanik, auch keiner anderen der Psycho-

Motorik. Am ehesten läßt sich von einer Ökonomie geistiger Potentiale sprechen, die sich erst und nur in einer gewissen Konstellation aktualisieren. Als eine Konstellation gibt sie sich denn auch *nur* in einem selbst Geistigen, *im Text* zu erkennen, der keiner der beiden Sphären, weder des Rausches noch der Nüchternheit angehört, obschon er sich aus diesen beiden speist. Dergestalt bezeugt Seuses Bericht die Wirklichkeit der metaphysischen Ekstase dem Inhalt nach, doch dies allein vermöge der Technik ihrer sprachlichen Nachahmung, also vermöge von Besonnenheit. Schreibend ahmt der Autor nach, wovon er berichtet: wie er die Marterwerkzeuge «in ein fließendes Wasser» warf. Das Geschriebene ist auch beides, ein Festhalten und Verströmen. In der Metaphorik der Verschriftlichung sprechen wir von Schreibfluß wie vom Setzen und Schriftstellen. – Von Balance dürfen wir hier nicht reden, als hielte sie jemand. Sie hält sich selbst im Text und braucht eben diesen für ihre Realität.

Gerade Seuses Schriften legen allerdings noch eine weitere Lesart nahe. Nicht Texte sind ja der letzte Sinn der mystischen Erregung, sondern die Sehnsucht geht auf das Reich Gottes in der Welt. So können wir auch die Mittel seiner Evokation nicht mit Gleichmut übergehen. – Seine schier unerschöpfliche Phantasie im Ausklügeln und seine erstaunliche Tatkraft im Organisieren von Praktiken der Selbstpeinigung und -verstümmelung lassen sich nicht mit der Erinnerung an größere Schmerzgewöhnung in früheren Jahrhunderten neutralisieren. Wenn es sie gegeben haben sollte, so legt es dieser Schmerzensmann ja gerade darauf an, sie zu durchbrechen. Den Schmerz will er bis an die Schwelle der körperlichen Ohnmacht führen, in der Erwartung, daß es der Geist Gottes ist, der in dieses Vakuum eintritt. Anders als in den Ekstasen der Flagellanten ist das Weh hier nicht Inzitament und kein Bestandteil des Rausches, sondern dessen Vorbedingung. Statt Bewußtlosigkeit ist das Kalkül am Werk. So steht dieser frühe Mystiker bereits mit der Technik im Bündnis, deren Arrangement den metaphysischen Horizont aufreißen soll. Daß es sich dabei um eine frühe, noch kaum entwickelte Form handelt, sollte uns darüber nicht täuschen. Das raffiniert gepeinigte

Fleisch soll im Schrecken erstarren, um das «ganz Andere» Ereignis werden zu lassen – in solchen Wendungen hat Rudolf Otto in unserem Jahrhundert, die Erfahrung des Ersten Weltkriegs gerade im Rücken, die Erwartung des «Heiligen» als des «Numinosen» beschrieben.[9] – Seuses detaillierte Folterschilderungen – es fehlen allenfalls noch Herstellungsskizzen der Werkzeuge – sind, wohl kaum in der Absicht des Autors, nicht bloß *Zeugnis* einer versuchten Selbstheiligung, sondern zugleich auch *Theorie* im Sinne von methodischer Anleitung zur Wiederholung.
Schon auf dieser historischen Stufe sind auch die lebensbedrohlichen Energien wahrgenommen worden, die aus dem Bündnis von Technik mit metaphysischer Sehnsucht hervorgehen können. Neben den Berichten über Exzesse der Selbstpeinigung sind uns die Gesetze überliefert, mit denen eine besorgte Obrigkeit verhindern will, daß die Himmelsstürmer die weltliche Ordnung über den Haufen rennen. Mittlerweile haben wir genügend Erfahrungen sowohl mit dem technisch entfesselten Schrecken des totalen Rausches wie mit der apologetischen Gewalt der gesetzlich stabilisierten Ordnungen gemacht, um uns im Ernst der einen oder der anderen Seite mehr anvertrauen zu wollen. Es gibt keine dritte. Hoffnung kann sich demnach nur auf den Willen und die Fähigkeit zur Selbstkontrolle durch ein Einhalten und zur Verhaltenheit stützen. Kann sie es? Es ist Hoffnung ohne Zuversicht. –
Aus der zweiten Hälfte des 14. Jahrhunderts stammt vermutlich die ‹*Theologia deutsch*› eines anonym bleibenden Frankfurter Deutschherren aus dem Sachsenhäuser Kloster, die Luther 1516 und 1518 ein zweites Mal mit der Empfehlung herausgab, es sei ein Buch «nit oben wie schawm auff dem wasser, sondern es ist auß dem Grunde des Jordans von einem wahrhafftigen Israeliten erleßen, wildes namen Gott weiß».[10] – Der Frankfurter nimmt ein beliebtes Denkbild der mittelalterlichen Mystik auf, indem er die cognitio matutina, die «Morgenschau» in die Welt Gottes, mit der cognitio vespertina, der «Abendschau» in die Welt der Kreatur, in einer Lehre «Von den zwei geistigen Augen» verbindet, «mit denen der Mensch in die Ewigkeit und in die Zeit schaut». Die Schaukraft der übersinnlichen Wahrnehmung ist

darin abhängig vom Umgang mit der kreatürlichen. So nämlich, daß das Licht und die Hitze der Sonne Gottes nur aufgenommen werden können, wenn Kälte und Finsternis ihr nicht den Eingang versperren. Denn «diese beiden Augen der Seele des Menschen vermögen nicht zugleich miteinander ihr Werk zu üben, sondern, soll die Seele mit dem rechten Auge in die Ewigkeit sehen, so muß das linke Auge sich all seines Tuns enthalten und begeben und muß sich halten, als ob es tot sei. Soll dann das linke Auge seine Werke nach außen üben, nämlich wirken mit der Zeit und Kreatur, so muß auch das rechte Auge an seinem Werk behindert werden, das ist an seiner Beschauung. Darum, wer das eine haben will, der muß das andere lassen fahren. Denn es kann niemand zweien Herren dienen.»[11]
Hier, wie in der gesamten neueren Tradition der Wirkungsgeschichte des Platonismus, wird die forcierte Anstrengung des Augensinns durch seine Reinigung von kreatürlicher Betroffenheit betrieben. Das übersinnliche Auge sieht nur, wenn das sinnliche erblindet. So steigert der Frankfurter das Sehvermögen zwar bis zur Ekstase der Vision, doch das Auge ist erkaltet. Die Metaphern suggerieren freilich das Gegenteil: Die kreatürliche Welt sei das Kalte, Finstere, das dem hitzigen Licht Gottes weichen müsse. Aber die Erläuterungen sind eindeutig: «Wo in einer Kreatur das Vollkommene erkannt werden soll, da muß Kreatürlichkeit, Geschaffenheit, Ichheit, Selbstheit und dergleichen alles aufgegeben und zunichte werden.»[12]
Das Bild der geschlossenen Augen, ein visuelles Fasten, in dem die Abdichtung des Leibes gegen jede Ablenkung vorgestellt ist, erläutert Mystik in ihrem Inbegriff. Griechisch «myein» hat eben diese Bedeutung des Augenschließens, im übertragenen Sinn des Sehens ohne den Gebrauch der Sinne. – Die Rauscheinigkeit erfordert den nach innen gewendeten Blick, also die Verödung der äußeren Sinne. Insofern macht auch die Liebe blind. Das ist aber nur die halbe Wahrheit. Denn das Verlangen nach mystischer Kommunion wie denn auch die Intensität der visionären Gesichte selbst resultieren aus dem blockierten Potential von Hellsichtigkeit, ergeben sich aus der Mächtigkeit des Ausgeschlossenen.

Die großen Wahrheiten der älteren Rhetorik sind «bittersüß». Das Oxymoron spannt die Extreme widernatürlich zusammen. Gegen die Natur insofern, als es eine Wahrheit ausspricht, die nicht von dieser Welt ist. Denn der Erfahrung ist jeweils nur Eines zugängig: die Bitterkeit der Entbehrung, die Süße der Entrückung. Nur in der Liebeserfahrung ist beides ineins – oder müssen wir sagen war es? Denn im Gegensatz zu den klassischen und auch noch spätantiken Darstellungen des geflügelten Eros, so hat Erwin Panofsky uns demonstriert, zeigt ihn bereits die Kunst des späteren Mittelalters (seit Anfang des 13. Jahrhunderts) erblindet, nicht im Spott über eine Schwäche der Verliebten, sondern als Charakterisierung ihres Wesens. So scheint seitdem auch hier die Verschränkung von Sinnlichem und Übersinnlichem sich aufzulösen. Daß – und wie – Eines ans Andere gebunden ist, hält die rhetorische Figur fest und sie in erster Linie. Ihr mythologisches Äquivalent für die Prophetie des Künftigen, der blinde Seher, verblaßt als leibhafte Personifikation zur Reminiszenz an ein episches Zeitalter zugunsten der rhetorischen Abstraktionsform. Der mystische Visionär ist Figur einer gewissen volkstümlichen Attraktivität – auch eines Argwohns –, damals schon, heute erst recht. Im Gespräch ernsthafter Leute ist er doch bloß ein Schwärmer. (So fochten die historischen Aufklärer gegen die pietistischen Erben der Mystik.) Anders gilt die rhetorische, gilt die Schrift-Gestalt der Gesichte. Aus gutem Grund. Denn nur sie bewahrt die eigentümliche Doppeltheit von Süßigkeit und Bitternis, abstraktiver Entbehrung und Ekstase des Vorscheins, ohne welche keines von beiden zu haben ist.

Die Ekstase geht nur immer so weit, wie die Energie zur Rückkehr reicht. (Was darübergeht, sollte anders heißen.) Je leidenschaftlicher das Verlangen nach Nüchternheit, desto kühner auch die Entfesselung. Der Kopf ist im Rausch verkappt – wie mit einer Kappe verblendet. Berauschung ist nicht Kopflosigkeit, sondern maskierte Nüchternheit. In der antiken Mythologie ist einzig der Gott des Rausches selbst, nur Dionysos, kopflos dargestellt worden: das Ungeheure in Person – oder vielmehr gerade nicht mehr personifiziert, sondern bloß noch Maske, hinter der sich nichts mehr verbirgt. – Bei den sterblich Berauschten

– mag sein unsterblich Verliebten – gibt es alles nur zusammengesetzt und nichts in völliger Reinheit. Ganz im Innern des ekstatischen Feuers wird es kühler. In der Maßlosigkeit des Verlangens brennt der Wunsch nach Stille. Bei Shakespeare finde ich einige Zeilen, die diesem Verhältnis gelten:

Im Innersten der Liebesflamme lebt
Eine Art von Docht und Schnuppe, die sie dämpft;
Und nichts beharrt in gleicher Güte stets.
Denn Güte, die vollblütig wird, erstirbt
Im eigenen Allzuviel.[13]

Übrigens beschreibt die psychoanalytische Erotologie etwas Vergleichbares in der Ökonomie des Orgasmus, wenn sie als dessen Seele den «Detumeszenztrieb» entdeckt, den Wunsch des entzündeten Fleisches abzuschwellen und auszunüchtern. –

Wie der Liebhaber Gottes im Rausch der Begierde glühen könne ohne zu verbrennen, hat Jakob Böhme in einem Traktat über ‹*Das umgewandte Auge*› gelehrt. Darin vergleicht er die Seele einer Feuerkugel oder einem Feuerauge. Wie kann aber aus der Brunst dieses Feuers ein Bildnis des Gotteslebens entstehen? In den Flammen wohne «der Qual Geist, der in der Angst des Feuers entsteht und der vom Feuer ausgehet, als eine Luft, die ist der rechte Geist des Feuerlebens, die das Feuer immer wieder aufbläset, daß es brennt»[14]. Eine wilde Angstlust, so dürfen wir vielleicht übersetzen, die sich an sich selbst entzündet und steigert, ohne das Bild Gottes fassen zu können. Das Feuer im Auge für sich genommen nimmt noch nicht wahr, wenn es auch zwar die elementare Möglichkeit ist, Lebensbilder hervorzubringen, so wie das andere Element, die Erde, die Möglichkeit des vegetativen Lebensbildes, der Pflanze ist, nicht aber schon dieses Leben selbst. Die chthonisch lohende Entzündung für sich genommen bedeutet den fassungslosen Schrecken. Das Bild des Lebens erscheint darum nicht in der verzehrenden Flamme, sondern darüber. Die Bildnis-Kraft, so schließt Böhme, liegt nicht im Feuer, sondern in der Aura des Lichts, die es umgibt. Diese leuchtende Hülle um das Feuer entsteht aus dem Wasser-Dunst, so daß also erst aus dem Zusammenwirken von Feuer und Wasser das Bildnis entsteht. Wie in aller Mythologie, so gilt auch in dieser Elementenspekulation (in die noch eine Trinitätslehre geschlungen ist, von der ich nicht spreche) das feuchte Element als das der Sänftigung und Ernüchterung. Im Licht sind Feuerenergie und Wassernüchternheit gemischt zu einem leuchtenden Fluidum. Böhme nennt es auch eine «Tinktur», «darinnen das Wachsen und Blühen aufgehet»[15]. Es ist das Blühen der Bildnisse.

Im Spiegel dieser Bildnisse erst und unter dem Einfluß der mäßigenden Sanftmut wird das Feuerauge sehend: spiegelverkehrt. Nur vermittels der Umkehr aus der Nüchternheit schlägt das Auge den Blick für die Gotteswelt auf, nur als «umgewandtes Auge». Daß wir «nur im Abbild» das Leben haben, Fausts Dolmetschung von Goethes Philosophie des Lichts angesichts eines Regenbogens (und zugleich von Goethes Erkenntnistheorie), hat Böhme in solchen Formulierungen vorbereitet. (Ihr spätes Echo ist Walter Benjamins Aura-Begriff.) Was daran über die geistesgeschichtliche Filiation hinaus bemerkenswert ist? Reflexivität, die über sich selbst gebeugte Erkenntnis, dient hier nicht der Selbstvergewisserung und Potenzierung der Subjekt-Energien ad infinitum, in welchem Sinne dieses Erbe in der Frühromantik angetreten wurde, sondern als eine Kraft des Innehaltens. Das «umgewandte Auge» blickt aus der Erfahrung des entgrenzenden Rausches zurück auf die Gotteswelt. Goethe wird diese Haltung später «entsagend» nennen, nicht in der Bedeutung von «verzichtend», sondern im Verstande einer ungeminderten Zuwendung zum Gegenwärtigen. – Das ist eine Theorie der rechten Ekstase. Wir können vermuten, daß sie als solche nicht bloß eine auswertende Reflexion über Visionen ist, sondern daß ihre imaginativen Gehalte auch zumindest die sprachliche Gestalt von Böhmes eigenen Visionen geprägt haben. Was für Gesichte hat also dieses «umgewandte Auge»?

Als Visionär steht Böhme – wie übrigens auch Seuse – in der Tradition der Sophiologie. Diese ist Zeugnis und Auslegung der Epiphanie himmlischer Weisheit, die als eine Frauengestalt mit androgynen Zügen vorgestellt wird. Sophia steht eher auf der Seite des Schöpfers als der Geschöpfe, ist vielmehr schwesterliche Gehilfin Gottes denn Mittlerin zu den Menschen. In der

Theologie der Ostkirche hat sie neben Maria einen festen Platz. Eine eigene Theologie dieser Gestalt haben auch Seuse und später Böhme entwickelt. Doch besitzen wir auch einen Text Böhmes, der das persönliche Erlebnis des visionären Gesichts der himmlischen Weisheit in der Form eines Dialogs der Seele mit Sophia wiedergibt («Von wahrer Buße»). Hier naht sich «die edle Sophia» der Seele, «küsset sie freundlich und tingieret mit ihren Liebe-Strahlen das finstere Feuer der Seelen und durchscheinet die Seele mit ihrem Liebes-Kusse: So springet die Seele in ihrem Leibe vor großen Freuden in Kraft der jungfräulichen Liebe auf und triumphieret und lobet den großen Gott kraft der edlen Sophia.» Am Schluß des Dialogs steht eine Apostrophe der Sophia an ihren irdischen Bräutigam: «Sey du Feuer: so will ich Wasser seyn und wollen Ihm dienen in seinem Tempel, der wir selber sind. Amen.»[16]

Die starke Wirkung von Böhmes Elementenphilosophie auf Goethes Ästhetik (etwa die Geburt Euphorions im ‹*Faust II*›) sowie seiner Sophiologie auf die erotische Metaphysik des Novalis ist bekannt. – Aus dem Umkreis Friedrich von Hardenbergs, aus der Feder Franz von Baaders stammen Verse, die Böhmes Lehre als Abbreviatur fassen:

Licht und Liebe sich entzünden,
Wo sich Streng' und Milde finden.
Zorn und Finsternis entbrennen,
Wo sich Streng' und Milde trennen.[17]

Baader ist auch der Verfasser einer kleinen Schrift ‹*Über den Begriff der Ekstasis als Metastasis*›, eines Traktats über den Rausch aus dem Jahr 1830[18], der die Ekstase als den im Leben vorweggenommenen Tod charakterisiert. Todesangst ist für Baader auch der Grund des bürgerlichen Tabus über den Rausch. Entmischt dieser doch, wie sonst erst der physische Exitus, den Zusammenhang von Seele, Leib und Geist, wenn auch nur zeitweise. Ekstasis heißt hier Metastasis im Sinne eines antizipierten Zustandes nach dem Tode, worin Baader den Grund und das Recht für das allgemeine Urteil sieht, das den Verzückten und Seher mit dem Träumer, Trunkenen und Wahnsinnigen in eine Reihe gestellt sieht. So wäre dann hier die alte Konjunktion von Rausch und Nüchternheit erloschen? Durchaus nicht. Vom tatsächlichen Abgeschiedensein unterscheidet die Entrücktheit nicht bloß, daß die Versetzung ins Lebensjenseits nur temporär ist; sie geschieht auch auf besondere Weise. Denn die Scheidung der drei das menschliche Leben konstituierenden Prinzipien – Baader folgt hierin Paracelsus – geht weniger weit als im Tod. Exaltation ist der Ausdruck der Kraft, mit der sich der Ekstatiker über die noch fortbestehende Verbindung von Leib, Geist und Seele hinwegsetzen muß. Dergestalt ist die Sprache des Berauschten beides ineins: Zeugnis der Verrückung wie der dauernden Gravitation im Leben.

Schwärmertum und Überspanntheit, notorische Vorhaltungen gegenüber der heiligen Kunst der Ekstase, gelten Baader als notwendige Folgen aus den zweierlei Wohnsitzen des Menschen. Er gehört der kreatürlichen Welt an wie der metaphysischen, und so bedarf es stets einer heftigen Forcierung, um den Schwerpunkt in eine der beiden Welten zu verlagern. Die Exaltation ist das Symptom dafür, daß auch hier alles mit rechten Dingen zugeht und daß die Kirche im Dorfe steht. Nicht daß die Entrückung durch sie verdächtig oder gar entwertet würde. Es kränkt diesen spätgeborenen Mystiker keinen Deut, daß seine Ekstatiker womöglich Bratenröcke tragen und wer weiß was für Veranstaltungen unternehmen müssen, um darin nicht zu ertrinken. Nur, die Ferne des philiströsen Lebens am Anfang des 19. Jahrhunderts von aller metaphysischen Begeisterung prägt die Ästhetik des Rausches. Je entschiedener der Blick auf den Tod verstellt ist, desto rigoroser – eben auch exaltierter – brechen sich die Rausch-Energien eine freie Aussicht.

Der ekstatisch vorweggenommene Tod als eine neue Unmittelbarkeit zum Reich Gottes? Eben nicht. Denn die Innenseite der Exaltation ist das melancholische Eingeständnis, daß diese Unmittelbarkeit eine Fiktion ist, Produkt von Hirnsinnlichkeit, die den Vorlauf in den Tod (und als dessen Pendant den kleinen Tod in der Liebe) als Vehikel nutzt, um auf einer sonst verlorengehenden Erfahrung zu bestehen, der von Beseeltheit. Wo sonst, wenn nicht in Liebe und Tod, käme sie noch zur Evidenz? Doch die Form dieser Evidenz ist bürgerlich in dem Sinne, daß es kein letzter Ernst damit wird, nämlich nicht der Tod schlechthin, wie auch nicht einmal die Liebe, sondern beides nur partiell und transitär; gebraucht (warum sollte ich pathetisch miß-braucht sagen?) und instrumentalisiert, um auf einen seelischen Selbstwert Hoffnung zu machen, die abermals mit Zuversicht weiß Gott nicht zu verwechseln ist.

Spätestens jetzt muß noch eine andere Eigentümlichkeit zur Sprache kommen, die für die gesamte hier präsentierte Tradition charakteristisch ist, die *Individualisierung* des Rausches. Wie dessen methodisch-technische Stimulation ist sie ein Symptom, dessen frühe mittelalterliche Anzeichen das Nahen und dessen Verbindung mit romantischer Ästhetik die Durchsetzung der modernen, der bürgerlichen Welt anzeigen. Entgrenzung und unio mystica sucht schon Seuse nicht in der Gemeinschaft mit den Glaubensbrüdern, sondern – mit entschiedenem Nachdruck – in der Absonderung. Er muß sie noch als eine nicht selbstverständliche geistliche Disziplin eigens hervorheben, für die Späteren ist sie eine kaum erwähnte Voraussetzung. Sie war es bekanntlich mitnichten in den kultischen Bräuchen des Orients und der Antike, wo die Grenzen zwischen den im Rausch Vereinten im Zeichen der metaphysischen Vereinigung mit dem Gott zugleich niedersanken, wofür der Dionysos-Kult das wirkungsgeschichtlich eindrucksvollste, aber historisch keineswegs vereinzelte Beispiel ist. Wie sicher nun die Vereinzelung mystischer Ekstatiker des christlichen Mittelalters und vor allem dann der Folgezeit Ausdruck und Vollzug einer Vergeistigung und Verinnerlichung der Kommunionsvorstellung ist, so unzweifelhaft klingt aus ihren Zeugnissen von Anbeginn ein durchaus weltlich motiviertes Unterscheidungs-, ja Ab- und Ausgrenzungsbedürfnis. Der Ekstatiker ist – in aller Demut – Angehöriger einer geistlichen Elite. – Markieren Seuses penibel gezählte Folternägel und das gewogene und gemessene Maß seiner Qualen neben der Wegstrecke, die bis zur göttlichen Epiphanie zurückzulegen war, nicht auch das Eindringen des Konkurrenzdenkens in die geistliche Übung, und hat deren einsamer Vollzug nicht auch teil an der Verbürgerlichung der Ekstase?

Der mystisch verklärte Leib hebt die gesellschaftlich fixierte Teilung der Körper voneinander nicht auf, sondern er hat sie zu seiner Voraussetzung. Was für die mittelalterlichen Visionäre noch ein riskantes Exerzitium war, das sich leicht dem Verdacht und Vorwurf der Hoffahrt und Eitelkeit aussetzte, ist in der romantischen Erneuerung der mystischen Tradition ein konstituierendes Merkmal, wesentlich aber nicht geistlich begründet, sondern in aufgenötigter und individuell klagend oder bejahend nachvollzogener sozialer Exklusivität. Im Angesicht einer «philiströs» entfremdeten Welt zieht die Individualisierung des Rausches seine *Ästhetisierung* nach sich. Sein Medium wird bevorzugterweise die Kunst, so wie denn auch seitdem die sozial am sichersten beglaubigte Gestalt unter den Visionären der Moderne der Künstler geworden ist. Die Begeisterungen der Dichter, Maler und Komponisten sind im Sinne dieser Vermählung von Religion und Ästhetik Geschenke des Himmels. – «Ich halte mich an ein gewisses Bild im Geiste, welches in meine Seele kommt», so zitiert Wackenroders «kunstliebender Klosterbruder» Raffael, dessen Gemälde der Heiligen Jungfrau ästhetisch wahr wären, weil der Künstler sie zuvor als marianische Visionen empfangen habe: «Wird man nun nicht endlich begreifen, daß all das profane Geschwätz über Begeisterung der Künstler, wahre Versündigung sei, – und überführt sein, daß es doch geradezu auf nichts anderes, als den unmittelbaren göttlichen Beistand ankommt?»[19] Wackenroders Berglinger scheitert nicht an der Kunst, sondern daran, daß die bürgerliche Welt für sie keinen Platz hat.

Der Realitätsgehalt von Baaders Zwei-Welten-Beschreibung und Wackenroders Begründung der Kunst in Visionen des Jenseits als von Charakterisierungen einer gewissen bürgerlichen Lebensweise kommt in der Biographie ihrer Autoren zur Anschauung. Zu Recht hat man von einem Doppelleben gesprochen. Der Kammerreferendar Wackenroder starb an einem Nervenfieber. Er mag den Exaltationen nicht gewachsen gewesen sein, in denen er sich aus dem verhaßten Berufsleben katapultieren mußte. Und Baader? Im Fortgang seiner Schrift über Ekstasis als Metastasis wird er beweisen, daß viel Vernunft in der Annahme steckt, daß es im Verlauf von Ekstasen zum leiblichen

Verschwinden der Verzückten kommen kann – während er selbst mit beiden Beinen unirritierbar fest auf dem Boden stand. In bayerischen Staatsdiensten war er Münz- und Bergrat, Revisor chemischer Fabriken und Hochschullehrer. Als Ingenieur war er technischer Erfinder, als Diplomat Agent der Heiligen Allianz.

Ich stelle das ohne Zynismus fest. Wie denn auch? Agieren wir heute zwar selten noch für Heilige Allianzen – aber im übrigen? Die Aktualität des Vorstellungskreises, in dem sich Rausch und Nüchternheit in der mystischen Tradition fanden, scheint unvermindert fortzudauern, wenn schon halb vergessen. – Das gilt etwa für einige Beiträge der Zeitschrift ‹*Die Kreatur*› (1926–30), deren Mitherausgeber Martin Buber war, und zu deren Beiträgern Franz Rosenzweig und Eugen Rosenstock, Walter Benjamin und Florenz Christian Rang, Margarete Susmann und Dolf Sternberger gehörten. In diesem für unseren Zusammenhang höchst wichtigen ökumenischen Periodikum geht es weniger um Theologie als um Kosmologie, um die Welt unter dem Aspekt des Geschöpflichen. Für diese Autoren hatte es nicht der Erfahrungen des faschistischen Rauschs bedurft – für sie reichten die des Ersten Weltkriegs –, um gegenüber den ästhetischen Verzükkungen der Himmelfahrten des ekstatischen Leibs die Frage nach ihrer *Ethik* laut werden zu lassen. – Die Denkfiguren der Mystik kommen am deutlichsten in einem Essai über den Blick von Wilhelm Michel zur Geltung.

Die emphatisch entrückte, die heilige Kommunion mit dem Leben Gottes sieht Michel durch das profane Auge bedroht: «Jeder Blick hat eine Verwandtschaft zum ‹bösen Blick›. Das Leben ist eine Schattenblume.»[20] Der Lebensunschuld sitzt dieser Blick wie ein Kobold im Nacken, sie in Nichts zersetzend. Radikaler als der Frankfurter Deutschherr, in dessen Spur er gleichwohl geht ohne es zu wissen, definiert Michel diesen vernichtenden Blick ohne grammatisches Subjekt. Es ist die subjektentleerte Reflexivität. Das Ich ist in ein Prinzip dämonisiert, das sich seiner selbst nicht mächtig ist. In sinnentleerter Automatik fällt es das geistige und seelische Leben an wie die Schlange des Bösen und lähmt seine Spontaneität. Das Auge diese Blicks ist dem weltlichen des Frankfurters verwandt. Bei Michel begreifen wir aber eher, warum es Kälte und Finsternis bedeutet. Es ist das Emblem des Nihilismus. Es sitzt zwar im Leib des Menschen, blickt aus dessen Augenhöhlen und urteilt mit der Autorität eines körperhaften Ich, aber dies alles mit mephistophelischem Zynismus. Wir können sagen, daß es als das Prinzip einer totalen, einer wildgewordenen Aufklärung fingiert. Der Blick müßte sich anhalten können, um Gestalten zu sehen – hier sieht er grenzenlos; er sollte im Hier und Jetzt sich bescheiden können – statt dessen reißt er in namenloser Gier Zeit und Raum in seinen Strudel; er sollte schlafend auch das Beblickte ruhenlassen – hier ist er unermüdlich. Die Bewußtheit dieses Blicks will sich «als die *eine* große Erwachtheit» aufspielen, «gleich einem Nüchternen, der kalten Blicks das Taumeln und Glotzen eines Betrunkenen beobachtet».[21] Ein grausames Auge also, vor dessen Anblick das Leben in Scham zittert wie ein ertapptes Kind. – Der Rausch ist für Michel demgegenüber ein ohnmächtiger Versuch, «die verlorene Einheit des Lebens auf einer älteren Stufe wiederherzustellen».[22] Der Rückweg sei «auf ewig» versperrt.[23] Darin opponiert er (wie ähnlich Theodor Lessing in *‹Europa und Asien›*) gegen Ludwig Klages' *‹Der Geist als Widersacher des Lebens›*.

Das Mittel gegen den hybriden Blick heißt für Michel nicht Rauschgift, sondern Einhalt und Umkehr; intensive statt extensive Ekstase. Dostojewskij könnte sein Gewährsmann sein für die Forderung von Demut, Rilke für die Zuwendung zu den Dingen: «Ich glaube, daß Gott überhaupt, im äußersten Sinne, der Gegenstand schlechthin ist, bis in jedes unscheinbare Ding hinein, an dessen Wirklichkeit geglaubt wird. Wir sind ihm, lange ehe es zu den Niederwerfungen und Gebeten kommt, schon dadurch verschrieben, daß wir, still am Tische sitzend, den Atem einziehen und ausgeben, gläubig verweilend auf der Wirklichkeit der Obstschale, die vor uns steht, überzeugt vom Leben des Kindes, das nebenan schläft, angesprochen von den Stimmen des Tages und der Nacht, teilnehmend am Leben der Welt durch argloses Lieben und Leiden und was sonst noch zum Inhalt eines menschlichen Lebensraums gehört.»[24]

Dies ist der Versuch, alte mystische Erfahrungen in einer neuen Frömmigkeit zu wiederholen. Deren Subjekt will sich von den reißenden Gewalten einer unendlichen innerweltlichen Ernüchterung ins Bodenlose einerseits, archaischer oder kosmischer Rausch-Verlangen andererseits durch Einkehr beim Nächsten entlasten. Von dessen Wahrnehmung – das schlafende Kind, die Obstschale – verspricht es sich beides zugleich, Erfahrung eines Einheitssinnes in Nüchternheit. Der Kritizismus kommt durch die Begrenzung aufs Kleine, Überschaubare zur Geltung, das Kommunionsbedürfnis durch eine Teilhabe am Leben der nächsten Menschen und Dinge. In sich erfüllte Intimität gilt als Vorschein von unio mystica. Die Stilleben Cézannes sind deren Ikonen. Es scheint allerdings so, daß diese philosophische Figur der Selbstbeschränkung den historischen Kräften dieses Jahrhunderts, aber auch dem, was getan werden muß, nicht gewachsen ist. – «Identität rasenden Enthusiasmus und unbarmherziger Kritik schwer in sich zu erzielen», notiert Goethe lakonisch für die ‹*Maximen und Reflexionen*›.[25]
Nicht weit von Michels metaphysischer Heiligung des Lebens hat der junge Lukács, Jahre vor seiner Hinwendung zum Marxismus und stark von Dostojewskij beeindruckt, den mystischen Ausstand mit «linker Ethik» (und «rechter Erkenntnistheorie», so wird er später im Rückblick formulieren)[26] zusammenzudenken versucht. In einem heute nahezu verschollenen Heft der Zeitschrift Neue Blätter von 1912, in dem sein Essai neben Arbeiten von Martin Buber und Kassner, Rilke und Jammes steht – also ebenfalls eine ökumenische Initiative –, beschreibt er einen metaphysischen Rausch in den Kategorien heiligen moralischen Wahnsinns. Die Mystiker des europäischen Mittelalters und Chinas, Lao-tse und Dostojewskij (Sonja, Fürst Myschkin, Alexeij Karamasoff) sind seine Gewährsmänner. Die leere Unendlichkeit des Lebens, in dem die Tausch-Ethik der Krämer herrscht, will er in einfacher Negation preisgeben. Seine Parole heißt «Armut am Geiste» und «Besessenheit»: «Die Forderung Gottes an uns ist absolut und unerfüllbar: das Sprengen der zwischenmenschlichen Verständigungsformen. Unser Wissen von dieser Unmöglichkeit ist gleichfalls

absolut und unerschütterlich; doch der, dem die Gnade der Güte zuteil ward, der in der Güte ist, dessen Glaube am Dennoch ist ebenso absolut und unerschütterlich. Güte ist Besessenheit, sie ist nicht mild, nicht raffiniert und nicht quietistisch, sie ist wild, grausam, blind und abenteuerlich. Die Seele des Guten ist leer geworden von jedem psychologischen Inhalt, von Gründen und Folgen, sie ist ein reines weißes Blatt geworden, auf das das Schicksal seinen absurden Befehl schreibt, und dieser Befehl wird blind, tollkühn und grausam zu Ende geführt. Daß diese Unmöglichkeit zur Tat wird, diese Blindheit zum Hellsehen, diese Grausamkeit zur Güte – das ist das Wunder, die Gnade.»[27]

Die «zwischenmenschlichen Verständigungsformen», das ist das innerweltliche Feilschen und Handeln nach Angebot und Nachfrage, Zwecken und Mitteln, Leistung und Lohn. «Das Werk», Lukács' Metapher für das Gute um seiner selbst willen, kann nur durch einen ethischen Generalstreik getan werden, in dem die Kategorien des weltlichen Lebens außer Kraft gesetzt werden. Nicht diese oder jene Werte oder Zwecke zugunsten anderer, sondern tabula rasa. Die Privation der Seele zur Armut ist die revolutionäre Voraussetzung, um jenseits des «wesenlos Vielfältigen» den Triumph der Güte durchzusetzen.

Das Werk der Güte wird für Lukács außerhalb der moralischen Ordnung in einem reinen apriori aufgerichtet. Insofern ist es auch eher Denkmal einer Vision als von moralischer Tüchtigkeit. Es antwortet auf die Frage, wie sich das im mystischen Rausch Erfahrene *haben*, wie es sich bewahren läßt. Denn seinem spontanen und flüchtigen Wesen nach, das seine Würde ausmacht, verfliegt das visionär Geschaute mit dem Abklingen der Ekstase. Dieses Haben ist aber von besonderer Art. Dem Werk der Güte folgt kein Richtfest der gerechten Welt, wie denn die Idee des Gottesreiches bei der Einrichtung der weltlichen Ordnung für Lukács keinerlei Bedeutung hat. Der einzige Sinn, den er den Werken der Güte konzediert, liegt darin, daß sie die Notwendigkeit der Kreatur beweisen, ohne die sie nicht wären, weil sie aus deren Besessenheit hervorgehen. Darin findet der Stolz mittelalterlicher Mystiker ein Echo, daß Gott der visionä-

ren Ekstase bedürfe, um erscheinen zu können. Eigentlich «hat» die Güte den Besessenen, nicht umgekehrt, und was dieser an Werken der Güte «hat», ist nicht mehr, aber auch nicht weniger als eine metaphysische Rechtfertigung.
Welche philosophischen Probleme dieser Versuch aufwirft, moralisches Handeln aus der Spontaneität des Lebens selbst abzuleiten – Lukács' Auseinandersetzung mit Kant – soll hier außer acht bleiben; ebenso die soziologische Bedeutung dieser Theorie ethischer Genies, die ihren moralischen Imperativ in exklusiver Gottesunmittelbarkeit empfangen. Einen Appell zur Nachdenklichkeit finde ich aber in den Minima Metaphysica dieses Denkens: in der Umorientierung des Blicks vom egoistischen Individuum auf die geschaffene Kreatur; der Absage an den moralischen und politischen Äquivalententausch zugunsten der «besessenen» Güte; im Gewinn einer Solidarität der Geschöpfe im Schatten des gewissen Todes und der Ungewißheit darüber hinaus. – Allemal ist dabei das Vermögen des bloßen befangenen Daseins vorausgesetzt, sich selbst zu transzendieren. Die bewußtlose Befangenheit ist eine Trance, die gleich angemessen als eine falsche Berauschung oder bornierte Nüchternheit beschrieben werden kann. Der in technischer Perfektion inszenierte Rausch und die selbstvergessene ekstatische Sachlichkeit sind auswechselbar, beides Symptome von Zuständen, in denen die Möglichkeit der Selbstkorrektur bedroht ist. So macht es auch in der Sache keinen Unterschied, ob der junge Lukács bei Ausbruch des Ersten Weltkriegs die Ekstase der Güte ausruft oder J. Huizinga vor Ausbruch des Zweiten unbedingte Askese einer Raserei gegenüber, aus der die Menschen womöglich nur noch «stumpf und irr» zurücksinken können, «indes die Motoren noch surren und die Fahnen noch flattern».[28] Den zur Verantwortung Erwachsenden empfiehlt er, sich die Augen zu reiben: «Sie werden böse Träume von sich abzuschütteln haben. Den Traum ihrer Seele, die aus dem Moder herauswuchs und wieder darein versinken könnte. Den Traum ihres Gehirns, das lauter Eisendraht war und ihr Herz von Glas. Den Traum von den Klauen, zu denen ihre Hände sich verwuchsen und die Schlagzähne zwischen ihren Lippen.

Sie werden sich erinnern müssen, daß der Mensch kein Raubtier sein – *wollen* kann.
Die neue Askese wird eine Askese sein nicht der Weltverleugnung und um des himmlischen Heils willen, sondern der Selbstbeherrschung und der gemäßigten Schätzung von Macht und Genuß.»[29]

Exkurs über methodische Vorbilder

Reisen, lesen, schreiben, sich berauschen oder ernüchtern, mit «kalten» oder «gefräßigen» Augen sehen, das sind die Themen dieses Buches; nicht Inhalte also, sondern Aktivitätsformen. Methodisch stellt das vor Probleme. Ermöglicht nicht erst die Beschreibung der gegenständlichen Welt eine Phänomenologie der auf sie gerichteten Tätigkeiten und Empfindungen? Was bleibt von diesen übrig, wenn sie als ungerichtete, also in einem gewissen Sinne als absolute Intentionen beschrieben werden sollen?

Diese Fragen können sinnvoll nicht an die Methode gerichtet, sie müssen den Impulsen gegenüber gestellt werden, die zum Reisen, Lesen etc. führen. Denn dies ist ja die These sämtlicher Kapitel, daß der Sinn der großen Pathosformen der bürgerlichen Moderne heute weniger denn je durch die Phänomenologie einer Lebenswelt beschrieben werden kann. Dieses Leben bezeugt nicht mehr viel, jedenfalls nicht über die Lebenden, denen es enteignet worden ist. Über das Lesen und Schreiben scheint die neuere Medienkultur hinwegzugehen, das Reisen gehört als Massenphänomen denen, die daran verdienen. Der Gebrauch der Sinne ist weitgehend pragmatisch diszipliniert.

Hier wird nun behauptet, daß es Gründe für die Annahme gibt, daß der Leser, der Reisende, der Schreiber etc. in einer anderen Ordnung der Dinge überleben, weil in ihren Tätigkeiten Energien zum Ausdruck kommen, die mit der modernen Geschichte des Reisens, Lesens und Schreibens, wie überhaupt in ihrer Geschichte des Körpers nicht abgegolten, an diese aber vielleicht auch nicht zwingend gebunden sind.

Derartiges läßt sich leichter behaupten als beweisen, wie die Rekonstitutionsversuche von religiöser und ästhetischer Erfahrung zeigen. Der Nachweis ist allemal so schwierig, weil sein Gegenstand nur modo negativo beschrieben werden kann: nicht bezeichnet, sondern bedeutet. So hat Rudolf Otto zu Beginn dieses Jahrhunderts eine Schule Negativer Theologie begründet, die es unternimmt, den Inhalt religiöser Erfahrung, des «Tremendum», «Fascinosum», «Numinosen» *ideogrammatisch* zu umstellen durch Beschreibungen von «Ersatz»-Erfahrungen der Leere, des Schweigens, der Übergröße. Sie sollen auf das Gemeinte hindeuten, ohne es zu verendlichen. – Ebenfalls aus den ersten Jahrzehnten dieses Jahrhunderts stammt Aby Warburgs Plan, einen Bilderatlas herzustellen, der die Topographie der *Pathosformeln* enthalten sollte, das sind Bildzeichen psycho-physischer Urerfahrungen des Menschen in ihrer medialen Verkehrsform.

Beidemal ist unterstellt, daß wesentliche menschliche Erfahrungen in das soziale Gedächtnis nur verkappt eingehen, gelegentlich vielleicht eingehen müssen. – Als die Götter Griechenlands ihre olympischen Pflichten erfüllt hatten, entschwanden sie in die Sternbilder. Wo werden wir die metaphysischen Paten des Reisens, Lesens und Schreibens heute suchen müssen?

Deren exaltierte Zeichen, wie sie Gegenstände der vorangegangenen Kapitel waren, lassen sich als Pathosformeln im Sinne Warburgs, als Ideogramme in der Terminologie Ottos verstehen. Sie gelten für das Bedürfnis des Ich nach seiner eigenen Abwesenheit. Darin opponieren sie gegen die lückenlose Positivität einer verendlichten Welt, keine Opposition durch Forcierung eines Talents zur Frömmigkeit, sondern durch festgehaltene Negativität. Insofern sind es sämtlich «Ekstasen als Metastasen» in Begriffen von Franz von Baaders Trance-Beschreibung, Vorwegnahmen des Todes im Leben. Wenn, wie heute, die Trostbilder positiver Religiosität unrevidierbar ferngerückt sind, bedürfen solche Antizipationen wegen ihres bedrohlichen, latent zer-

störerischen Charakters offensichtlich einer sozialen bzw. ästhetischen Verkleidung.
Zur Symptomatik historischer Krisen gehört, daß der Unterschied zwischen den Ursprungsimpulsen und deren historischen Verpuppungsformen bewußt wird. So werden wir auf archaische Bedeutungen der in diesem Buch thematisierten Tätigkeiten und Wahrnehmungsweisen in einer Zeit aufmerksam, in der ihr historischer Sinn verfällt. Ihn zu erneuern, steht nicht in der Macht von Theorie.

Nachweise und Anmerkungen

Kapitel I Der physiognomische Leib (S. 13–45)

1 Brief an Herzog Karl August vom 8. März 1879. Werke, Propyläen-Ausgabe Bd. 8, S. 447
2 9. September 1780. Werke, a. a. O., Bd. 4, S. 103
3 Großherzog Wilhelm Ernst August Ausgabe (WEA) Bd. 10, S. 30
4 An Gottlieb Fr. Ernst Schönborn. In: Werke, Propyläen-Ausgabe Bd. 2, S. 86
5 An Lavater am 14. November 1781. In: Werke, a. a. O., Bd. 4, S. 137
6 Ebd.
7 WEA, Bd. 16, S. 139
8 Nach Abschluß des Manuskripts bin ich auf Walter Müller-Seidels Aufsatz über «Cagliostro und die Vorgeschichte der deutschen Klassik» gestoßen, der eine vorzügliche Darstellung von Goethes Distanzierung von dieser Subkultur gibt. (In: Literaturwissenschaft und Geistesgeschichte. Festschrift für Richard Brinkmann. Redaktion Jürgen Brummack u. a. Tübingen 1981, S. 137–163)
9 Fragmente zur Vergleichenden Anatomie. In: Werke, Artemis-Ausgabe, Bd. 17, S. 416
10 Goethe, a. a. O., S. 417
11 WEA, Bd. 10, S. 28
12 S. dazu Ernst Benz: Swedenborg und Lavater. Über die religiösen Grundlagen der Physiognomik. In: Zeitschrift für Kirchengeschichte 3, Folge VIII (1938), S. 153–216
13 28. Oktober 1779. In: Werke, Propyläen-Ausgabe Bd. 3, S. 459
14 Nachträge zur Metamorphose. WEA, Bd. 16, S. 217f
15 Zur Geologie und Mineralogie. Bildung der Erde. WEA, Bd. 16, S. 18
16 Goethe, a. a. O., S. 17
17 Werke, Propyläen-Ausgabe Bd. 4, S. 126
18 Bildung und Umbildung organischer Naturen. WEA, Bd. 16, S. 133
19 Ebd.
20 Goethe, a. a. O., S. 137 – Jena 1807

21 WEA, Bd. 16, S. 70
22 Zur Geologie und Mineralogie. Karl Wilhelm Nose, WEA, Bd. 16, S. 77
23 Maximen und Reflexionen. WEA, Bd. 13, S. 558
24 WEA, Bd. 16, S. 615
25 WEA, Bd. 13, S. 593f
26 Maximen und Reflexionen. WEA, Bd. 13, S. 545
27 WEA, Bd. 16, S. 616
28 Vgl. WEA, Bd. 16, S. 656
29 Friedrich Nietzsche: Die Geburt der Tragödie aus dem Geiste der Musik. In: Colli/Montinari: Nietzsche Werke. Krit. Gesamtausgabe, Band III/1, S. 141 – Zur Verwendung des Mythos-Begriffs bei Nietzsche vgl. Jörg Salaquarda: Mythos bei Nietzsche. In: Philosophie und Mythos. Ein Kolloquium. Hg. von Hans Poser. Berlin 1979, S. 174–198
30 Friedrich Nietzsche: Nachgelassene Fragmente. In: Colli/Montinari, a. a. O., Band VII/3, S. 382
31 Friedrich Nietzsche, a. a. O., S. 370f
32 Ebd.
33 Friedrich Nietzsche: Menschliches, Allzumenschliches. In: Colli/Montinari, a. a. O., Band IV/2, S. 151 u. 146; F. N.: Nachgelassene Fragmente, a. a. O., Band VII/3, S. 371. – Die Distanzierung von der Kunst, d. h. hier stets von der romantischen Kunstauffassung, mit deren Kritik Nietzsche zwar die Kunst Wagners, nicht aber seine Konzeption einer auf den mythischen Leib bezogenen Ästhetik aufgegeben hat. Vgl. dazu die entsprechenden Ausführungen von Karl Heinz Bohrer, der das Physiognomische bei Nietzsche unter dem Begriff des «Phänomenologischen» thematisiert. Zum Beleg für die Kontinuität dieses Entwurfs zitiert er aus der 1886 entstandenen Vorrede zur «Fröhlichen Wissenschaft»: «Oh diese Griechen! Sie verstanden sich darauf zu leben: dazu tut not, tapfer bei der Oberfläche, der Falte, der Haut stehenzubleiben, den Schein anzubeten, an Formen, an Töne, an Worte, an den ganzen Olymp des Scheins zu glauben! Diese Griechen waren oberflächlich – aus Tiefe!» (K. H. Bohrer: Ästhetik und Historismus: Nietzsches Begriff des «Scheins». In: K. H. B.: Plötzlichkeit. Zum Augenblick des ästhetischen Scheins, Frankfurt a. M. 1981, S. 133)
34 Vgl. vom Vf.: Nietzsches «Geburt der Tragödie» als Konzept einer bürgerlichen Kulturrevolution. In: G. Mattenklott u. Klaus R. Scherpe (Hg.), Positionen der literarischen Intelligenz zwischen bürgerlicher Reaktion und Imperialismus (= Literatur im historischen Prozeß 2), Kronberg 1973. – Die wichtigsten Belege für diese politischen Zusammenhänge präsentiert neuerdings – wenn auch ohne eine ernsthafte ästhetische Interpretation – Marc Sautet: Nietzsche et la Commune. Paris 1981
35 Hegelisch ist diese Konstellation allenfalls dem Anschein nach, so daß aus ihr nicht viel zu gewinnen ist, wenn man sie Hegels Dialektik als einer Norm konfrontiert wie Gert Sautermeister (Zur Grundlegung des Ästhetizismus bei Nietzsche. Dialektik, Metaphysik und Politik in der «Geburt der Tragödie». In: Christa Bürger, Peter Bürger, Jochen Schulte-Sasse (Hg.): Naturalismus/Ästhetizismus, Frankfurt a. M. 1979, S. 224–243). Wie Martin Vogel (Apollinisch und Dionysisch. Geschichte eines genialen Irrtums. Regens-

burg 1966) läßt sich wohl auch Sautermeister den Blick auf Nietzsches Kunstphilosophie durch – wie auch immer gut begründete – politische Vorbehalte verstellen.

36 Friedrich Nietzsche: Menschliches, Allzumenschliches, a. a. O., Band IV/2, S. 210

37 Friedrich Nietzsche, a. a. O., S. 84

38 Friedrich Nietzsche: Ecce Homo. In: Colli/Montinari, a. a. O., Band VI/3, S. 302

39 Friedrich Nietzsche: Also sprach Zarathustra. In: Colli/Montinari, a. a. O., Band VI/1, S. 140

40 Friedrich Nietzsche: Menschliches, Allzumenschliches, a. a. O., Band IV/2, S. 113f

41 Georg Simmel: Die Großstädte und das Geistesleben (1903). In: G. S.: Brükke und Tür. Im Verein mit Margarete Susmann hg. von Michael Landmann. Stuttgart 1975, S. 241

42 Eine Äußerung dem Freund Karl Joel gegenüber, die Michael Landmann und Margarete Susmann in ihrem Vorwort zu «Brücke und Tür» mitteilen und kommentieren (a. a. O., S. X)

43 Georg Simmel: Die Großstädte und das Geistesleben, a. a. O., S. 238

44 Georg Simmel: Die ästhetische Bedeutung des Gesichts (1901). In: Brücke und Tür, a. a. O., S. 158

45 Ebd.

46 Vgl. vom Vf.: Karl Bloßfeldt 1865–1932. Das Fotografische Werk. Mit einem Text von Gert Mattenklott. München 1981

47 Georg Simmel: Zur Metaphysik des Todes (1910). In: Brücke und Tür, a. a. O., S. 31

48 Georg Simmel, a. a. O., S. 32

49 Rudolf Kassner: Der Gott und die Chimäre. In: R. K.: Von den Elementen der menschlichen Größe. Leipzig 1911, S. 40

50 Rudolf Kassner, a. a. O., S. 44

51 Rudolf Kassner: Die Mythen der Seele. Leipzig 1927, S. 39

52 Rudolf Kassner: Von den Elementen der menschlichen Größe, a. a. O., S. 42f

53 Rudolf Kassner: Melancholia (1908). 3. Aufl., Zürich 1953, S. 121

54 Ich finde diesen Gedanken von Manfred Frank ausführlicher entfaltet in: Die Dichtung als neue Mythologie (Recherches Germaniques 9/1979, S. 122–140). So heißt es dort: «Der Logos kommt mithin als des Mythos eigener Logos zur Welt. Er ist von Geburt Mytho-logie, in einem der Tod und die Verinnerung des Mythos. Mächtig ist er als überwindendes Eingedenken seiner Abkunft. Doch ist ihm bestimmt, selbst in Gestalt des Mythos zu existieren, sobald er diesen Zusammenhang vergißt» (124).

55 Vgl. hierzu neuerdings Dietmar Kamper: Der leidende Gottmensch. Die Einbildungskraft als Spiegel der Heilsgeschichte im Werk Rudolf Kassners und Leopold Zieglers. In: Zur Geschichte der Einbildungskraft. München 1981, S. 161–184

56 Rudolf Kassner: Die Mythen der Seele, a. a. O., S. 47

57 Louis Aragon: Pariser Landleben. Le Paysan de Paris (1924). Mit einem Nachwort von Elisabeth Lenk. München 1969, S. 151

58 Dolf Sternberger: Einsichten Rudolf Kassners. In: Europäische Revue 16 (1940), S. 674
59 Siehe dazu insgesamt Karl Heinz Bohrers Aufsätze unter dem Titel «Plötzlichkeit. Zum Augenblick des ästhetischen Scheins», a. a. O.

Kapitel II Kalte Augen (S. 47–77)

1 Zitiert nach der Frankfurter Allgemeinen Zeitung vom 13. November 1980, S. 8. Bericht von Thomas Wolgast.
2 Alexander Kluge und Oskar Negt in: A. K. Die Patriotin. Frankfurt a. M. 1979, S. 413. – Vgl. auch Negt/Kluge: Geschichte und Eigensinn. Frankfurt a. M. 1981, S. 724
3 Günther Anders: Thesen zum Atomzeitalter. In: Das Argument 17 (1960), S. 232
4 Vgl. vom Vf.: Karl Bloßfeldt, a. a. O., S. 29ff
5 Ernst Jünger: Über den Schmerz. Zuerst 1934 in «Blätter und Steine». Zitiert aus: Sämtliche Werke, Essays I, Betrachtungen zur Zeit. Stuttgart 1980, S. 181
6 Ernst Jünger, a. a. O., S. 191
7 Ernst Jünger, ebd.
8 S. Seligmann: Der Böse Blick und Verwandtes. Ein Beitrag zur Geschichte des Aberglaubens aller Zeiten und Völker. 2 Bde., Berlin 1910. Hier Bd. I, S. 337f; S. 244-251 und passim, sowie Bd. II, S. 448. S. auch Thomas Hauschild: Der böse Blick. Ideengeschichtliche und sozialpsychologische Untersuchungen. Diss. Hamburg 1979 (= Beiträge zur Ethnomedizin etc., VII, Hamburg 1979)
9 Jacob Grimm: Deutsche Mythologie. Göttingen, zweite Aufl. ^{2}1844, Bd. 2, «Blick», S. 1053ff
10 S. Abb. bei Gilbert Lascault: Raisons et Desraisons des Lunettes. In: Panoplies du Corps. Traverses 14.15 (1979), S. 67
11 Nach Hugo Magus: Die Darstellung des Auges in der antiken Plastik. Leipzig 1892, S. 9f
12 Dagobert Frey: Dämonie des Blicks, Wiesbaden 1953, S. 254 (= Abh. d. Geistes- und soz.-wiss. Klasse d. Ak. d. Wiss. u. d. Lit. in Mainz, Jg. 1953, Nr. 6)
13 Gisela Schneider und Klaus Laermann: Augen-Blicke. Über einige Vorurteile und Einschränkungen geschlechtsspezifischer Wahrnehmung. In: Kursbuch 49 (1977), S. 36–58
14 S. die Abb. bei Seligmann, a. a. O., Bd. II, S. 281
15 Emilio Servadio: Die Angst vor dem bösen Blick. In: Imago XXII (1936), S. 396–407, zitiert von S. 403
16 Robert Desnos und Georges Bataille: ŒIL. In: Documents 4 (1934), S. 215–219
17 S. aber Otto Fenichel: Schautrieb und Identifizierung. In: Internat. Zsch. f. Psychoanalyse XXI (1935), S. 561ff; ferner: Klaus Laermann: Georges Bataille – Das Auge als Fetisch. In: Wollüstige Phantasie. Hg. Horst Albert Glaser. München 1974, S. 62–102

18 Vgl. dazu: Salvador Dalí: Ges. Schriften. Hg. v. Axel Matthes und Tilbert Diego Stegmann. München 1974, S. 91

19 Dagobert Frey, a. a. O., S. 250

20 Erwin Panofsky: Die Perspektive als «symbolische Form»: In: E. P., Aufsätze zu Grundfragen der Kunstwissenschaft. Zusammengestellt und hg. v. Hariolf Oberer und Egon Verheyen, Berlin 1964, S. 99–167, zitiert von S. 102

21 G. E. Lessing, zitiert nach August Classen: Wie orientieren wir uns im Raum durch den Gesichtssinn? Jena 1879 (= Sammlung physiologischer Abhdlgn., hg. v. W. Preyer V, 2)

22 J. W. Goethe: Maximen und Reflexionen Nr. 745. In: Sämtliche Werke, Artemis-Ausgabe Bd. 9, S. 600

23 J. W. Goethe: Feindseliger Blick. In: Sämtliche Werke, Artemis-Ausgabe Bd. 1, S. 559

24 J. W. Goethe: Maximen und Reflexionen Nr. 1133. In: Sämtliche Werke, Artemis-Ausgabe Bd. 9, S. 641 f

25 Alexander von Humboldt: Kosmos. Stuttgart und Augsburg 1844, Bd. 2, S. 73

26 Alfred Neumeyer: Der Blick aus dem Bild. Berlin 1964, S. 94, Anm. 93

27 S. Ausstellungskatalog «Revolutionsarchitektur. Boullée, Ledoux, Lequeu». Redaktion Günter Metken und Klaus Gallwitz. Baden-Baden 1970, S. 122

28 Étienne-Louis Boullée's Treatise on Architecture. Edited by Helen Rosenau. London 1953, S. 43 und 61

29 Boullée, a. a. O., S. 84

30 Gerhard Goebel: Poeta Faber. Erdichtete Architektur in der italienischen, spanischen und französischen Literatur der Renaissance und des Barock. Heidelberg 1971, S. 216ff

31 Bentham, zitiert nach Erik Grawert-May: Zur Geschichte von Polizei und Liebeskunst. Versuch einer anderen Geschichte des Auges. Tübingen 1980, S. 106

32 Victor Hugo: «La Conscience». In: V. H.: Œuvres Complètes. Ed. de Jean Massin, Tome X, Paris 1969, S. 441 f

33 Grawert-May, a. a. O., S. 105

34 François Béguin und Bruno Fortier in: Les Machines à Guérir. Paris 1976, S. 65. Mit zahlreichen Abbildungen. (= Dossiers et Documents D'Architecture. Institut de L'Environnement)

35 Michel Foucault: Die Geburt der Klinik. Eine Archäologie des ärztlichen Blicks. Aus dem Frz. v. Walter Seitter. – Frz. zuerst 1963. München 1973, S. 11

36 Erwin Straus: Aesthesiologie und ihre Bedeutung für Halluzinationen (1949). In: E. Straus/J. Zutt (Hg.): Die Wahnwelten. Frankfurt a. M. 1963, S. 137f (= Akademische Reihe)

37 Foucault, a. a. O., S. 128f

38 S. dazu Peter von Matt: Die Augen der Automaten. E. T. A. Hoffmanns Imaginationslehre als Prinzip seiner Erzählkunst. Tübingen 1971, S. 79ff und Helga Slessarev: Bedeutungsanreicherung des Wortes: Auge. Betrach-

tungen zum Werke E. T. A. Hoffmanns. In: Monatshefte 63 (1971), S. 358–371

39 J. W. Goethe: Maximen und Reflexionen Nr. 266. In: Sämtliche Werke, Artemis-Ausgabe Bd. 9, S. 526

Gefräßige Augen oder: Ikonophagie (S. 78–102)

1 Ludwig Feuerbach: Das Geheimnis des Opfers oder Der Mensch ist, was er ißt. Ges. Werke 11, Berlin 1972, S. 44

2 Maurice Blanchot: La Solitude Essentielle. Dt.: Die wesentliche Einsamkeit. Berlin 1959, S. 41

3 Ebd.

4 Thomas Mann: Bekenntnisse des Hochstaplers Felix Krull. Ges. Werke in 13 Bdn., Bd. VII, Frankfurt a. M., 2. Aufl. [2]1974, S. 344 und 348

5 Ludwig Feuerbach: Das Geheimnis des Opfers oder Der Mensch ist, was er ißt, a. a. O., S. 31

6 Helmuth Plessner: Philosophische Anthropologie. Frankfurt a. M. 1970, S. 71 und 196

7 Helmuth Plessner: Die Einheit der Sinne: Grundlagen einer Ästhesiologie des Geistes. Bonn 1923

8 Gaston Bachelard: Die Bildung des wissenschaftlichen Geistes. Beitrag zu einer Psychoanalyse der objektiven Erkenntnis. Mit einer Einleitung von Wolf Lepenies. Frankfurt a. M. 1978. Die Untersuchung Bachelards erschien zuerst 1938. – Das Zitat von S. 251 aus dem IX. Kapitel über den «Mythos der Verdauung».

9 James George Frazer: The Golden Bough. A Study in Magic and Religion. (Zuerst 1922) London 1971, S. 629–648

10 James George Frazer, a. a. O., S. 640

11 Ludwig Klages: Vom Kosmogonischen Eros, Jena, zweite Aufl. 1926, S. 173f

12 Ludwig Klages, a. a. O., S. 110

13 Marielene Putscher: Sehen – Bild – Erinnerung. In: M. P. (Hg.): Die fünf Sinne. Beiträge zu einer medizinischen Psychologie. München 1978, S. 72

14 Belege nach E. R. Curtius: Europäische Literatur und lateinisches Mittelalter. Fünfte Aufl. 1948, S. 144

15 Aldhelm, 7. Jh.; nach Curtius, a. a. O., S. 147

16 Robert Burton: Anatomy of Melancholy, Vol. II, S. 85

17 Robert Burton, a. a. O., S. 87

18 Robert Burton, a. a. O., S. 139

19 Robert Burton, a. a. O., S. 89

20 William Shakespeare: 24. Sonett

21 Marc Le Bot: Miroirs des Corps. In: Traverses 14.15 – «Panoplies du corps». Paris 1979, S. 44

22 Shakespeares Sonette. Nachdichtung von Karl Kraus. (Zuerst 1933) München 1964, Sonett XXIV

23 Florens Christian Rang: Shakespeare der Christ. Eine Deutung der Sonette. Heidelberg, Zweite Aufl. 1954, S. 53
24 William Shakespeare: 23. Sonett
25 Friedrich Hölderlin, Stuttgarter Ausgabe Bd. 6, Hg. Adolf Beck, Stuttgart 1965, Brief Nr. 169 vom 28. Nov. 1798, zitiert S. 316
26 Clemens Brentano: Der Bärnhäuter. In: Zeitung für Einsiedler, Nr. 22, 15. Juni 1808, Sp. 173. – Vgl. dazu Heinz Rölleke: Die gemästete Gänseleber. In: JB des Freien Deutschen Hochstifts 1974, S. 312–322
27 Wilhelm Raabe: Stopfkuchen. Sämtliche Werke, Braunschweiger Ausgabe, Bd. 18, bearb. v. Karl Hoppe. Göttingen 1963, S. 117
28 Arthur Schopenhauer: Die Welt als Wille und Vorstellung. 31. Kap. des 3. Buches, Teil II: «Vom Genie». In: Sämtliche Werke, hg. von Wolfgang Frhr. v. Loeneysen, Bd. II, Stuttgart und Frankfurt a. M., S. 485f
29 Salvador Dalí: Von der schaurigen und eßbaren Schönheit, von der Jugendstilarchitektur. 1933. In: Gesammelte Schriften, a. a. O., S. 225
30 Vgl. etwa das von René Block unter dem Titel «Die Summe aller Klänge ist grau» zusammengestellte Material. In: Für Augen und Ohren. Ausstellungskatalog 127 der Akademie der Künste. Berlin 1980, S. 103–146
31 Friedrich Nietzsche, Werke. Kritische Gesamtausgabe, hg. von Colli und Montinari, Bd. VI. 1, S. 12

Kapitel III Lesefieber (S. 103–131)

1 W. Kawerin: Die erleuchteten Fenster. Teil 1. Moskau 1976. Darin: Lesen. Aus dem Russischen übersetzt von Bernd Scholz, dem ich den Hinweis verdanke und aus dessen unpublizierter Übersetzung ich zitiere.
2 Zitiert nach: Artur Brall: Étienne-Louis Boullée: ‹... un vaste amphithéâtre des livres›. In: Akzente 28 (1981), H. 5, S. 457
3 Marcel Proust: Tage des Lesens. Frankfurt a. M. 1963, S. 20f
4 Marcel Proust: Auf der Suche nach der verlorenen Zeit. Frankfurt a. M. 1961, Bd. 1 (In Swanns Welt), S. 128–134
5 Urs Jaeggi: Lesen. In: Literatur und Politik. Ein Essay. Frankfurt a. M. 1972, S. 119
6 W. Kawerin: Lesen, a. a. O.
7 Die Tagebücher des Grafen August von Platen. Hg. v. Georg von Laubmann und Ludwig Scheffer, Bd. II, Stuttgart 1900, S. 104
8 Gustave Flaubert: Croisset, Juni 1857. In: Briefe, hg. u. übers. von Helmut Scheffel. Zürich 1977, S. 385
9 Peter Suhrkamp: Über das Lesen. In: Taschenbuch für junge Menschen. Hg. P. S. – Berlin 1946, S. 8
10 J. J. Rousseau: Confessions, 1. Teil, 1. Buch
11 C. Magris: Robinson und die Bücher. In: Akzente 28 (1981), H. 5, S. 450
12 Jacob Burckhardt: Griechische Kulturgeschichte (zuerst 1898–1902). München 1977, Bd. IV, S. 146

13 Ebd.
14 Jacob Burckhardt: a. a. O., Bd. III, S. 67
15 Jacob Burckhardt: a. a. O., Bd. IV, S. 588
16 Jurij Tynjanov: Die literarischen Kunstmittel und die Evolution in der Literatur. Aus d. Russ. v. Alexander Kaempfe, Frankfurt a. M. 1967, S. 45
17 Gotthard Heidegger: Mythoscopia Romantica. Zürich 1698, S. 13. Fotomech. Nachdruck Bad Homburg v. d. H. 1969 (= Ars Poetica 3)
18 Gotthard Heidegger, a. a. O., S. 183
19 Buch und Leser in Frankreich. Schriften zur Buchmarktforschung 2, hg. v. P. Meyer-Dohm und W. Strauss. Gütersloh 1963
20 Friedrich Nietzsche: Also sprach Zarathustra. In: Colli / Montinari, a. a. O., Bd. IV, 1
21 Alexander Beinlich: Zu einer Typologie des Lesers. In: Lesen – Ein Handbuch. Hg. v. A. C. Baumgärtner, Hamburg 1973, S. 213
22 Buch und Leser in Deutschland. Schriften zur Buchmarktforschung 4, hg. von P. Meyer-Dohm und W. Strauss. Gütersloh 1965, S. 17
23 Maksim Gorkij: Wie ich lesen lernte. Zuerst 1918. Zitiert nach: Friedenauer Presse. Berlin o. J., S. 14f
24 Giuseppe Bottai: Über das Lesen. In: Geistige Überlieferung. 2. JB, Berlin 1947, S. 204
25 Marcel Proust: Tage des Lesens, a. a. O., S. 46
26 Cesare Pavese: Lesen. Zuerst 1945. In: Schriften zur Literatur. Berlin 1980, S. 330f
27 André Kertész: On Reading. New York 1971 und 1975, 61; 1960 (nachfolgend mit Bild-Nr. und Entstehungsjahr zitiert)
28 46; 1928
29 56; 1963
30 49; 30. Juli 1969
31 7; 1915
32 37; 1929
33 31; Manila 1968
34 57; Connecticut 1958
35 5; Connecticut 1959
36 6; Paris 1929
37 8; 1929
38 Robert Walser: Der Leser. In: R. W.: Das Gesamtwerk Bd. 2 (Maskerade. Prosa aus der Berner Zeit II), Hg. Jochen Greven, S. 250–252. Das Zitat des aus den Jahren 1928/29 stammenden Stücks steht auf S. 252.

Schriftbilder (S. 132–162)

1 Altes jiddisches Volkslied. Übers. in: Leon Brandt (Hg.): Abschied von Tewjes Welt. Lebensbilder aus dem jiddischen Stätel. Köln 1981, S. 14f

2 Clemens Brentano – Philipp Otto Runge, Briefwechsel. Hg. u. komm. v. Konrad Feilchenfeld. Frankfurt a. M. 1974, S. 16
3 Brentano – Runge, a. a. O., S. 21
4 Friedrich Rückerts Werke in sechs Bänden. Hg. Ludwig Laistner, Bd. 3, Stuttgart o. J., S. 256f
5 Philippi Theophrasti Bombast von Hohenheim, Paracelsus genannt, Bücher und Schriften, Neundter Theil, Basel 1590, S. 388f
6 Novalis, Schriften. Hg. von Ludwig Tieck und Friedrich Schlegel. 2 Theile. Theil 2, Wien 1820, S. 63f
7 Novalis: Fragmente vermischten Inhalts, a. a. O., S. 169f
8 Ulrich Knoop: Von der Norm und der Beherrschung der Sprache. In: Dt. Akademie für Sprache und Dichtung. Der öffentliche Sprachgebrauch. Bd. I. Die Sprachnorm-Diskussion in Presse, Hörfunk und Fernsehen. Stuttgart 1980, S. 45
9 Zur Geschichte der Verschriftlichung s. Donald Jackson: Die Geschichte vom Schreiben. Aus d. Engl. von Hanswilhelm Haefs. Frankfurt a. M. 1981
10 Jean-Jacques Rousseau: Julie oder Die neue Héloïse. In der ersten dt. Übertragung von Johann Gottfried Gellius. München 1978, S. 147f
11 Ernst Bloch: Geist der Utopie. Berlin 1923, S. 9
12 Ebd.
13 J. W. Goethe: Die Leiden des jungen Werthers. Sämtliche Werke, Artemis-Ausgabe Bd. 4, S. 270f
14 Vgl. zu den Ausführungen über den Briefroman vom Vf. das entsprechende Kapitel im 4. Bd. von Deutsche Literatur. Eine Sozialgeschichte. Hg. v. Horst Albert Glaser. Reinbek 1980, S. 185–203
15 dpa-Meldung; in der FAZ vom 18. 6. 1982, Nr. 137, S. 23
16 Charles Lamb: Distant Correspondents. In: Ch. L.: Essays of Elia. With an Introduction and Notes by Alfred Ainger. New York, dritte Auflage 1899, S. 203–211

Kapitel IV Die Wandlung des Reisenden (S. 163–187)

1 Selma Lagerlöf: Wunderbare Reise des kleinen Nils Holgersson mit den Wildgänsen. München 1948, S. 14
2 Selma Lagerlöf, a. a. O., S. 16
3 Hugo von Hofmannsthal: Selma Lagerlöf. In: Gesammelte Werke. Reden und Aufsätze III, hg. v. Bernd Schoeller und Ingeborg Beyer-Ahlert in Beratung mit Rudolf Hirsch. Frankfurt a. M. 1980, S. 223. Die Äußerung datiert von 1928.
4 Selma Lagerlöf, a. a. O., S. 61f
5 Selma Lagerlöf, a. a. O., S. 349f
6 Hermann Schlösser: Wunschbilder des Reisens. Reiseberichte gestern und heute. Berlin 1982, S. 5

7 Erwin Straus: Vom Sinn der Sinne. Zweite verm. Aufl. Berlin, Göttingen etc. 1956, S. 338
8 Ebd.
9 Manfred Frank: Die unendliche Fahrt. Ein Motiv und sein Text. Frankfurt a. M. 1979
10 Wolfgang Schivelbusch: Geschichte der Eisenbahnreise. Zur Industrialisierung von Raum und Zeit im 19. Jahrhundert. München 1977, S. 39
11 Les Temps des Gares, Paris 1978, S. 14
12 Werner Hofmann: Der Tod der Götter. In: John Flaxman. Mythologie und Industrie. München 1979, S. 20
13 Wolfgang Schivelbusch, a. a. O., S. 154
14 Jean-François Lyotard: Das Patchwork der Minderheiten. 1977, S. 7
15 Marcel Proust: A la recherche du temps perdu. À l'ombre des jeunes filles en fleurs. Dt. von Eva Rechel-Mertens: Im Schatten junger Mädchenblüte. Frankfurt a. M. 1954, S. 324
16 Marcel Proust, a. a. O., S. 325
17 Marcel Proust, a. a. O., S. 326
18 Theodor W. Adorno: Valéry Proust Museum. In: Prismen. Kulturkritik und Gesellschaft. Frankfurt a. M. 1955, S. 180
19 Theodor W. Adorno, a. a. O., S. 179
20 Ebd.
21 Johann Gottfried Seume: Spaziergang nach Syrakus. In: J. G. Seume, Prosaschriften. Mit einer Einleitung von Werner Kraft. Darmstadt 1974, S. 445
22 W. A. Stoll: Das Zeiterleben in der Psychiatrie. In: Das Zeitproblem im 20. Jahrhundert. Hg. R. W. Meyer. Bern und München 1964, S. 164
23 W. A. Stoll, a. a. O., S. 170
24 Paul Valéry: Tel Quel. Zitiert aus: Windstriche. Frankfurt a. M. 1959, S. 27
25 Vgl. vom Vf.: Melancholie. Stuttgart 1968 (= Studien zur Allgemeinen und Vergleichenden Literaturwissenschaft 1)
26 Paul Valéry: Windstriche, a. a. O., S. 28
27 Samuel Beckett: Marcel Proust. Zürich 1960, S. 15
28 Fjodor M. Dostojewskij: Der Idiot. München 1970, S. 294ff

Vorgestellte Reisen – REISEVORSTELLUNG (S. 188–210)

1 Leo Tolstoj: Krieg und Frieden. II. Buch, 1. Teil, 4. Kap.
2 Zitiert nach: Gaston Bachelard: Poetik des Raumes. Frankfurt a. M. o. J., S. 237
3 Paul Schilder: Psychoanalyse des Raumes. In: Imago XXII (1936), S. 61–80; zitiert von S. 77
4 Ebd.
5 Emily Brontë: Wuthering Heights. (1847) New York o. J., S. 78; Kap. 9
6 Helmut Hoffmann: Erscheinungsformen des tibetanischen Schamanismus.

In: Ergriffenheit und Besessenheit. Hg. Jürg Zutt. Bern und München 1972, S. 95

7 Ernst Fuhrmann: Tinkit und Haida. Essen, zweite Aufl. 1923, S. 6

8 Michael Oppitz: Schamanen im Blinden Land. Ein Bilderbuch aus dem Himalaja. Frankfurt a. M. 1981

9 Heinrich Harrer: Sieben Jahre in Tibet. Wien 1952, S. 164f

10 Jacob Grimm: Deutsche Mythologie. Göttingen, zweite Aufl. 1844, Bd. 2, Stichwort «Entrückung», S. 903

11 Nach Karl Jettmar: Schamanismus in Nord- und Zentralasien. In: Jürg Zutt, a. a. O., S. 109

12 Jacob Grimm: Deutsche Mythologie, a. a. O., S. 904, Anm.

13 Ernst Fuhrmann: Minotaurus. Innere Vorgänge. Hagen i. W. 1919, S. 43f

14 Jean Paul: Siebenkäs. In: Werke, 2. Bd., hg. v. Norbert Miller, München, dritte Auflage 1971, S. 461

15 Friedrich Nietzsche: Nachgelassene Fragmente zu «Menschliches, Allzumenschliches». In: Nietzsche Werke. Krit. Gesamtausgabe, hg. v. G. Colli und M. Montinari, Bd. IV. 2, S. 569/570

16 Blaise Pascal: Fragment 139. Œuvres Complètes. Paris 1963, S. 516. «Niemand, der genug zum Leben hat, würde, wenn er es nur verstünde zufrieden zu Hause zu bleiben, aufbrechen, um die Meere zu befahren oder eine Festung zu belagern.» (Übertr. Ewald Wasmuth. Pascal, Über die Religion. Berlin 1937, S. 76)

17 Blaise Pascal: Fragment 107, a. a. O., S. 69

18 Blaise Pascal: Fragment 172, a. a. O., S. 506. «Wer seine Gedanken prüft, wird sie alle mit der Vergangenheit und der Zukunft beschäftigt finden. Kaum denken wir je an die Gegenwart, und denken wir an sie, so nur, um hier das Licht anzuzünden, über das wir in der Zukunft verfügen wollen ... So leben wir nie, sondern hoffen zu leben, und so ist es unvermeidlich, daß wir in der Bereitschaft, glücklich zu sein, es nie sind.» (Übertr. Ewald Wasmuth, a. a. O., S. 93)

19 Blaise Pascal: Fragment 5, a. a. O., S. 19

20 Wilhelm Jensen, zitiert nach S. Freud: Der Wahn und die Träume in W. Jensens «Gradiva». Studienausgabe der Werke Bd. X, Frankfurt a. M. 1969, S. 37

21 Jochen Gerz in einem Interview. In: Kunst und Medien. Materialien zur Documenta 6. Kassel 1977, S. 39

22 Erich Heller: Die Reise der Kunst ins Innere und andere Essays. Frankfurt a. M. 1966

23 Erich Heller, a. a. O., S. 143

24 Walt Whitman: The Complete Poems. Ed. by Francis Murphy, Harmondsworth 1975, S. 211. – Aus: Leaves of Grass; A Song of Joys

25 Werner Heisenberg: Gedanken zur «Reise der Kunst ins Innere». In: Versuche zu Goethe. Festschrift Erich Heller zum 65. Geburtstag, hg. v. Volker Dürr und Géza von Molnár. Heidelberg 1976, S. 321–325

26 Werner Heisenberg, a. a. O., S. 325

27 S. dazu: Tumult 3: Expeditionen. Die Unmöglichkeit, irgendwo anzukommen. Weinheim 1982

Kapitel V Rausch und Nüchternheit (S. 211–237)

1 Nach Friedrich Kluge: Etymologisches Wörterbuch. Berlin, 19. Aufl. 1963, S. 515
2 Clemens Brentano: «Wenn der lahme Weber träumt ...»; in: Werke 1, hg. v. Wolfgang Frühwald, Bernhard Gajek und Friedhelm Kemp. München, zweite Aufl. ^{2}1978, S. 611
3 E. Benz.: Die Vision. Erfahrungsformen und Bilderwelt. Stuttgart 1969, S. 37
4 Johannes Tennhardt, 1710, zit. nach Benz, a. a. O., S. 39
5 Heinrich Seuse: Des Dieners Leben. In: Deutsche Schriften. Ausgew. und übertr. v. Anton Gabele. Leipzig 1924, S. 11 (= Der Dom)
6 Goethe, 1821; Maximen und Reflexionen Nr. 122
7 Heinrich Seuse: Des Dieners Leben, a. a. O., S. 38
8 Heinrich Seuse: a. a. O., S. 37
9 Rudolf Otto: Das Heilige. Breslau 1917
10 Der Frankfurter: Eine deutsche Theologie 1920, S. 85 (= Der Dom)
11 a. a. O., S. 102
12 a. a. O., S. 94
13 Shakespeare, zitiert nach der Übersetzung bei Klages, a. a. O., S. 118
14 Jakob Böhme: Das umgewandte Auge. In: Schriften Jakob Böhmes. Ausgew. u. hg. v. Hans Kayser. Leipzig 1920, S. 301 (= Der Dom)
15 Jakob Böhme, a. a. O., S. 301
16 Jakob Böhme: Von wahrer Buße. Zit. nach E. Benz, a. a. O., S. 578f
17 F. v. B.: Fermenta Cognitionis. In: Franz von Baaders Schriften, hg. u. eingel. v. Max Pulver. Leipzig 1921, S. 204 (= Der Dom)
18 In: Franz von Baaders Schriften, a. a. O., S. 232–242
19 Wilhelm Wackenroder und Ludwig Tieck: Herzensergießungen eines kunstliebenden Klosterbruders. Mit einem Nachwort von Richard Benz. Stuttgart 1958, S. 10
20 Wilhelm Michel: Der Blick. In: Die Kreatur II (1927–1928), S. 183
21 a. a. O., S. 188
22 a. a. O., S. 184
23 a. a. O., S. 185
24 Ebd., S. 199
25 Nr. 1335
26 Georg Lukács: Die Theorie des Romans. Zuerst 1920. Zweite, um ein Vorwort vermehrte Aufl. Berlin und Neuwied 1963, S. 16
27 Georg von Lukács: Von der Armut am Geiste. In: Neue Blätter, I (1912), 2. Folge, H. 5/6, S. 78
28 J. Huizinga: Im Schatten von morgen. Eine Diagnose des kulturellen Lebens unserer Zeit. Bern und Leipzig, zweite Aufl. ^{2}1936. Zuerst 1935, S. 9
29 a. a. O., S. 196

Nachweise der Abbildungen

Kap. II

1 Symbol des Kriegsgottes Ku-kaili-moku, Hawaii, Polynesien. H 60 cm. Museum für Völkerkunde Berlin, Staatliche Museen Preußischer Kulturbesitz, Abteilung Südsee; Kat.-Nr. VI 253

2 Werbefoto für das Arzneimittel Navane zur Dämpfung der Aggressivität. Aus: Graphis 211, Vol. 36, März / April 1981, S. 409

3 Antike Vasendarstellung, Archaische Periode. Aus: Eduard Gerhard: Auserlesene griechische Vasenbilder, hauptsächlich etruskischen Fundorts. Vierter Teil, Griechisches Alltagsleben. Berlin 1858, Abb. CCLXV 3

4 Michel Estève (ed.): Luis Buñuel, Un Chien Andalou – «voir d'un autre œil ...». Etudes Cinématographiques Nos 20–21, Paris 1962–63, zwischen S. 32 und 33

5 Robert Fludd: Utriusque Cosmi Maioris sc. et Minoris Metaphysica, Physica atque Technica Historia. Oppenheim 1617, S. 308

6 Charles Nicolas Ledoux: Innenansicht des Theaters von Besançon. Aus: Ch. N. L.: Architecture considérée sous le rapport de l'art etc. Paris 1804

7a und 7b Étienne-Louis Boullée: Zenotaph für Newton, Tag und Nacht. Aus: Boullée's Treatise on Architecture. Ed. by Helen Rosenau. London 1953, Abb. 43 und 44

8 Grandville: Das Gesamte Werk in 2 Bdn. München 1969, Bd. 1, S. 312 (zuerst 1847)

9 Projet d'Hôtel-Dieu par Antoine Petit, 1774. Aus: Michel Foucault, Blandine Barret Kriegel, Anne Thalamy, François Beguin, Bruno Fortier: Les Machines a Guerir (aux origines de l'hôpital moderne). Dossiers et Documents d'Architecture. Institut de l' Environnement. Paris o. J.

10 Albrecht Dürer: Sämtliche Holzschnitte. Hg. v. Willi Kurth mit einem Geleitwort von Campbell Dodgson, München 1927, Abb. 340

Kap. III

1–4 André Kertész: On Reading. New York 1971 und 1975, Abb. 56, 7, 37, 5

Personenregister